und weiter

Feministische Perspektiven für Wien

20 Jahre MA 57 — Frauenabteilung der Stadt Wien

Inhalt

Sandra Frauenberger
Wiener Frauenstadträtin

Foto: Alexandra Kromus

Frauenstadträtin

Nirgendwo in Österreich lebt Frau heute besser als in der Bundeshauptstadt. Wien hat die niedrigste Einkommensschere, das dichteste Gewaltschutznetz und das beste Bildungsangebot. Gender Mainstreaming und Gender Budgeting sind in der Stadtverwaltung ebenso fix implementiert wie frauen- und alltagsgerechtes Denken in der Stadtplanung.

Dass sich in den letzten 20 Jahren die Lebenswelt für Frauen und Mädchen in dieser Stadt sehr zum Positiven verändert hat, ist auf die erfolgreiche Arbeit der Frauenabteilung der Stadt Wien zurückzuführen. Sie hat die frauenpolitischen Zielsetzungen direkt zu den Frauen gebracht. Ihre Expertinnen haben mit enormer Innovationskraft und mit feministischem Engagement nicht nur kontinuierlich für fraupolitische Anliegen sensibilisiert, sondern konkrete Unterstützungsarbeit geleistet, um die Lebenssituation der Wienerinnen nachhaltig zu verbessern.

Der Kampf um Gleichstellung und Gleichberechtigung ist aber auch unabdingbar mit dem frauensolidarischen Engagement zahlreicher Partnerinnen verbunden. Alle diese Initiativen sind ein sichtbares Zeichen der vielfältigen Geschichte der Frauenbewegungen in Wien. Diese lebendige Vielfalt ist Ausdruck eines starken und ungebrochenen Feminismus.

Heute steht der Feminismus in einem Spannungsfeld zwischen hart erkämpften Errungenschaften und noch offenen Forderungen. Von Verteilungsgerechtigkeit bis hin zu einem Leben frei von männlicher Gewalt. Dazu kommt eine weitere Herausforderung: Aufgrund der Wirtschaftskrise haben wir es heute mit einem konservativen backlash enormen Ausmaßes zu tun, der Frauen ganz bewusst wieder in die vorgegaukelte »Heim und Herd Idylle« zurückdrängt. Deswegen dürfen wir keinen Millimeter nachgeben! Der Kampf um Gleichstellung ist noch lange nicht gewonnen.

Mein frauenpolitisches Ziel ist, dass alle Wienerinnen ein selbstbestimmtes, sicheres und unabhängiges Leben führen. Lassen wir nicht locker! Nur wenn es uns gelingt, starre Rollenbilder aufzubrechen, können wir gegensteuern. Machtvoll gegensteuern mit der gesamten Vielfalt der Frauenbewegung in Wien, die im vorliegenden Buch »und weiter« sichtbar wird. Denn Vielfalt ist wichtiger Bestandteil einer feministischen Frauenpolitik, einer demokratischen, partizipativen Politik an sich. Das Sammelwerk versucht, diesen Dialog aufzunehmen und die Fäden aus einem gemeinsamen frauenpolitischen Netzwerk in Richtung Zukunft zu spinnen — in eine Zukunft der Geschlechtergerechtigkeit, einer Zukunft mit grundlegend umverteilten Machtverhältnissen! Die Hälfte der Welt für uns Frauen!

71719
Frauennotruf
MA57
Die Frauenabteilung
der Stadt Wien

Herausgeberinnen

Im Dezember 1991 wurde die Frauenabteilung als »Magistratsabteilung 57 — Frauenförderung und Koordinierung von Frauenangelegenheiten« mit Beschluss des Gemeinderates gegründet. Wir begehen nun also unser zwanzigjähriges Jubiläum.

20 Jahre können je nachdem eine (sehr) kurze oder lange Zeit sein. Bezogen auf die »Ewigkeit« der Verwaltung ist dieser Zeitraum jedoch recht überschaubar. Und doch ist in dieser Zeitspanne so viel geschehen, dass klar ist, dass daran viele Menschen beteiligt gewesen sein müssen. So war es auch: Bisher haben rund 145 Frauen (und Männer) zumindest für einige Zeit in der Frauenabteilung gearbeitet. Derzeit sind es 40 Frauen — gegenüber 10 Frauen ganz am Anfang. Die früheren Kolleginnen sind teils in andere Dienststellen bei der Stadt Wien gewechselt, teils in die Privatwirtschaft. Wenn uns auch jeder Weggang geschmerzt hat, so haben diese Wechsel unserer Sache doch auch sehr genutzt, denn keine hat ihr frauenpolitisches Engagement aufgegeben, sondern in ihren neuen Arbeitsbereich implementiert. Mal ganz offen, manchmal zunächst nur subversiv …

Das macht für mich auch die besondere Qualität der bisherigen Erfolge aus: Dass es gelungen ist, Frauenthemen als Querschnittsmaterie in vielen Feldern zu verankern. Eine Frauenabteilung allein kann nur relativ wenig bewegen, mag sie auch noch so groß sein. Es braucht engagierte Frauen und Männer in möglichst vielfältigen Bereichen, die dort jeweils Frauenförderung und Gender Mainstreaming implementieren und weiter entwickeln, damit größere und nachhaltige Erfolge möglich sind.

Miteinander haben wir wirklich viel erreicht, wie auch in diesem Buch nachzulesen ist. Wir haben erste Initiativen in den Bereiche Gleichbehandlung und Gender Mainstreaming gesetzt, die nun von eigenen Organisationseinheiten wahrgenommen werden. Wir haben Modellprojekte und Standards zu geschlechtergerechtem Planen und Bauen entwickelt, ein vorbildliches Gewaltschutznetzwerk mit aufgebaut, Frauen als Akteurinnen in Frauenpolitik und Geschichte sichtbar gemacht und durch Förderungen eine lebendige Szene an Frauenvereinen unterstützt etc. Rückblickend also viel Grund zu Freude und Stolz auf das gemeinsam Erreichte.

Marion Gebhart
von 1992 bis 1994 und von 1999 bis heute Mitarbeiterin,
seit 2008 Leiterin der Frauenabteilung

Was heißt
al le?

Redaktionsteam

Und weiter … Dieses Buch, das anlässlich des 20-jährigen Bestehens der Frauenabteilung der Stadt Wien entstanden ist, beginnt mit einem »und«. Ein kleines Wort, das sehr viel kann: unterbrechen und verbinden, stören und fordern, anknüpfen und neu beginnen. So finden hier historische Errungenschaften mit all ihren Verbindungen zur Gegenwart ebenso ihren Platz wie Widersprüche und Kämpfe als Unterbrechungen innerhalb der feministischen Geschichte und die Vielstimmigkeit und Heterogenität aktueller feministischer Initiativen.

Und weil es dabei nicht nur um die Vergangenheit, sondern viel mehr um die Zukunft — also weiter — gehen soll, orientieren sich die Beiträge entlang jener Fragen, die Frauen heute beschäftigen: Wie sieht ein emanzipiertes Leben aus? Welche Rollen und welche Perspektiven gibt es? Wie können wir gemeinsam handeln, ohne auf die unterschiedlichen Herangehensweisen und Hintergründe von Frauen zu verzichten? Dass dabei die vielseitigen Interessen und Belange feministischer Anliegen auch zu Wort kommen, verdanken wir den AutorInnen, die mit ihren wissenschaftlichen, künstlerischen und journalistischen Zugängen den aktuellen Alltag nicht nur kommentieren, sondern auch verändern wollen: Ihre Beiträge sind ebenso kritisch wie humorvoll, zuweilen dekonstruktiv, oft alltagsbezogen, manchmal theoretisch, ganz schön wütend, aber auch nützlich und visionär … Vielleicht dient ihre Zusammenstellung als Werkzeugkiste fürs zukünftige Feministisch-Sein.

Somit ging es uns nicht primär darum, zurückzuschauen und alle Errungenschaften der Frauenabteilung aufzuzählen, sondern darum, gesellschaftliche Veränderungsprozesse und frauenpolitische Aktionsfelder in Bezug auf ihre Relevanz für aktuelle Problemlagen und Zukunftsperspektiven zu befragen.

Wir freuen uns, dass dieses Buch in einem kollaborativen Prozess im Büro trafo.K entstehen, wachsen und diskutiert werden konnte. Denn es schreibt sich in unsere langjährige Arbeit an einer kritischen Wissensproduktion ein. Auch diesmal haben wir bei der Zusammenführung unterschiedlicher Positionen und Perspektiven im Hinblick auf eine Veränderung der Verhältnisse wieder viel gelernt. Das »und« lädt zwischen Individualismus und Organisation auch zum gemeinsamen Handeln ein. Und weiter …

Büro trafo.K — Elke Smodics-Kuscher, Renate Höllwart,
Nora Sternfeld —, Brigitte Geiger und Beate Hausbichler

Wie gemeinsam handeln?

Feminismus heute oder: Komplizierte Kollektive. Überlegungen zur Aktualität und Relevanz feministischen Engagements

Gudrun Ankele

Wie könnte eine Welt aussehen, in der die Geschlechtszugehörigkeit nicht mit unterschiedlichen Rechten und Möglichkeiten verbunden ist, in der Geschlechtergerechtigkeit als die politische, soziale und ökonomische Gleichstellung von Frauen und Männern umgesetzt ist? Könnte sich in einer solchen Welt die Bedeutung von Geschlechterdichotomie und Heterozentrismus aufgelöst haben? Was würden wir von einer solchen neuen Gemeinschaft erwarten, welche Formen des Zusammenlebens könnten ihr zugrunde liegen? Und wie könnten wir diese neue Welt nicht nur melancholisch als unmögliche Utopie verstehen, sondern als Motor für ein konkretes Engagement in der Gegenwart?

Feminismus als komplizierte Bewegung

Blickt man auf die lange Geschichte des Feminismus, die mit der Etablierung der bürgerlichen Gesellschaft im 19. Jahrhundert beginnt, so erkennt man nicht nur die Vielfalt des feministischen Protests, sondern auch die damit verbundene Kritik daran, was unter Feminismus zu verstehen ist. Die Vielstimmigkeit und oft auch Widersprüchlichkeit der feministischen Strömungen, Bewegungen und individuellen Positionen komplizieren das Verständnis des Feminismus. Diese Widerspenstigkeit lässt sich nicht harmonisierend in Einklang bringen — kein Nachteil, sondern das grundlegend produktive Potenzial dieser komplizierten Bewegung. Forderte Olympe de Gouges, die politisch aktive Schriftstellerin und Publizistin, im Paris der französischen Revolution, die Ausweitung der Menschenrechte auf »alle«, auch auf alle Frauen, so fragt die afroamerikanische Predigerin und vormalige Sklavin Sojourner Truth Mitte des 19. Jahrhunderts, als sie vom Podium einer Frauenrechtskonferenz ausgeschlossen worden war, »Bin ich etwa keine Frau?« Während die Suffragetten am Beginn des 20. Jahrhunderts in England mit Demonstrationen, Hungerstreik und vandalistischen Akten für das Wahlrecht der Frauen kämpfen, konstatiert die Künstlerin Mina Loy in ihrem »Feminist Manifesto» (1914): »Die gegenwärtige Struktur der feministischen Bewegung ist unzweckmäßig«[1]. Während bürgerliche Frauenrechtlerinnen der Jahrhundertwende mit dem Bild der Frau als friedliebendes und nobles Wesen argumentieren, entwirft die dem Futurismus nahestehende Künstlerin Valerie de Saint-Point die futuristische Frau, die auf skandalöse Weise jegliche Opferrolle verweigert und ihre Lust als Kraft versteht — sogar eine Vergewaltigung könne die futuristische Frau für die Stärkung der eigenen Macht nutzen. Eine andere schockierende Form feministischen Aktivismus formuliert Valerie Solanas auf durchaus pointierte Art und Weise in ihrem »SCUM Manifesto« (1968), nämlich die aktive Abschaffung der Männer, zu einer Zeit, als (bürgerliche) Frauen ihre Rolle als Hausfrau, Ehefrau und Mutter neu definieren wollen und dabei auf Selbstverwirklichung setzen. Als in den 1990er Jahren feministische und queere Theorie dazu beiträgt, auch das biologische Geschlecht nicht als natürlich gegeben, sondern als sozial konstruiert zu verstehen, setzen die Riot Grrrls verstärkt auf Solidarität und Austausch unter Mädchen und Frauen — wenn auch auf queere, d. h. auf identitätskritische Art und Weise. Experimentieren Künstler_innen mit queer_feministischen Methoden der Auflösung von Geschlecht und Subjektivität, so zeigt sich in Protestbewegungen, in denen auch um grundlegende demokratische Rechte gekämpft wird, die Notwendigkeit und Bedeutung eines kollektiven »Wir«, auch und besonders in Bezug auf Forderungen nach politischer Mitsprache — in diesen Fällen hat die Identität »Frauen« bei aller Problematik noch nicht ausgedient.[2]

Kollektivität vs. Individualität

All diese Beispiele zeigen nicht nur die Komplexität unterschiedlicher Strömungen und Positionen, die sich für die Verbesserung der sozialen und ökonomischen Stellung der Frau einsetzen, sondern auch die Spannung zwischen Individualismus und Kollektivität. Aktuell lässt sich diese Ambivalenz besonders gut an der Diskussion um die Quote festmachen: Obwohl Frauen auch in den westlichen Gesellschaften heutzutage immer noch einem Gender Pay Gap unterliegen, das heißt für gleiche Arbeit durchschnittlich weniger als Männer verdienen, stärker armutsgefährdet sind als Männer und in bestimmten, mit politischer und ökonomischer Macht verbundenen Berufen und Positionen kaum vertreten sind, halten einige sich als feministisch verstehende Kritikerinnen der Quote deren politische Regelung für absurd und der Kompetenz der Frauen nicht angemessen. Auf die Leistungsfähigkeit der einzelnen Frau setzend, wollen sie an die Möglichkeit der Einzelnen glauben, dafür die gleiche Anerkennung und damit die gleichen Aufstiegsmöglichkeiten wie männliche Kollegen zu erhalten — die Quote wird aus diesem Blickwinkel zu einem der Würde der Frau widersprechenden Almosen. Nur wenn man Feminismus als Karriereversicherung und Seilschaft leistungsfähiger Frauen missversteht, kann man die vielen Baustellen feministischer Kritik übersehen und meinen, Feminismus sei nicht mehr relevant, man könne alles tun und alles erreichen. Ein so gedachter Spartenfeminismus für leistungswillige Einzelkämpferinnen und »Alpha«mädchen und -frauen, die glauben, alles aus »eigener« Kraft erreichen zu können, verweigert den Blick auf die vielschichtigen Verflechtungen von Sexismus, Heterosexismus, Nationalismus, Rassismus, Fragen sozialer Ungleichheit und neoliberalen Kapitalismus und kann nicht der Feminismus sein, den es heute braucht, um Frauen (und Männer) aus unterschiedlichen sozialen Schichten, mit unterschiedlicher Herkunft und sexueller Orientierung zusammen zu bringen, um gemeinsam für das Ende von Diskriminierung und sozialer und ökonomischer Ungerechtigkeit in unserer Gesellschaft zu kämpfen.

Diese Differenzierung und Individualisierung feministischer Kritik macht zudem deutlich, dass die Kategorie »Frau« in den letzten Jahrzehnten zunehmend ihr kollektivierendes Potenzial verloren hat und es vielmehr darum geht, zu bestimmen, was es in spezifischen Kontexten bedeutet und wovon es abhängt, als »Frau« (oder auch »Mann«) zu leben. Die Kategorisierung der Geschlechter wurde vor allem von der Queer Theory seit den 1980er Jahren als Herrschaftsform beschrieben und grundlegend kritisiert. Im Gegensatz zu vielen damals und davor aktuellen feministischen Ansätzen, geht die Queer Theory davon aus, dass »Identität« nicht gesichert ist, nicht mit einer körperlichen »Wirklichkeit« übereinstimmen muss und somit auch funktionalisiert werden kann. Die Impulse seitens der Queer Theory und ihre Verbindung mit feministischer Kritik fordern eine Revision feministischer Inhalte, die nicht nur scheinbar sichere Begriffe erschüttert und kompliziert, sondern auch neue Allianzen ermöglicht und einen extrem wichtigen und im aktuellen Feminismus häufig übersehenen Aspekt wieder klar zum Vorschein bringt, der beiden Bewegungen grundlegend ist: Feministische wie auch queere Theorie und Praxis sind grundlegend politisch in dem Sinn, als sie Begriffe und Vereinbarungen, die der Gesellschaft zugrunde liegen, kritisieren und die Bedingungen des Zusammenlebens neu entwerfen. Judith Butler bringt die Gemeinsamkeiten emanzipatorischen Protests wie folgt auf den Punkt: »Die Aufgabe all dieser Bewegungen scheint mir darin zu liegen, zwischen den Normen und Konventionen zu unterscheiden, die es den Menschen erlauben, zu atmen, zu begehren, zu lieben, und solchen Normen und Konventionen, welche die Lebensbedingungen selbst einengen oder aushöhlen.«[3]

siehe Timeline MA 57: Der »Queere Kleinprojektetopf« wird eingerichtet (2010). Seite 300

Utopien in Bewegung

Versteht man feministisches bzw. queer_feministisches Engagement in diesem Sinne als Form der Machtkritik, so wird dessen Bedeutung als politische Praxis deutlich. In einer derart radikalisierten Geschlechterpolitik geht es um mehr als um Gleichberechtigung innerhalb der bestehenden Gesellschaft — es kann auch um eine grundlegende Veränderung dieses Systems gehen, um eine bessere Welt.

Und auch hier tut sich sogleich ein scheinbar unüberwindbarer Spalt auf zwischen feministischer Praxis als konkretem politischen Engagement, das innerhalb der bestehenden Konventionen und Normen die Stellung der Frau verbessern will, und einem feministischen Denken, das sich diesen Konventionen nicht verpflichtet fühlt und unrealistische, idealistische, utopische Entwürfe wagt. Die Diskussion um die Definition des Begriffs Frau ist dafür beispielhaft: Wird er in der feministischen und queeren Theorie zunehmend differenziert, so ist die »Frau« und ihre klare Abgrenzbarkeit vom »Mann« immer noch die Basis für die Quote, für das Gender Mainstreaming, für Frauenräume und Fraueninitiativen etc. Feministische Kritik braucht jedoch beides: das konkrete Engagement basierend auf vermeintlich klaren identitären Kategorien wie »Mann« und »Frau« und das utopische Denken einer besseren Welt, in der die bestehenden Mechanismen identitärer Politik suspendiert sind. Diese Impulse können nicht nur aus dem Aktivismus oder den Universitäten kommen — der Beitrag von Kunst, Musik und Literatur zum feministischen Projekt war und ist ein zentraler, und auch schwer verdauliche Positionen wie einige der eingangs erwähnten, die quer zu all diesen Kategorisierungen stehen, müssen im Sinne eines inkludierenden und streitbaren Feminismus in die Diskussionen über die Inhalte und Richtungen feministischen Engagements miteinbezogen werden.

Was aber kann gemeinsames Handeln in Gang bringen, wenn sich gleiche (identitäre) Ausgangspunkte wie der, »Frau« zu sein, verlieren? Vielleicht muss gemeinsames Handeln stattdessen durch ein gemeinsames Ziel motiviert sein, durch die Vorstellung einer kollektiven Welt, einer neuen Möglichkeit, Gemeinschaft zu organisieren und zusammenzuleben — wobei dieses Ziel ebenfalls verhandelbar und revidierbar, unfixiert und in Bewegung bleiben muss. Nicht das Erreichen des Ziels kann das Ziel sein, sondern die nomadisierende Bewegung in diese Richtung, die sich immer wieder erneuern und aktualisieren muss. Nur so können Visionen entstehen, die den gemeinsamen Protest antreiben. Die Philosophin Rosi Braidotti formuliert die Notwendigkeit von Utopien folgendermaßen: »Prophetische, nomadische oder visionäre Geister sind die Denker_innen der Zukunft. Die Zukunft als aktives Objekt des Begehrens treibt uns an und gibt uns die Kraft, im Hier und Jetzt einer Gegenwart aktiv zu sein, die sich in der Schwebe befindet zwischen dem ›Nicht-Länger‹ und dem ›Noch-Nicht‹ der fortgeschrittenen Post-moderne. Die Gegenwart ist immer auch die Gegenwart der Zukunft: Sie wird etwas zum Guten verändert haben in der Welt.«[4]

Diese Radikalisierung des Feminismus, verstanden als Kritik, die immer wieder bereit ist, die Basis und Begriffe des eigenen Handelns grundlegend zu hinterfragen und damit für neue Zusammenschlüsse zu öffnen, ist heute immer noch und immer wieder notwendig, um feministische Praxis und Geschlechterpolitik nicht zu einer versteinerten Ideologie oder Richtlinie werden zu lassen, sondern das kritische Potenzial des Feminismus lustvoll und engagiert von neuem zu aktivieren.

Anmerkungen

[1] Mina Loy: Feministisches Manifest. Aus dem Englischen übersetzt von T-Man. In: absolute Feminismus. Hg. von Gudrun Ankele. Freiburg 2010, S. 59–61, hier S. 59.

[2] Viele der hier erwähnten Beispiele finden sich u. a. in: absolute Feminismus. Hg. von Gudrun Ankele. Freiburg 2010.

[3] Judith Butler: Gemiensam handlen. In: Die Macht der Geschlechternormen und die Grenzen des Menschlichen. Aus dem Amerikanischen von Karin Wördemann und Martin Stempfhuber. Frankfurt am Main 2009, S. 9–33, hier S. 20.

[4] Rosi Braidotti: Posthuman, All Too Human – Towards a New Process Ontology [2006]. Zitat aus dem Englischen in: absolute Feminismus, S. 213.

Prekäre Autonomie.
Historische und aktuelle Streiflichter zur feministischen Organisation

Birge Krondorfer

»Ihr seid verrückt, tönt es häufig aus dem Mund unserer Beobachter.
… Ihr seid politisch grenzenlos unrealistisch. … Immer noch ist mangelnder Realismus ein Verbrechen. Wir werden noch hundert Jahre warten müssen.«
(Marguerite Duras, 1990)[1]

Zur Erinnerung in Kürze: Zu Beginn der Neuen (auch Zweiten) Frauebewegung in Westeuropa engagierten sich die feministischen Pionierinnen vorbehaltlos und ohne finanzielle und symbolische Sicherungen — also prekär[2] in jeder Hinsicht. Doch diese Dynamik wurde bald umstrittener Weise[3] in Bahnen staatlicher Frauenpolitik und weitergehend in Berufsfeminismus (Parteien, Verbände, Universitäten, Frauenhäuser) gelenkt, ohne jedoch darin aufzugehen. Denn dieser Entwicklung ging die feministische Selbstinstitutionalisierung mit dem Aufbau von Frauenräumen (Buchhandlungen, Cafés, Beratungsstellen, Frauen/Lesbenzentren, Notrufe, Frauensommeruniversitäten, Zeitschriften) voraus und existiert bis heute unter dem Begriffsdach »Frauenprojekte«[4]. Bemerkenswerterweise sind diese auf Selbstbestimmung und -organisierung basierenden Frauenorte vornehmlich von frauenbezogenen Frauen getragen worden. Das Motto ›Das Persönliche ist Politisch‹ fand hier einen öffentlichen Ausdruck für die Exkludierten: Kleine, dafür tausende Orte einer Absetzung von männerbündischen Strukturen. Mit der Zeit — und gekoppelt an die Entwicklung zum Postfordismus — wurde aus

Autonomie in Bewegung. 6. österreichische Frauensommeruniversität. Texte, Reflexionen, Sub-Versionen. Hg. Verein zur Förderung von Frauenbildungsprojekten, Wien 1991

den antihierarchischen, politisch motivierten Projekten zunehmend Sozialarbeit mit zu bezahlenden Teamfrauen. Die Anerkennungsdialektik — hier Emanzipation vom Ernährermodell und der Wunsch, sich selbst zu erhalten, dort Anpassung an die Vorgaben staatlicher SubventionsgeberInnen und die Begehrlichkeiten wohl(an)ständiger Lebensumstände mit ihren warenförmigen Verpflichtungen — transformierte den politischen Feminismus in eine neue frauenberufliche Sparte.

Bereits in dieser Phase, ab Mitte/Ende der 1980er Jahre, zeichnete sich die Tendenz zur Disziplinierung via Professionalisierungsstandards und Verwirtschaftlichung der Frauenprojekte ab. Inzwischen ist die Neoliberalisierung mit ihren schizophrenen Anforderungen auch hier angekommen: Leistungssteigerung seitens der Projekte bei schrumpfender öffentlicher Finanzierung, Selbstoptimierung der Individuen auf der einen und Freiwilligendienste, unbezahlte Praktika oder prekäre Erwerbsarbeitsbedingungen auf der anderen Seite. Schlagworte wie Qualitätssicherung, Prozessevaluation und Selfempowerment sind Symptome von Herrschaftstechniken, die alles, was ihrer ökonomischen Rationalität nicht entspricht, unter dem Deckmantel des Sachzwangs als ideologisch abtun. Ethische, politische, gar feministische Wertvorstellungen, Eigensinn, Gestaltungsfreiheit und kritische Haltungen werden durch (ökonomische und der Repräsentationslogik verpflichtete) Effizienzkriterien ersetzt.

Die feministische Artikulation weiblicher Autonomie. Wie gewonnen so zerronnen?

In der Anrufung des Kampfes um Autonomie (wörtlich: Selbstgesetzgebung) der Frauen wider die patriarchalische Kolonisierung verband sich »die Politik der Subjektivität mit einer emanzipativen Gesellschaftspolitik, zumal das Autonomiekonzept nicht bloß Sexus, Begehren oder die generative Reproduktion betraf, vielmehr auch die Dimension [...] einer umfassenden Kulturrevolution.«[5] Doch war, wie Lisbeth N. Trallori betont, diese feministische Vorstellung von Selbstbestimmung »kein Freibrief für das Ausagieren geschichtsloser Individualität an sich«. Sie war mit einer Veränderung der von androzentrischen Interessenlagen bestimmten Rahmenbedingungen veknüpft, welche den existentiell prekären Lebenszusammenhang von Frauen grundierten.

Die wesentliche Maxime der Frauenbewegung — die Selbstbestimmung — wurde also vom Neoliberalismus diskursiv enteignet und mutierte zu einem Begriff von Individualismus, dem es um die Optimierung von Leistung und Profit geht. Für die meisten Frauen gilt dabei (wieder), dass sie um ein Mehrfaches leisten und von Gewinn keine Rede sein kann. Ihre gesellschaftlichen Möglichkeiten haben sich zwar vervielfältigt, sind jedoch von Widersprüchen, neuen Risiken und Ungleichzeitigkeiten durchzogen. Um nur einige Phänomene zu nennen: Das Klischee der glücklichen Gattin und Mutter wurde abgelöst vom jugendlichen Supermodell (Mutterwerdung inklusive), sodass nunmehr die Gesundheits- und Kosmetikindustrien die Kontrolle über Frauen ausüben. Das rechtskonservative Spektrum attestiert der Frauenbewegung die Schuld am bevölkerungspolitischen ›Untergang des Abendlandes‹ und sieht Frauen als Opfer der Emanzipation via Entfremdung von ihrer reproduktiven Bestimmung. Durch die Medien spuken diskriminierende Verzerrungen von Feministinnen als zu kurz gekommene Lesben oder kalte Karrieristinnen, und im Tenor des Mainstreams tönt es von der Überflüssigkeit des Feminismus, da die Gleichberechtigung ohnehin erreicht sei — obwohl die männliche Dominanz in Politik, Kultur und Wirtschaft sich kaum geändert hat. »Gleichzeitig häufen sich die Indizien für eine weitreichende Entpolitisierung der Frauen- und Geschlechterpolitik (auch im Kontext von Gender Mainstreaming und Diversitymanagement) und eine fortschreitende Individualisierung von Problemlagen, die sich damit [...] ihrer politischen Bearbeitung entziehen.«[6]

Diese Individualisierung entspricht der neoliberalistischen Regierungsform, die das Primat der Ökonomie in eine Sprache der Selbstverwirklichung gegossen hat. Die Freiheit zum Tätigsein wird zur permanenten Arbeitsaufrufung — egal ob bezahlt oder nicht —, und so wird die Einzelne zum Instrument ihrer Selbstkontrolle. Jede ist selbst Schuld, wenn es ihr an Initiative, Flexibilität und Mobilität mangelt. Es lässt sich heute sozusagen »Autonomie« nicht verweigern. Im Gegenteil, es wird einer Selbstbestimmung gefrönt, die Distinktion zur Voraussetzung und zum Ziel hat: Nur konkurrenzierend und konsumierend entspricht das ›ich‹ einer als innovativ angepriesenen Individualität, die abgekoppelt von jeder — auch geschichtlichen — Sozialität und gesellschaftspolitischen Bezügen buchstäblich idiotisch[7] wird.

Die damit einhergehende Norm der Verwertbarkeit aller Belange hat auch das Verhältnis von Frauen zum Feminismus verzerrt, um nicht zu sagen verzehrt. Frauen finden heute, so Christina Thürmer-Rohr, in der »Waren- und Wohlstandsgesellschaft [...] Freiheiten vor, die andere Generationen von Frauen erst erkämpfen mussten oder einfach erträumten: Angebote, die sich in bloße Waren verwandeln, sofern ihr politischer Hintergrund, ihre Geschichte und ihre Motive vergessen werden.« Damit werden die feministischen Ansprüche zu einem bloßen »Angebotsfeminismus, der im großen Sortiment des gesellschaftlichen Selbstbedienungsladens unter unzähligen Wahlmöglichkeiten auch etwas zur Auffrischung und Animation des einzelnen Ichs bietet.« Für die einzelne wird der Feminismus so zu einem »Ungetüm«, einem »Kuriosum« oder auch zum »Ladenhüter«, wenn seine Angebote am aktuellen »Ichbedarf« vorbeigehen. So entsteht ein »›Feminismus‹ als Ware«, der den Vorgaben der liberalen Marktwirtschaft folgt.[8]

In diesem Egozentrismus äußert sich nicht nur das traditionell bürgerliche Gewordensein von Frauen mit deren eingeengten Interessen an unmittelbarer Nützlichkeit für bloß ›mich-und-die-meinen‹[9]. Hier hat sich das Menschenbild des homo ökonomikus mit seinem automanischen Lebensstil durchgesetzt, dessen Folie die prekäre Subjektivierung[10] von mehrheitlich Frauen (Alleinerzieherinnen, Geringfügigbeschäftigte, Migrantinnen, erwerbsarbeitende Mütter, Unterbezahlte, Praktikantinnen, AMS-Abhängige, Alte ...) darstellt. Das ergibt eine Mentalität des ›jede/r ist sich selbst das Nächste‹, wenn auch aus völlig divergierenden Motiven: Was den Wenigen ihr be-gieriges Ausleben garantiert, reduziert die Vielen auf die Notwendigkeiten eines schieren Überlebens bzw. auf expandierende Anpassungsleistungen. Beispielhaft lässt sich dies auch an den Beteiligungsformen in Frauenprojekten zeigen: Die Fähigkeiten der Bewerberinnen für einen Bürojob — heutzutage ›Projektkoordination‹ genannt — sind erschreckend ›mehr wert‹, und zudem zeigen (junge) Frauen oft nicht mehr Interesse am Projekt, weil sie politisch tätig sein wollen, sondern weil sie ein Praktikum benötigen.

Und beide, ungehöriger Reichtum wie ungehörte Armut, produzieren eine fatale Indifferenz gegenüber allen Anderen, die das ›ich‹ nicht/s mehr angehen. Das greift die Bedingung des Politischen substantiell an, insofern dieses als Anwesenheit von Pluralität verstanden wird, als Selbstkritik und als Anteilnahme an den Weltperspektiven von Anderen.[11] Was in dem hier angesprochenen und aufgerufenen Kontext die anderen Frauen meint — in ihrem prekären Status der Atomisierung und des ›Noch-nicht-politisch-vorhanden-Seins‹.

Es wäre (wieder) an der Zeit, Heteronormativität nicht nur als »gefälschte« und per se individuelle Identitäts- und Sexualitätskonstruktion zu hinterfragen, sondern als Kritik an den männlich konfiszierten und kapitalgesättigten Organisationsformen zu formulieren, die sich in dem Maß ständig rekonstruieren, wie sie Frauen und andere Marginalisierte gleichsam ein- wie ausschließen.[12]

Feministische Selbstorganisierung hält dem im Idealfall einen Erfahrungsraum und ein politisches Gefüge von Mitbestimmung entgegen. Eine nicht vorgefertigte und immer offene Selbstbestimmbarkeit — bedingt durch die unterschiedlichen Spiegelungen der anderen Beteiligten — ist verwoben mit einem Selbstverzicht als Selbstüberschreitung, ohne die es keinen Gemeinsinn und kein politisches Handeln gäbe.

Jenseits der Debatten um die Legitimation primärer radikaldemokratischer Politik, die sich von der »sekundären« Politik der Stellvertretung abgrenzt — sowie in Absehung ihrer oft uneingesehenen gegenseitigen Abhängigkeiten — und bei aller Reflexion der eigenen Eingebettetheit ins System, will dies hier doch ein Plädoyer für zu erhaltende und zu erfindende Orte wider die Indifferenz sein.

siehe Timeline MA 57: 3-Jahres-Förderverträge für Wiener Frauenvereine werden möglich (2003). Seite 293

So gewiss es keine zweifelsfreien Verortungen gibt, so gewiss gibt es Verzweiflung in und Zweifel an den Verordnungen. Prekarität ist ja für Frauen nichts Neues. Veränderung will-kommen.

Anmerkungen

[1] Marguerite Duras: Die grünen Augen. München 1990, S. 64.

[2] »Prekär« bedeutet u. a.: durch Bitten erlangt, widerruflich, schwierig.

[3] »Das Hauptproblem ist, dass alle weibliche Selbstanerkennung noch immer über das männliche Wertsystem vermittelt ist, was scheinbar geschlechterindifferent funktioniert. ›Objektiv‹. [...] Das Wertesystem der Institutionen selbst ist es, was die feministische Intention neutralisiert. An ihre Stelle tritt die leistungsstarke Karrierefrau, die sich — sozusagen rückwirkend — durch Chic und Charme legitimiert. Leistung und Legitimation sind unabdingbar an das Gesetz des Vaters gebunden.« Gerburg Treusch-Dieter »Autonomie auf der Überholspur«. In: Autonomie in Bewegung. 6. österreichische Frauensommeruniversität. Texte, Reflexionen, Sub-Versionen. Hg. Verein zur Förderung von Frauenbildungsprojekten, Wien 1991, S. 246–254, hier S. 252.

[4] Anmerkenswerterweise gründete sich die feministische Bildungsstätte »Frauenhetz« im gleichen Jahr wie die MA 57. Ein gelungenes Beispiel für die Gegenseitigkeit von »Außen« und »Innen« — könnte gesagt werden.

[5] Lisbeth N. Trallori: »Selbstbestimmung — Neue Technologien — Neoliberalismus«. In: Frauen und Politik. Nachrichten aus Demokratien. Hg. Birge Krondorfer et al., Wien 2008, S. 158.

[6] Ingrid Kurz-Scherf et al.: Über formale Gleichheit und Gleichstellung hinaus: Feministische Herausforderungen des 21. Jahrhunderts. Einleitung. In: Feminismus: Kritik und Intervention. Hg. Ingrid Kurz-Scherf et al., Münster 2009, S. 11.

[7] Herkünftig aus dem Griechischen: selbst, eigen, privat.

[8] Christina Thürmer-Rohr: »Befreiung im Singular«. In: Verlorene Narrenfreiheit. Essays, Berlin 1994, S. 17 f.

[9] Vgl. ebd., S. 19.

[10] Hier gemeint als Untertan-Prozessierung.

[11] In Anlehnung an die politische Philosophin Hannah Arendt, von der zu lernen ist, dass Selbst- und Ununterschiedenheit die Gefahr eines totalitären, alle Widersprüche auslöschenden Regimes, d. h. Weltverlust, bedeutet.

[12] »Wesentlich ist, dass sie — auf je unterschiedliche Weise — innerhalb der Polis als deren interiorisiertes Außen einbehalten sind.« Judith Butler. In: Sprache, Politik, Zugehörigkeit, Zürich 2007, S. 15.

Feminismus und soziale Fragen

Gleicher Lohn für gleiche Arbeit!

Entpolitisierte Lebensverhältnisse. Geschlechterhierarchien im Zeichen von Freiheit

Gabriele Michalitsch

Bis in die 1970er Jahren schienen die Verhältnisse eindeutig: Die gesellschaftliche Unterordnung von Frauen unter Männer war rechtlich kodifiziert, Gesetze schrieben die Hierarchie der Geschlechter fest. Nach drei Dekaden institutioneller Frauenpolitik sind formalrechtliche Ungleichheiten weitestgehend gefallen. Frauen scheinen mit Erfolg gleiche Rechte erkämpft zu haben. Die binär-hierarchische Geschlechterordnung jedoch erweist sich als persistent, die Dominanz von Männern in allen gesellschaftlichen Bereichen — insbesondere in ökonomischen und politischen Entscheidungspositionen — als ungebrochen. Geschlechterverhältnisse stellen nach wie vor omnipräsente Macht- und Herrschaftsverhältnisse dar.

Gegen alle mit ihnen verbundenen Freiheitsversprechen haben die die letzten beiden Dekaden dominierenden neoliberalen Transformationsprozesse wesentlich dazu beigetragen, die Hierarchie der Geschlechter aufrechtzuerhalten. Im Zuge des neoliberalen Umbaus avancierten Marktprinzipien zum organisierenden und regulierenden Modus von Staat und Gesellschaft. Damit wurden soziale Ungleichheiten und Hierarchien auch zwischen den Geschlechtern verstärkt, jedoch unter der Maske von Postulaten freier Wahl, Eigenverantwortung und Chancengleichheit verdeckt.

Dereguliert — prekarisiert

Deregulierung des Arbeitsmarkts führte zur rapiden Zunahme vorrangig weiblicher atypischer, vielfach prekärer Beschäftigungsverhältnisse mit fehlender oder nur partieller Integration in soziale Sicherungssysteme. Bei anhaltend hoher Erwerbslosigkeit und zumindest partiellen Reallohnsenkungen wurden und werden Leistungs- wie Flexibilitätsanforderungen erhöht. Dabei wird unternehmerisches Risiko zunehmend auf die Beschäftigten abgewälzt, indem etwa auslastungsbezogene Entgeltsysteme etabliert oder Aufträge an Neue Selbstständige vergeben werden. Diese Entwicklungen treffen Frauen überproportional und vertiefen geschlechtsspezifische sozioökonomische Ungleichheiten.

Darüber hinaus wird das öffentliche Dienstleistungsangebot im Zuge fortschreitender »Verschlankung« des Staates tendenziell eingeschränkt. Die Rücknahme etwa von Sozial-, Pflege- oder Gesundheitsdiensten führt(e) zur Ausweitung weiblicher Niedriglohnarbeit im Marktsegment, zu vermehrter Informalisierung vorrangig weiblicher Beschäftigung und nicht zuletzt zu verstärktem Druck auf die private, nach wie vor primär Frauen zugewiesene Versorgungsökonomie, mangelnde öffentliche Dienste durch mehr Eigenleistungen auszugleichen. Vermehrte unbezahlte Privatarbeit von Frauen aber bedeutet verstärkten Ausschluss von Erwerbsarbeit, zunehmende geschlechtsspezifische Spaltungen am Arbeitsmarkt und schließlich im Sozialsystem.

Dabei haben sich weibliche Erwerbsbeteiligung in Vollzeitäquivalenten und geschlechtsspezifische Einkommensdisparitäten in den letzten beiden Dekaden nur marginal verändert. Frauen sind Männern demnach wirtschaftlich nach wie vor untergeordnet und leben vielfach in persönlicher ökonomischer Abhängigkeit. Nicht zuletzt zählen allein lebende Frauen, ob erwerbstätig oder in Pension, zu den gesellschaftlichen Gruppen mit dem höchsten Armutsrisiko. Gleichzeitig verschärft die neoliberale Restrukturierung des Pensionssystems mit Anhebung des Pensionsantrittsalters, Abschlägen bei Frühpension und Ausdehnung von Beitragszeiten geschlechtsspezifische Ungleichheiten. Der Ausbau eines Drei-Säulen-Modells der Altersversorgung, das neben staatlicher betriebliche und private Vorsorge umfasst, lässt weitere Polarisierung ökonomischer Geschlechterdisparitäten erwarten. Infolge geringer Einkommen bleiben Möglichkeiten zu individueller Altersvorsorge für Frauen sehr begrenzt, zumal sie bei Privatversicherungen bis dato mit höheren Prämien als Männer rechnen mussten. Darüber hinaus beschränkt sich betriebliche Pensionsvorsorge vorrangig auf Vollzeitbeschäf-

siehe Timeline MA 57: FemCities-Fachkonferenz »Wie funktioniert's? Wer profitiert?« (2008). Seite 298 tigte im Kernarbeitsmarkt, in dem Frauen jedoch unterrepräsentiert sind. Individualisierung von Altersvorsorge und Prekarisierung weiblicher Erwerbsarbeit bedrohen vor allem künftige Pensionistinnen letztlich mit armutsbedingter sozialer Ausgrenzung.

Mit Privatisierungsprozessen, die bis dato staatliche Aktivitäten in die »privaten« Sphären von Markt und Haushalt transferierten, wird nicht zuletzt politische Verantwortung durch individuelle substituiert, bis dato Politisches individualisiert. Geschlechterhierarchien werden so verstärkt als individuelle Problemlagen, gesellschaftliche Benachteiligungen als Folge falscher individueller Entscheidungen re-interpretiert. Neoliberale Rhetorik von Wahlfreiheit und Selbstverantwortung macht Emanzipation zur persönlichen Aufgabe jeder einzelnen Frau, während Gleichstellungspolitik als Freiheit vermeintlich beschränkende Intervention zunehmend tabuisiert wird — zumal im Kontext von Wirtschaftskrise und Sparpolitik andere Prioritäten gelten. Statt sozioökonomische Machtgefälle zwischen Männern und Frauen zu reduzieren und Autonomie zu fördern, haben neoliberale Transformationsprozesse Geschlechterverhältnisse demnach retraditionalisiert und als hierarchische verfestigt.

Maskulinisierte Un/Sicherheit

Im Zuge der Restrukturierung des öffentlichen Sektors wurde dieser zunehmend betriebswirtschaftlichen Profit- und Effizienzkriterien unterworfen. Unter globalen Konkurrenzbedingungen avancierte das Management von Humankapital zu einem vorrangigen Feld staatlicher Aktivität. Privatisierung und Aktivierung fungierten zugleich als zentrale Strategien neoliberalen Um- und Rückbaus von Sozialstaatlichkeit, die den Zwang zu Erwerbsarbeit zu verstärken und damit das — insbesondere weibliche — Arbeitsangebot im sich ausweitenden Niedriglohnsektor sicherzustellen suchten.

Weiters erhöhte sich mit dem »Krieg gegen den Terror« und der fortschreitenden Europäisierung von Außen- und Sicherheitspolitik — auch für Kleinstaaten wie Österreich — die Wahrscheinlichkeit einer Beteiligung an internationalen militärischen Operationen und »post-kolonialen« Kriegen, was sich nicht zuletzt in der Abschaffung der allgemeinen Wehrpflicht und der Etablierung eines Berufsheeres artikuliert. Gleichzeitig vertieften sich als Folge von neoliberaler Transformation, Finanz- und Wirtschaftskrise und ihr folgender Austeritätspolitik interne soziale, vielfach ethnisierte gesellschaftliche Spaltungen — ablesbar u. a. an xenophob und rassistisch unterlegten Kriminalitätsdiskursen. Vor diesem Hintergrund mischen sich zunehmend Konstruktionen äußerer und innerer Feinde und formieren ein neues staatsbezogenes Sicherheitsparadigma. Der Sicherheitsbegriff wird dabei seiner wohlfahrtsstaatlichen Bedeutungsgehalte zunehmend entleert und in polizeilich-militärische Kontexte eingebettet. Die Orientierung an einer solcherart redefinierten »Sicherheit« geht mit Aufwertung kriegerisch-konkurrenzieller Männlichkeitskonzeptionen und Remaskulinisierung von Staatlichkeit einher. Diese spiegeln sich nicht zuletzt in Bedeutungsverschiebungen innerhalb der Staatsapparate zu Lasten demokratisch legitimierter und in den letzten Dekaden zunehmend feminisierter Institutionen und Politikfelder etwa der Sozial-, Familien-, Bildungs- oder Kulturpolitik.

Mit dem Fortschreiten ökonomischer Konkurrenz- und politischer Feindschaftsorientierung unter Bedingungen verschärfter sozialer Unsicherheit und vielfältig medial vermittelter Bedrohungsszenarien werden neoliberale Selbstverantwortungspostulate zu Appellen sozialdarwinistischer Selbsterhaltung. Die Etablierung einer derart ausgerichteten »Kultur der Härte« (Wolfgang Fach) fordert verhärtete Subjektivität, die an traditionelle Entwürfe beziehungslos-kämpferischer Männlichkeit anschließt, während Weiblichkeit einmal mehr vorrangig über Körperlichkeit bestimmt und in hohem Maße sexualisiert wird. Seltene tendenziell emanzipatorische Entwürfe reichen dabei kaum über ambivalente »Karrierefrau«-Konstruktionen hinaus. Begleitet werden solche Geschlechterkonzeptionen hingegen von auf weibliche Gebärwilligkeit ausgerichteten demographischen Debatten sowie von auf »natürliche« Geschlechterdifferenzen rekurrierenden, von Genetik und Neurowissenschaften ausgehenden Diskursen, aber auch von offenem Anti-Feminismus, wie er etwa von der Väterrechtsbewegung forciert und vom politischen und medialen Mainstream vielerorts gestützt wird.

Feminismus-Perspektiven

Diese nur skizzenhafte Diagnose vermag die Geschlechterimplikationen neoliberaler Transformation in deren Tragweite für individuelle Lebensverhältnisse nur anzudeuten. Sie verweist jedoch auf ein verfestigtes, die gesamte Gesellschaft durchziehendes Gefüge von geschlechtlich strukturierten

Macht- und Herrschaftsverhältnissen. Feministische Kämpfe wären daher stärker an diesem gesamtgesellschaftlichen Geschlechtersystem auszurichten. Dies impliziert zunächst, feministische Analyse und Bewegung wieder verstärkt zu integrieren, Kräfte zu bündeln, analytisch wie aktivistisch auf Zusammenhänge zwischen allen gesellschaftlichen Bereichen sowie zwischen Mikro-, Meso- und Makroebene zu fokussieren und davon ausgehend radikale Gesellschaftskritik zu formulieren. Dabei müsste vor allem auch danach gefragt werden, was das bestehende Geschlechtersystem akzeptabel macht. Die je spezifischen Eingebundenheiten der Subjekte wären demnach zu problematisieren und kollektive Dimensionen individualisierter Erfahrungshorizonte hervorzuheben, um so Lebensverhältnisse erneut zu repolitisieren.

Jenseits des Rechts auf einen Fensterplatz Erster Klasse — auf der untergehenden Titanic. Für einen gesellschaftskritischen Feminismus und eine Politik der allgemeinen Menschenbefreiung

Frigga Haug im Gespräch mit Beate Hausbichler

Wie steht es um das gesellschaftskritische Potential des Feminismus? Warum sollten wir »Teilzeitarbeit für alle« fordern, und wieso dürfen wir die eigentlichen Ziele über frauenpolitische Maßnahmen hinaus nicht aus den Augen verlieren? Die Soziologin und Philosophin Frigga Haug im Gespräch mit der Journalistin Beate Hausbichler über Möglichkeiten einer neuen linken und feministischen Politik.

Beate Hausbichler Bei einem Vortrag in Wien vor einigen Jahren haben Sie davon erzählt, wie Sie in den 1960er und 70er Jahren mit Weggefährtinnen Erklärungen für die Unterdrückung von Frauen suchten. Im Ausschluss aus der Öffentlichkeit oder durch fehlende Bildung fanden sie vorläufige Antworten. Als sich aber zeigte, dass sowohl eine stärkere Präsenz in der Öffentlichkeit als auch das fleißige Studieren wenig änderte, standen Sie wieder vor derselben Frage. Wie beantworten Sie diese heute?

Frigga Haug Dass Geschlechterverhältnisse Produktionsverhältnisse sind — das ist meine Hauptthese, die die Frage der Frauenunterdrückung fasst. Offen ist für mich noch, wie man das einfach vermitteln kann. Es klingt zunächst einfach, gleichzeitig versteht man nicht sofort, was das bedeutet. Vielleicht trägt eine historische Skizze zum Verständnis bei: Wenn man

Foto: Esther Crapélle

Frigga Haug war bis 2001 Professorin für Soziologie an der Hamburger Universität für Wirtschaft und Politik. Sie ist Mitherausgeberin der Zeitschrift »Das Argument«, Redakteurin und seit 2006 Mitherausgeberin des »Historisch-kritischen Wörterbuchs des Marxismus« und ist Vorsitzende des »Instituts für kritische Theorie«. Frigga Haug ist Mitglied bei den verschiedensten Initiativen und Zeitschriften, u. a. beim Europäischen Forum linker Feministinnen, Bund demokratischer Wissenschaftler oder beim Sozialisten Frauenbund Westberlin. Außerdem engagiert sie sich unter anderem in der Erwachsenenbildung bei Gewerkschaften und Kirche, als wissenschaftlicher Beirat von Attac und als Mitglied der Partei DIE LINKE und ist Mitbegründerin der Berliner Volksuni.

weit zurückgeht und schaut, wie die Menschen ihr Leben produzieren, sieht man schnell, dass sie ihr Leben produzieren, indem sie sich selber wiederherstellen und Nachkommen schaffen. Und dann gibt es den anderen Bereich, in dem die Lebensmittel für das Leben produziert werden. Diese Lebensmittelherstellung ist unglaublich gut erforscht, man weiß, dass dieser Bereich immer mehr und mehr mechanisiert und industrialisiert wurde, so dass man eine große Menge an Profit damit machen konnte. Diese Entwicklungsgeschichte ist vornehmlich eine von Männern.
Frauen tummelten sich im anderen Bereich, in dem Leben behütet und wiederhergestellt wurde. Man kann aber nicht sagen, jetzt wollen wir uns nur auf den Bereich des Lebens konzentrieren, denn die Bereiche sind ja miteinander verhakt. Es gibt kein Leben ohne die Mittel zum Leben, und umgekehrt sind die Mittel zum Leben unsinnig, wenn man darüber das Leben vergisst. Der innere Zusammenhang der These, dass Geschlechterverhältnisse Produktionsverhältnisse sind, ist somit sehr einleuchtend.

siehe Timeline MA 57: Wiener Frauenbarometer zum Thema Frauen, Rechte, Geschichte und Errungenschaften (2010). Seite 300

Wenn wir beobachten, wie dieser Bereich, in dem Profite gemacht werden können, Entwicklung vor sich geht, Kultur und Wissenschaft entsteht, zur Hauptsache wurde und das Leben daneben immer beiläufiger — dann erkennen wir den Grund, warum dieser Bereich randständig wurde und eigentlich niemanden weiter interessiert. Die Menschen, die in diesem Bereich arbeiten, nämlich vorwiegend Frauen, wurden ebenso unwichtig.

Hausbichler Wir müssten also heute wissen, dass einseitige Erklärungsversuche samt einseitigen Lösungsansätzen wenig bringen. Dennoch befinden wir uns wieder in der Situation, dass z. B. Quoten oder die Schließung der Gehaltsschere für die letzten Regler gehalten werden, die es noch zu drehen gilt. Der Fokus liegt derzeit klar auf Gleichstellungspolitik auf dem Arbeitsmark. Überlegungen, diesen »Markt« an sich zu überdenken, gibt es wenige — machen wir wieder denselben Fehler?

Haug Ja, in manchen Teilen der Frauenpolitik gibt es diese Haupttendenz. Das sind zwar alles wichtige Schritte, aber sie sind nicht das Ziel. Die Quote ist ein Schritt, aber als Ziel ist es doch völlig abgeschmackt. Dazu gefällt mir besonders etwas, das die Politikwissenschafterin Ingrid Kurz-Scherf über die Quote mal gesagt hat: Das ist, wie wenn Frauen das Recht auf einen Fensterplatz erster Klasse bekommen — auf der untergehenden Titanic. Wenn man nicht versteht, dass diese Forderungen nur kleine Schritte sind, dann wird das eine absolute Sackgassenpolitik in allen Punkten. Denn Frauenpolitik sollte es als solche eigentlich gar nicht geben müssen, sondern nur eine Politik für das Allgemeine — für die allgemeine Menschenbefreiung. Dass es eine separate Frauenpolitik geben muss, das ist eigentlich schon eine Niederlage.

> Hausbichler Aber dieses Verständnis von Feminismus als Befreiung aller im Sinne einer radikalen Gesellschaftskritik ist mittlerweile doch vollends in den Hintergrund getreten. Vielmehr werden nur mehr Versatzstücke genützt, um Frauen möglichst gut in bestehende Verhältnisse einzubinden.

Haug Ja, das Erbe der Frauenbewegung ist völlig zerstückelt. Alle, die diese Teile weiterverfolgen, haben bis zu einem gewissen Grad Recht, aber die Gesellschaftskritik ist verschwunden. In dem Modell »Vereinbarkeit von Beruf und Familie« ist natürlich ein Element Frauenbewegung drinnen, aber auf eine schreckliche Art, weil es Stress für Frauen bedeutet und sonst nichts. Das zweite Erbstück ist diese nach Rechts gehende Verehrung der Mütter, ihre Bezahlung, ihre Wertschätzung usw. Das ist ja auch ein Frauenbewegungsstrang, aber für sich genommen ist das eine sehr reaktionäre Politik. Oder der Elitefeminismus, die Alpha-Mädchen, der lässt die Mehrheit der Frauen dort, wo sie sind, während einige wenige zeigen, dass Frauen vielfältige Fähigkeiten haben.
Dass die systemkritische Dimension nicht mehr erinnert wird, ist im Übrigen auch ein Produkt der Medien. Sie haben auf eine sehr lustvolle Weise alles unterstützt, was jeden sozialistischen Geist aus der Frauenfrage heraus gesaugt hat. Angefangen bei Alice Schwarzer und ihrer »Emma«. Speziell nach 1989 wurde Tabula rasa gemacht, und dort wo mal irgendwo Hoffnungen waren, dass vielleicht mal eine andere Gesellschaft entstehen könnte, war nun eine Leerstelle. Warum aber das gesellschaftskritische Verständnis von Feminismus nicht zumindest in den Frauen selbst geblieben ist, kann man nicht so einfach sagen.

Seit ich die »Vier-in-einem-Perspektive«[1] für die linken Frauen entworfen habe, habe ich überall, in Erwachsenenbildungsvereinen, Kirchen usw. Vorträge gehalten. Ich habe Menschen aus allen Schichten vorgeschlagen, ob sie ihr Leben nicht mal so sehen wollen, dass sie sich in mehreren Bereichen als nur Erwerbsarbeit vorstellen und dass sie sich die Zeit aneignen könnten, um eine kämpferische Politik mit Visionen zu machen. Ich habe nirgends eine Gruppe gefunden, die nicht begeistert war und das nicht aufnehmen wollte. Der Untergrund der Gesellschaft ist durchaus links, feministisch und alternativ zugänglich.

Hausbichler Dennoch distanzieren sich viele vehement von politischen Bewegungen, die eben mit Begriffen wie »Feminismus« zusammengefasst werden — obwohl sie vielleicht sehr wohl selbst feministische Inhalte vertreten und auch danach handeln.

Haug Ja, für viele ist das eine Schwelle, über die sie nur sehr schwer hinauskommen. Man muss lange daran arbeiten, bis »Feminismus« oder »feministische Bewegungen« wieder positiv gehört werden. In einem Magazin las ich mal von »Lila-Latzhosen-Veteraninnen« und »grau gewordenen frustrierten Müttern«, um so junge, knusprige Mädchen zu ködern. Die Linie war, Feminismus als langweilig, frustriert und asketisch hinzustellen. Die Frage dahinter ist, ob es möglich ist, den feministischen Geist so zu beleben, dass ihn die kommenden Generationen als ihre Sache begreifen und sich auch noch selbst am Hebel erkennen, der die Systemveränderung voranbringen kann.

Hausbichler Sie haben ihre »Vier-in-einem-Perspektive« schon angesprochen, unter diesem Titel haben Sie über Wege zu einer solchen Systemveränderung geschrieben und gesprochen: Die vier Bereiche Erwerb, Reproduktion, Politik und Kultur sollen zu gleichen Teilen vernetzt werden. Könnten Sie das näher ausführen?

Haug Für Kultur würde ich mittlerweile eher Selbstentwicklung einsetzen, bei »Kultur« sind die Assoziationen zu knapp.

Eine Systemänderung könnte mit der »Vier-in-einem-Perspektive« gerade deshalb gelingen, weil die einzelnen Elemente verständlich und einfach sind.

Dass man Zeit für dieses und jenes braucht, dass es so gehetzt nicht mehr weitergehen kann, dass das keine Perspektive ist ... das verstehen alle, weil es das eigene Leben betrifft. Wenn man jetzt versucht, das umzusetzen, muss man das eigene Leben ändern und sich da drinnen, und das ist ein ungeheuer politisierender Prozess. Beim Machen erkennt man plötzlich die Zusammenhänge, die einem vorher so nicht bewusst waren — und zwar in allen vier Bereichen!
Wenn ich nicht nur meine eigenen Dinge, sondern auch alle anderen Menschen und die Liebe darin als etwas sehe, was Zeit braucht, weil es sonst verrottet — wenn ich vor diesem Hintergrund daran denke, meine Erwerbsarbeit zu kürzen, muss ich auch daran denken, mein Verhältnis zur Erwerbsarbeit zu ändern. Ich darf sie nicht mehr so wichtig nehmen, denn sie bestimmt nicht allein meine Identität, ich bin mehr als dieses eine. Diese Änderungsprozesse sind so ungeheuerlich für die Einzelnen, dass es keine andere Möglichkeit gibt, als sich zu politisieren und schöne, linke Weltveränderer zu werden!

Hausbichler Sie untertiteln Ihr Buch »Die Vier-in-einem-Perspektive« mit »Politik von Frauen für eine neue Linke« — warum ist dieser Ansatz vor allem für Frauen relevant?

Haug Die Verschränkung dieser Bereiche ineinander, der eine immer von dem anderen abhängig, ihn bedrängend, ihn auslöschend, ihn fördernd, sich an die Spitze zu setzen, es hierarchisch zu gliedern — das ist Herrschaft. Diese Herrschaft aufzulösen bedarf derjenigen, die da ganz bestimmend drinnen sitzen, und das sind deshalb Frauen, weil sie sich über Jahrtausende an dem Punkt befinden, wo sie bereitwillig die lebensnotwendigen Lebensbereiche auf sich nehmen, sie umsonst erledigen. Schlecht im Übrigen, aber sie tun es. Sie haben dann noch einen Nebenjob, und Selbstentwicklung ist sowieso Luxus, und in der Politik sind sie nicht, weil sie das langweilt. Nehmen wir als Beispiel die Forderung nach Verkürzung von Arbeitszeit, aber besetzt mit dem Zusatz: bei vollem Lohnausgleich! Bei dieser Forderung weiß jeder, dass das so nicht gehen wird. Wenn man aber die Verkürzung der Arbeitszeit fordert, um für die anderen Bereiche mehr Zeit zu erkämpfen — dann wird sich eine Welt von zusätzlichen Möglichkeiten auftun, eine

Welt an Dingen, die wir tun müssen. Da ist auch die Ökologiefrage drinnen — der Bereich der Reproduktion meint natürlich auch den Bereich der natürlichen Lebensbedingungen, und da ist auch die viele nicht getane Arbeit drinnen. Es ist Unsinn, dass wir bitterlich weinen, weil uns die Arbeit ausgeht und Arbeitslosigkeit entsteht. Vielmehr ist das Gegenteil der Fall: Die Gesellschaft hat viel zu viel Arbeit, und es bleiben zu viele Bereiche ungetan. Daher können wir uns nicht mehr als vier Stunden Erwerbsarbeit leisten. Das muss zurückgefahren werden, damit die anderen Bereiche zu ihrem Recht kommen.

Hausbichler Bleiben wir bei der Forderung nach Verkürzung der Arbeitszeit, die Sie auch als »Teilzeit für alle« formuliert haben. Da denkt man unweigerlich an die derzeitige Bewertung von Teilzeit, um die es alles andere als gut steht. Über aktuelle Arbeitsmarktstatistiken wird zwar immer lobend erwähnt, dass mehr Frauen denn je Erwerbsarbeit leisten, als der große Nachteil wird aber die hohe Teilzeitquote bei Frauen genannt.

Haug Erstmal muss man an der Forderung »Teilzeit für alle« das Paradoxon sehen, denn dann wird sie ja zur Vollzeit. Diese Ironie kam bisher noch nicht so recht an. Die gewerkschaftlich politisch bewussten Menschen, auf die wir doch auch eine große Hoffnung setzen, scheinen die Kämpfe gegen Teilzeitarbeit keinen Moment vergessen zu können. Die hören sofort: Das ist unterbezahlt, das ist perspektivlos, nicht sozialversichert etc. — sie können das nicht mit einem dynamischen Feuer versehen.
Ich hatte mal mit einer Gruppe von »Ver.di«[2]-Frauen eine lange Diskussion, am Ende meinten sie: Kannst du es nicht wenigstens Halbzeitarbeit nennen, dann würden wir mitmachen. Es geht halt nicht alles zu jeder Zeit. Sie kämpften jahrelang gegen Teilzeit und können nicht plötzlich sagen: Na klar — Teilzeit!

Hausbichler Die negative Bewertung von Teilzeit hängt auch damit zusammen, dass Frauen nur für 20 oder 25 Stunden Lohn bekommen und daheim umsonst weiterarbeiten. Noch immer wird zwei Drittel der Haus- und Erziehungsarbeit von Frauen erledigt.

Haug Ja, dieses Wissen läuft natürlich mit. Aber dennoch muss man es weiter versuchen, z. B. indem man den anderen Diskurs — die radikale Verkürzung der Erwerbsarbeitszeit zu Gunsten der anderen Bereiche — noch um Folgendes erweitert: Dass Erwerbsarbeit ein Recht ist, so wie es ein Recht auf reproduktive Tätigkeiten für alle gibt, so dass auch Männer ihre sozialen Fähigkeiten entfalten können. Wenn Sätze wie diese drum herum gesagt werden, wird es vielleicht auf Dauer gehen, Teilzeitarbeit als eine lustige Forderung für alle zu sehen.

Hausbichler Sie haben im Vorwort in »Die Vier-in-einem-Perspektive« geschrieben, dass Sie dieses Buch auch als Bündelung von Forderungen »von unten« verstehen. Wie könnten Forderungen von weniger Privilegierten generell gestärkt werden? Im Sinne von Peter Weish, den Sie selbst schon öfter zitiert haben: »Wenn wir uns nicht selbst befreien, dann bleibt es für uns ohne Folgen«.

Haug Die Frage von unten zu stellen heißt, dass wir von den Subjekten des Politischen ausgehen, und das sind zunächst mal alle — nicht von einer Stellvertreterpolitik oder einer Analyse von oben, die weiß, wo es lang geht. Sondern eine Politik, die versucht, die Fragen der Gesellschaft zu bündeln. Für diese Fragen müssen Begriffe gefunden werden, um sie dann wieder als Losungen zurückzugeben. Ein Beispiel ist der schon erwähnte Kampf über die Verfügung von Zeit. Da hört man dann viele Geschichten, wie Zeit gelebt wird — als Hetze, als etwa Verhängtes, als etwas, was einem nicht gehört, als Schicksal, als Macht. An diesen ganzen Klagegeschichten — die ich in großer Zahl sammle — sehen wir, wie Politik von unten gesprochen werden muss, was das Zusammenbindende ist und was man als Losung zurückgeben könnte.

Hausbichler Um die Solidarität gegenüber weniger Privilegierten steht es nicht gut, Stichwort private Pensionsversicherungen. Diese werden immer selbstverständlicher, obwohl gerade die, die sich eine solche leisten können, sehr wohl über eine politische Bildung verfügen und wissen, dass dies negative Konsequenzen für jene haben könnte, die sich auf das staatliche Pensionssystem verlassen müssen.

Haug In diesen neoliberalen Strukturen wird einfach geschaut, wer wo für den Markt am meisten realisiert, die sind dann gerettet, während die anderen untergehen. Diese Gesetze bilden einen neuen Darwinismus, der sich verbreitet — das ist schon richtig. Aber ich denke, wir können beim Politikmachen nicht moralisch vorgehen. Dass ihr die anderen nicht einbezieht oder euch nicht für andere einsetzt und dass das unsittlich ist — das wird nicht greifen. Die einzige Möglichkeit, alle für eine gemeinsame Sache zu gewinnen, ist, sie in die Sache zu verwickeln. Wenn es dieses Gemeinsame gibt, in das sich alle rein werfen, spielt die Frage der Moral eigentlich keine Rolle mehr.

Der verschärfte Konkurrenzkampf, der verschärfte Individualismus, der eigentlich keiner ist, sondern nur Eigennutz, einer gegen alle — das ist schon wie eine kleine Rückentwicklung der Menschheit. Die Perspektive einer menschlichen Gesellschaft, in der alle füreinander tätig sind, dass sich alle entwickeln können und es möglich ist, es so einzurichten, dass nicht Zerstörung dabei rauskommt — das ist doch noch immer eine Perspektive, die alle ansprechen kann, da sind doch nicht alle Ohren dagegen verstopft.

Hausbichler Abschließend wollte ich Sie noch um einen Ratschlag bitten. Was raten Sie jüngeren Feministinnen — worauf sollen sie sich konzentrieren?

Haug Einen solchen Rat gebe ich von Antonio Gramsci weiter. Er sagt: Erkenne dich selbst als geworden in einer widersprüchlichen Geschichte, in widersprüchlichen Traditionen, von denen überall Stücke übernommen sind, ohne Inventarvorbehalt. Dieses gilt es zu überprüfen — »erkenne dich selbst« ist also die dringlichste Aufgabe, um verändernd mit sich selbst und in die Gesellschaft zu gehen.

Und dieser Prozess macht eigentlich immer Spaß. Es ist erfüllend, man hat das Gefühl, etwas Sinnvolles zu tun. Manchmal ist es spannend, manchmal tritt man auf der Stelle, dann ist es quälend — aber irgendwann wird der Ball wieder weiter getragen.

Anmerkungen

1 Frigga Haug veröffentlichte unter diesem Titel ein Buch mit gesammelten Texten zu diesem Modell: »Die Vier-in-einem-Perspektive. Politik von Frauen für eine neue Linke.« Hamburg: Argument Verlag 2008.

2 »Ver.di« steht für Vereinte Dienstleistungsgewerkschaft. Sie ist nach der IG Metal die zweitgrößte Gewerkschaft im Deutschen Gewerkschaftsbund.

»Das Gefühl, dass das Leben nicht ganz mir gehört«. Prekär Arbeiten, Prekär Leben? Fünf Antworten

Daniela Koweindl

Am 1. Mai 2011 fand nach zweijähriger Pause in Wien wieder eine Mayday-Parade, eine Parade der Prekären, statt. Mit grundlegenden Fragen über Arbeit und das Leben, das Leben mit oder ohne Arbeit, das Leben mit oder ohne Arbeits- und/oder Aufenthaltspapiere riefen die InitiatorInnen zur Teilnahme auf. Fragen, die auf den ersten Blick einfach erscheinen, jenen aber, die nach Antworten suchen, die zunehmende Selbstverständlichkeit von Vereinzelung und Entsicherung der Lebens- und Arbeitsverhältnisse ins Gedächtnis rufen: »Prekär Arbeiten, Prekär Leben?«.

Daniela Koweindl befragte fünf Frauen zu ihren Arbeits- und Lebensbedingungen und zeichnet ein differenziertes Bild, wie das jetzt eigentlich ist — mit dem Arbeiten wollen, müssen oder dürfen?

Ezgi Erol

Darfst du arbeiten? Nein. Zwei Ansuchen um eine Beschäftigungsbewilligung hat das AMS bisher abgelehnt. Vielleicht wird das (nach einer Gesetzesnovelle) ab Juli 2011 leichter.

Wovon lebst du? Dieses Semester bekomme ich ein Nachwuchsforschungsstipendium von der Uni. Sonst bin ich von meiner Familie finanziell anhängig — was sehr unangenehm ist, weil ich das Gefühl habe, dass das Leben nicht ganz mir gehört, obwohl ich bereits 26 und im Masterstudium bin.

Darfst du hier leben? Ja, aber ich muss jedes Jahr meine Aufenthaltsbewilligung verlängern, auf meinem Konto 9.000 Euro vorzeigen sowie 16 ECTS-Punkte (für den Studienfortschritt) nachweisen.

Was setzt du deiner Prekarisierung entgegen? Ich habe zu Beschäftigungsbewilligungen und den rechtlichen Rahmenbedingungen wissenschaftlich gearbeitet, Interviews mit Frauen, die undokumentiert arbeiten, geführt und das Thema, insbesondere die daraus resultierende Prekarisierung, in mehreren Veranstaltungen präsentiert und diskutiert. Wer undokumentiert arbeitet, hat keine Ansprechpersonen und keine Rechte. Mir geht es darum, diese Erfahrungen in einen politischen, antirassistischen Kontext zu stellen und kollektiv gegen diese Bedingungen zu arbeiten.

Liselotte Radler

Musst du arbeiten? Willst du arbeiten? Ich möchte nur soviel lohnarbeiten, wie es nötig ist, um einerseits genügend Geld zum Leben und andererseits so viel freie Zeit wie möglich zu haben.

Wovon lebst du? Durch Glück habe ich einmal ein echtes Angestelltenverhältnis ergattert und lebe derzeit von der Notstandshilfe.

Darfst du arbeiten? Darfst du hier leben? Ich bin Österreicherin, darf hier leben und arbeiten.

Hast du freie Zeit? Meine freie Zeit ist mir sehr wichtig, abgesehen von der Zeit für mein Studium und mein Kind, um soziale Kontakte zu knüpfen und zu pflegen.

Was machst du, wenn du krank bist? Was machst du im Alter? Mein persönliches solidarisches Umfeld ist mir hier wichtig und wird es sicher auch im Alter sein.

Was setzt du deiner Prekarisierung entgegen? Meine Freundinnen geben mir Sicherheit. Die Prekarisierung beginnt bei mir beim oft nicht leistbaren Wohnraum. Freundinnen haben mich und mein Kind in finanziell schlechten Zeiten bei sich wohnen lassen.

Wie organisierst du dich? Ich versuche möglichst viel ohne Geld zu organisieren und diese Alltagsstrategien in meinem Umfeld zu verbreiten.

Darfst du arbeiten? Musst du arbeiten? Willst du arbeiten? Wovon lebst du? Darfst du hier leben? Hast du freie Zeit? Was machst du, wenn du krank bist? Was machst du im Alter? Was setzt du deiner Prekarisierung entgegen? Wie organisierst du dich?

Lotta T.

Musst du arbeiten? Willst du arbeiten? Ich arbeite ohnehin die ganze Zeit, bekomme aber oft kein Geld dafür: Haushalt, Kinderbetreuung, Wohnen am Wagenplatz organisieren, Auto fit halten und herrichten. Arbeit gibt es genug, nur ist sie falsch verteilt.

Hast du bezahlte Arbeit? Wovon lebst du? Im Moment arbeite ich 32 Stunden pro Woche in einer Anstellung.

Hast du freie Zeit? Ich nehme sie mir hin und wieder. Mit Kind ist Freizeit teurer. Urlaub und Ausflüge kosten gleich für zwei Personen.

Was wünschst du dir? Ich wünsche mir, dass die Stadt Wien mehrere Wagenplätze freigibt. Mit gratis Fließwasser und Strom! Genug Freizeit für mich bzw. für Familie und FreundInnen. 3.000 Euro pro Monat ein Leben lang.

Was setzt du deiner Prekarisierung entgegen? Wie organisierst du dich? Wir gehen auf die Straße und kämpfen um unsere Freiräume und Wohnräume. Wir dumpstern, weil ohnehin so viele Lebensmittel aus der Massenproduktion weggeworfen werden. Mit dem Wagenplatz zeigen wir, dass es auch andere Lebensmöglichkeiten gibt und diese akzeptiert werden müssen.

Zozan Perwer

Musst du arbeiten? Ich mag nicht, aber ich muss, um für mein Studium und Leben Geld zu verdienen.

Darfst du arbeiten? Darfst du hier leben? Ich darf hier leben, aber immer nur für ein Jahr. Danach bleibt das Risiko, die schwierigen Voraussetzungen für eine Verlängerung zu erfüllen. Eine Arbeitserlaubnis habe ich nicht.

Wovon lebst du? Ich arbeite als Putzfrau, gebe Nachhilfe, mache Kinderbetreuung — was gerade möglich ist, aber immer illegalisiert. Zuletzt habe ich bei einem Straßenstand Handy-Wertkarten verkauft, aber mein Geld nicht regelmäßig bekommen. Nachdem mein Chef mir vorgeschlagen hat, dass ich bei ihm zu Hause mit Sex mehr Geld verdienen kann (50 Euro für vier Stunden), werde ich nicht mehr für ihn arbeiten. Aber er fragt immer wieder nach.

Hast du freie Zeit? Ja, aber nicht freiwillig und immer mit vielen Sorgen.

Was machst du, wenn du krank bist? Als Studentin bin ich um 49,85 Euro pro Monat versichert. Vor dem 1. Juli 2011 hat dieselbe Versicherung die Hälfte gekostet.

Was machst du im Alter? So wie ich jetzt lebe, kann ich nicht an die Zukunft denken.

Was wünschst du dir? Ein glückliches Leben. Ohne Angst. Ohne Probleme.

Lisa Grösel
Claudia Totschnig

Habt ihr bezahlte Arbeit? Wir arbeiten im Kulturzentrum Amerlinghaus, das seit zwei Jahren massiv um eine Wertanpassung der seit vielen Jahren unveränderten Subvention kämpft. Mittlerweile sind die Kostensteigerungen nicht mehr bewältigbar. Seit zwei Jahren können wir nur noch maximal halbjährliche Budgets beschließen, und wir wissen nicht, ob wir in drei Monaten noch unsere Jobs haben. Selbstausbeutung oder Lohnkürzung kann hier ebenso wenig wie Kommerzialisierung die Lösung sein.

Was setzt ihr eurer Prekarisierung entgegen? Wie organisiert ihr euch? Im Haus sind über 50 sehr heterogene Gruppen — aber klar mit einem antirassistischen, antisexistischen, antihierarchischen Grundkonsens. Gruppen ohne eigene Ressourcen können hier selbstbestimmt und ohne Konsumzwang arbeiten. Es gibt große Solidarität, und wir treten mit unseren Forderungen an die Öffentlichkeit.

Was wünscht ihr euch? Wir wünschen uns, dass uns nicht die zermürbende Verhandlungssituation die Ressourcen wegfrisst, die wir für inhaltliche Arbeit brauchen. Wir wünschen uns mehr Kultur- und soziale Zentren.

Ausbruch aus dem Rahmen. Arbeitsmigration von Frauen und strukturelle Diskriminierung in Österreich

Vida Bakondy

Jahrzehntelang dominierte in der öffentlichen Wahrnehmung im Zusammenhang mit der Arbeitsmigration nach Österreich das Bild vom männlichen Migranten. Frauen kamen, wenn überhaupt, als nachziehende Ehefrauen und Mütter in den Blick. Seit den 1990er Jahren knüpfen sich daran Bilder und Diskurse, die Migrantinnen als »defizitär« ohne Bildung und Deutschkenntnisse und zunehmend auch als Opfer patriarchaler Gewalt darstellen (Stichwort Debatten um das Kopftuch und die Zwangsehe). Auch die Migrationsforschung schenkte — mit wenigen Ausnahmen — der (Arbeits-)Migration von Frauen bis in die 1990er Jahre kaum Beachtung. In den vergangenen zwei Jahrzehnten lenkten feministische Migrationsforscherinnen und -aktivistinnen sowie Beratungsorganisationen die Aufmerksamkeit auf die rechtliche und soziale Situation von Migrantinnen und auf ihre Rolle am österreichischen Arbeitsmarkt.

Arbeitsplatz Fischfabrik

Meine Forschung[1] zur Arbeitsmigration von Frauen im Österreich der Zweiten Republik war von der feministischen Forderung nach Sichtbarmachung und dem Aufzeigen von Normalität geleitet. Ein genauso wichtiges Motiv war die Thematisierung — historisch gewachsener — struktureller Machtverhältnisse in der österreichischen Gesellschaft. Exemplarisch bildete ein Produktionsstandort des österreichischen Fischverarbeitungsunternehmens C. Warhanek im zehnten Wiener Gemeindebezirk den Ausgangspunkt

Foto: Privatbesitz C. Bojanović, Wien

der Recherchen. In den 1980er Jahren war die Fabrik NGOs und Beratungsorganisationen als ein Arbeitsort bekannt, für den das Arbeitsamt Migrantinnen (vor allem türkischer Herkunft) leicht eine Beschäftigungsbewilligung ausstellte. Zu diesem Zeitpunkt ersetzte die Beschäftigung bereits in Österreich ansässiger Migrantinnen die staatlich organisierte Anwerbung von Arbeiterinnen aus dem ehemaligen Jugoslawien. Aufgrund des zunehmenden Arbeitskräftemangels in Österreich hatte das Unternehmen C. Warhanek seit den 1960er Jahren von der Möglichkeit Gebrauch gemacht, Arbeiterinnen im Ausland anzuwerben.

Interviews mit ehemaligen Arbeiterinnen von C. Warhanek, die auf der Suche nach Arbeit und besseren Verdienstmöglichkeiten nach Österreich migriert waren, werfen ein Licht auf ihre prekären Arbeitsbedingungen: geringe Entlohnung, Überstunden je nach Produktionsbedarf und körperliche Belastung durch Kälte, Nässe und Geruch. Hinzu kommt, dass die Mehrzahl der Frauen lediglich für eine Saison (meist von Oktober bis März) in der Fischfabrik beschäftigt wurde. Die Aussicht auf eine dauerhafte Beschäftigung und somit einen gesicherten Aufenthaltsstatus sowie einen freien Zugang zum österreichischen Arbeitsmarkt war lediglich einem kleinen Teil der Stammbelegschaft vorbehalten. Aufgrund der Arbeitsbedingungen war die Fluktuation im Allgemeinen hoch. Das Verlassen des Arbeitsplatzes blieb letztlich eine der wenigen Möglichkeiten, sich der belastenden Arbeitssituation zu widersetzen. Ein wirksamer Kampf für eine Verbesserung der innerbetrieblichen Arbeitsbedingungen wurde auch durch den bis 2006 österreichweit geltenden rechtlichen Ausschluss vom passiven Betriebsratswahlrecht für Drittstaaatsangehörige erschwert. Durch das Wegbleiben mehrheitsösterreichischer Arbeiterinnen verzeichnete die Wiener Fischfabrik daher seit Beginn der 1970er Jahre keine Betriebsrätin mehr.

Die Geschichte der Frauenarbeit in der Fischfabrik steht somit auch exemplarisch für den gesellschaftlichen Aufstieg mehrheitsösterreichischer Frauen, die im Laufe der 1960er Jahre die Möglichkeit bekamen, diesen Arbeitsplatz gegen einen besseren einzutauschen. Eine ähnliche Entwicklung ist in den 1980er Jahre zu beobachten, als immer mehr türkische Frauen schon länger in Österreich lebenden jugoslawischen Frauen auf diesen Arbeitsplatz folgten. Vor allem aber zeugen diese Entwicklungen vom Interesse des Unternehmens an billigen und flexiblen Arbeitskräften und dessen Anpassung an wirtschaftliche und politische Rahmenbedingungen über Jahrzehnte hinweg. So waren während des Zweiten Weltkrieges und dem NS-Regime polnische Zwangsarbeiterinnen in der Wiener Fischfabrik beschäftigt.[2]

Nach dem Fall des »Eisernen Vorhanges« erfolgte die Auslagerung der Produktion nach Ost- und Südosteuropa.

Kein gleicher Lohn für gleiche Arbeit

Die Situation jugoslawischer und türkischer Frauen am österreichischen Arbeitsmarkt wird Mitte der 1980er Jahre in der Studie »Ausländische Arbeitskräfte in Österreich« folgendermaßen beschrieben: »Ausländische Staatsbürgerinnen sind vorwiegend in jenen Branchen beschäftigt, die sich durch einen hohen Frauenanteil, einen hohen Ausländeranteil und schlechte Arbeitsbedingungen auszeichnen.«[3] Diese Branchen waren wenig überraschend auch solche mit den niedrigsten Löhnen, darüber hinaus lag das »durchschnittliche Monatseinkommen türkischer und jugoslawischer Arbeitnehmerinnen unter dem österreichischer Arbeiterinnen«.[4]

Die Forderung nach gleichem Lohn für gleiche Arbeit stößt im Fall von Migrantinnen aufgrund sozialer und rechtlicher Diskriminierungen mehrfach an ihre Grenzen. Heute drei Jahrzehnte später setzt sich diese strukturelle Benachteiligung in der österreichischen Gesellschaft immer noch fort. So heißt es im »Frauenbericht 2010«: »Frauen mit ausländischer Staatsangehörigkeit verdienten 2007 nur rund zwei Drittel des Durchschnittseinkommens von Österreicherinnen. Dementsprechend waren Frauen mit ausländischer Staatsangehörigkeit im Vergleich mehr als doppelt so oft armutsgefährdet.«[5] Die Ungleichheit im Einkommen verweist auf die Diskriminierung aufgrund der Herkunft und des Geschlechts[6] und spiegelt letztlich den niedrigen sozialen Status, der Migrantinnen in Österreich zugewiesen wird, wider. Dies äußert sich — damals wie heute — im Zugang zum Arbeitsmarkt: Wer welche Arbeit ausübt bzw. ausüben darf, ist eng verbunden mit gesellschaftlichen Platzzuweisungen. Die tatsächliche berufliche Qualifikation spielt dabei keine entscheidende Rolle. Bisher durchgeführte Studien zur Dequalifizierung, d. h. zur mangelnden Anerkennung und Verwertung von erworbenen Bildungsressourcen, verweisen darauf, dass im Ausland geborene hochqualifizierte Frauen in besonderem Maße mit Arbeitslosigkeit und geringeren Beschäftigungschancen konfrontiert sind.[7]

Während sich höhere Bildungsabschlüsse positiv auf die berufliche Integration und Mobilität von Österreicherinnen auswirken, ist dies für Migrantinnen nicht zutreffend. Die zunehmende Professionalisierung und berufliche Integration mehrheitsangehöriger Frauen führt weiters zu einer steigenden Nachfrage nach bezahlter Reproduktionsarbeit, die in vielen Fällen von Migrantinnen geleistet wird.[8]

In die »regulative Sichtbarkeit« intervenieren

Der Migrationsforscher August Gächter spricht im Zusammenhang mit der Geschichte der Einwanderung nach Österreich von einer »Geschichte steigenden Wohlstandes«[9], von der die Gesellschaft bis heute profitiert. Der niedrige soziale Status, der Migrantinnen und Migranten zugewiesen wird, und die kontinuierliche rechtliche Diskriminierung ist demnach u. a. auf die Weigerung Österreichs zurückzuführen, sich als Einwanderungsland zu definieren.

Migrantinnen werden zwar mittlerweile nicht mehr nur als nachziehende Ehefrauen und Mütter wahrgenommen, dennoch folgen die vorherrschenden Bilder und Diskurse einer Logik der »regulativen Sichtbarkeit«[10]. D. h., es gibt nur bestimmte Bilder und diese sind noch immer zumeist »defizitär«. Die Produktion und Aufrechterhaltung dieser Bilder verstehe ich letztendlich als Ausdruck des (ökonomischen) Begehrens der Mehrheitsgesellschaft: Migrantinnen werden gezeigt, so wie sie gebraucht werden: als Putzfrauen, als Pflegekräfte oder als Sexarbeiterinnen. Umso notwendiger erscheint es, Gegenerzählungen zu forcieren und dadurch Interventionen in dominante Repräsentationen vorzunehmen.[11] Dass diese Gegenerzählungen auf einer breiten gesellschaftlichen Ebene wirkmächtig werden, setzt jedoch eine radikale Veränderung der politischen, sozialen, rechtlichen und ökonomischen Strukturen voraus. Und um diese gesellschaftlichen Veränderungen gilt es weiterhin zu kämpfen.

siehe Timeline MA 57: Die Publikation »Frauen in Wien 2« mit dem Schwerpunkt Migrantinnen erscheint (2001). Seite 290

Anmerkungen

1 Die Ergebnisse dieser Forschungen wurden 2004 in der Ausstellung Gastarbajteri. 40 Jahre Arbeitsmigration der Initiative Minderheiten im Wien Museum gezeigt; vgl. www.gastarbajteri.at und Vida Bakondy: 1980 Frauenarbeitsmigration. Fischfabrik C. Warhanek, in: Hakan Gürses/ Cornelia Kogoj/Sylvia Mattl (Hg.Innen): Gastarbajteri. 40 Jahre Arbeitsmigration (= Katalog zur gleichnamigen Ausstellung im Wien Museum 2004). Wien 2004, S. 134–136.

2 Zur Verstrickung des Unternehmens mit der nationalsozialistischen Zwangsarbeit siehe »nach österreich. Erinnerungen an Zwangsarbeit und Arbeitsmigration«, DVD, 50 min, Regie: Vida Bakondy und Renée Winter, A 2006.

3 Georg Fischer et al (Hg.): Ausländische Arbeitskräfte in Österreich (= Forschungsberichte aus Sozial- und Arbeitsmarktpolitik, Nr. 9). Wien 1985, S. 151.

4 Vgl. ebd., S. 158.

5 Frauenbericht 2010, Teil I, Kapitel 7 Migrantinnen, S. 321, http://www.frauen.bka.gv.at/site/7207/default.aspx, (20. 6. 2011).

6 Bezüglich der Einkommensschere zwischen Männern und Frauen belegt Österreich im EU-Vergleich die vorletzte Stelle. Vgl. Frauenbericht 2010, Teil I, Kapitel 4, Sozioökonomische Situation, S. 196.

7 Vgl. August Gächter: Qualifizierte Einwanderinnen und Einwanderer in Österreich und ihre berufliche Stellung, 23. 7. 2006, ZSI Discussion Paper, www.zsi.at (17. 10. 2009).

8 Auf die gesellschaftlichen Hierarchisierungsprozesse zwischen Frauen unterschiedlicher Herkunft und ihre Positionen am Arbeitsmarkt wurde von feministischen Migrantinnenorganisationen im deutschsprachigen Raum bereits zu Beginn der 1990er Jahre aufmerksam gemacht. Vgl. z. B. FeMigra: Wir, die Seiltänzerinnen. Politische Strategien von Migrantinnen gegen Ethnisierung und Assimilation. In: Cornelia Eichhorn/Sabine Grimm (Hg.innen): Gender Killer. Texte zu Feminismus und Politik, Berlin 1994, S. 49–64.

9 »Das zeigt sich am besten am Anwachsen des realen Bruttoinlandsprodukts pro Kopf. Laut Weltbank stand es in Österreich 1960 bei 10.548 US-Dollar (zu Preisen und zum Wechselkurs von 1995), 2002 aber bei 34.044 US-Dollar. Das ist eine Steigerung um 223%. Die Löhne und Gehälter waren in diesem Zeitraum parallel mitgewachsen, denn sie machten zu allen Zeiten rund 70% des Bruttoinlandsprodukts aus.« August Gächter: Im Laufe der Zeit. In: Asiye Sel/Norbert Bichl (Hg.Innen): gamS. Gleichbehandlungs- und Antidiskriminierungs-Materialien-Sammlung; Wien: Beratungszentrum für Migranten und Migrantinnen, S. 9–13, hier S. 13, www.migrant.at/sammlung.htm (29. 6. 2011).

10 Der Begriff stammt von Johanna Schaffer: Ambivalenzen der Sichtbarkeit. Über die visuellen Strukturen der Anerkennung. Bielefeld 2007.

11 Ein Beispiel für gelungene Interventionen sind etwa die Kampagnen der 1995 gegründeten migrantischen Selbstorganisation »maiz« in Linz, die sich für die Rechte von Migrantinnen in Österreich einsetzen.

Sexarbeit und gesellschaftliche Rahmenbedingungen in Österreich

Eva van Rahden

Prostitution ist in Österreich grundsätzlich erlaubt. Allerdings verstößt sie laut einem OGH-Urteil »gegen die guten Sitten«. Diese Rechtsprechung hat zum Beispiel Auswirkungen, wenn ein Kunde nicht bezahlt und ihn die Sexarbeiterin klagen möchte. Gemäß einer Entscheidung des Obersten Gerichtshofes aus dem Jahr 1989 handelt es sich bei einem Vertrag zwischen einer Prostituierten und ihrem Kunden um einen »sittenwidrigen Vertrag«, bei dem »Leichtsinn, Unerfahrenheit, Triebhaftigkeit und Trunkenheit von Personen« ausgenützt werden. Deswegen können Sexarbeiterinnen den vereinbarten Lohn auch nicht einklagen, wenn der Kunde nicht bezahlt.

Die Ausübung der Prostitution wird in Österreich durch mehrere Gesetze geregelt. Im AIDS-Gesetz und Geschlechtskrankheitengesetz sind die sogenannten amtsärztlichen Untersuchungen für Prostituierte vorgeschrieben. Demnach müssen sich SexarbeiterInnen wöchentlich einer Gesundenuntersuchung unterziehen und mindestens alle drei Monate einen Aidstest machen. Jede Person kann in der Prostitution als sogenannte »neue Selbstständige« tätig werden, ist damit steuerpflichtig und muss sich selbst versichern. Alle anderen Bestimmungen bezüglich Prostitution werden von den Bundesländern unterschiedlich geregelt und werden auch in der Praxis sehr unterschiedlich gehandhabt.

siehe Timeline MA 57: Enquete zu den gesetzlichen Rahmenbedingungen im Bereich Prostitution (1998). Seite 287

Zu Problemen führt das in der Regel dann, wenn verschiedene Behörden mit unterschiedlichen Rechtsmeinungen handeln. Beispielhaft sei hier die Vorgangsweise der KIAB (Sondereinheit zur Bekämpfung der illegalen

Arbeitnehmerbeschäftigung) genannt: Obwohl die Rechtslage in Österreich eine Anstellung im Bereich der Prostitution nicht ermöglicht, gehen sie bei Frauen, die in Indoor-Lokalen in Wien tätig sind, sehr wohl davon aus, dass sich die Frauen in einem Angestelltenverhältnis befinden und belegen die BetreiberInnen wegen Verstoßes gegen das Ausländerbeschäftigungsgesetz mit Strafzahlungen.

Im feministischen Diskurs über sexuelle Dienstleistungen stehen die Frage der Freiwilligkeit und der Diskurs der Frau als Opfer im Fokus. Die Debatte um Freiwilligkeit wird häufig auf den Bereich der sexuellen Dienstleistungen reduziert, ohne dass gesellschaftliche Rahmenbedingungen berücksichtigt werden. Hier ist auf der einen Seite ein Diskurs über Erwerbsarbeit im Allgemeinen zu führen: Wie freiwillig gehe ich arbeiten, wenn ich auf den Verdienst angewiesen bin? Auf der anderen Seite stellt sich die Frage, welche Arbeit wie viel wert ist, vor allem wenn es um typische Frauenberufe geht. Die wesentliche Frage für Migrantinnen ist, welche Alternativen sich ihnen bieten, wenn sie keinen Zugang zum österreichischen Arbeitsmarkt in Form eines Angestelltenverhältnisses haben.

Viele Frauen sehen Sexarbeit als zeitlich befristete Möglichkeit, ihre Existenz zu sichern. Die Gründe dafür sind vielfältig und häufig nicht eindimensional. Trotzdem lässt sich sagen, dass die meisten Frauen eine Alternative haben, und man deshalb nicht verkürzt sagen kann, dass es keine andere Möglichkeit für sie gibt.[1] Diese Verkürzung trägt dazu bei, die Frauen nur als »Opfer« wahrzunehmen, die über keinerlei Handlungsspielraum verfügen. Prostitution ist auch keine Sackgasse, aus der es für die Frauen keinen Ausweg mehr gibt, nach dem Motto: einmal Prostituierte, immer Prostituierte. Immer wieder entscheiden sich Frauen, in einem anderen Bereich tätig zu werden, und es gelingt ihnen auch immer wieder, mit mehr oder weniger großen Hindernissen.

Wenn Frauen ihren Umstieg planen, stellt sich immer auch die Frage nach möglichen Alternativen am Arbeitsmarkt. Die Chancen und die Verdienstmöglichkeiten von Frauen am Arbeitsmarkt generell sowie die gesellschaftliche Aufteilung von bezahlter und unbezahlter Arbeit zuungunsten von Frauen und der bestehende Gender Pay Gap spielen in dieser Situation eine entscheidende Rolle. Chancengleichheit am Arbeitsmarkt und Berufsalternativen mit guten, vielleicht sogar besseren Verdienstmöglichkeiten erweitern die Handlungsspielräume aller Frauen, auch die der in der Sexarbeit tätigen, die einen Umstieg planen.

Das Ansehen, das Sexarbeiterinnen in einer Gesellschaft haben, ist immer auch ein Indikator für das Ansehen aller Frauen in dieser Gesellschaft. Nur zu leicht wird »Frau« bei gesellschaftlich unerwünschtem Verhalten als »Hure« bezeichnet und ist von massiver Stigmatisierung bedroht. Nur Frauen werden über ihr Sexualverhalten fremddefiniert. Für Männer gelten andere Regeln. Die Doppelmoral der Gesellschaft zeigt sich hier deutlich. Eine Entstigmatisierung der tatsächlich in der Sexarbeit tätigen Frauen in unserer Gesellschaft würde dieser latenten Bedrohung aller Frauen die Kraft nehmen. Ein erster wichtiger und konkreter Schritt wäre die Abkehr von einer Rechtsprechung, die Verträge in diesem Bereich als »sittenwidrig« erachtet.

Anmerkungen

1 Sexarbeit wird in diesem Artikel als eine sexuelle Dienstleistung gegen Entgeld, welche freiwillig zwischen zwei erwachsenen Menschen vereinbart wurde, definiert.

Migrantinnen-rechte sind Frauenrechte!

»Austria we love you! Wir werden dich nie verlassen!«[1] Migrantinnen-Kämpfe, Antirassismus und feministische Praxis

Assimina Gouma

Keine Migrantin ist illegal. Welche feministische Praxis macht dieser Standpunkt erforderlich? »Migrantinnenrechte sind Frauenrechte« verweist auf einen Feminismus, der antirassistisch ist und sich gegen restriktive Fremdengesetze stellt. Gleichzeitig ist diese Aufforderung eine Einschränkung, wenn sie allein auf die Frage der Rechte und auf die staatliche Ordnung fokussiert: »Frauenrechte« bringen illegalisierten Frauen wenig. Das trifft auch für prekarisierte Frauen zu, weil Frauenrechte oft die Bedürfnisse und Anliegen der in der Öffentlichkeit stärker hörbaren Klassen reflektieren. Die feministische Praxis braucht darüber hinausgehende Strategien, um sowohl informelle als auch geopolitische Machtverhältnisse zu berücksichtigen.

Es ist also — für Migrantinnen wie Nicht-Migrantinnen — eine gesellschaftskritische feministische Position erforderlich, die globale Ausbeutungsverhältnisse berücksichtigt. Es geht um einen feministischen Blick, der die Verschränkungen von Rassismen, Sexismen und Klassenunterschieden erfasst. Ein solcher Standpunkt ist umso dringender, je mehr — vom Feminismus sonst unbefleckte — politische Akteurinnen und Akteure die »Frauenfrage« gegen Migrantinnen instrumentalisieren.

Das Zusammendenken von Migration und Feminismus ist ein Projekt, das das situierte feministische Wissen der Mehrheitsgesellschaft aus unterschiedlichen Perspektiven hinterfragt. »Migrantinnenrechte sind Frauenrechte« ist deshalb keine Wahrheit, sondern Forderung und Herausforderung zugleich. Im Mittelpunkt dieser (Heraus)Forderung stehen Fragen sowohl der Solidarisierung und der Kämpfe als auch der Bestimmung des politischen Subjekts.

»Migrantin« als politisches Projekt

Was bedeutet »Migrantin sein«? »Migrantin« kann zwar als empirischer oder gar als technischer Begriff verwendet werden, die Erfahrungen, strukturellen Bedingungen und Biographien von Migrantinnen lassen sich aber nicht in einer Position zusammenfassen. So wie es keine universelle Kategorie »Frau« gibt, so ist es auch nicht möglich, *nur* »Migrantin« zu sein. Ähnlich wie die Kategorie »Frau« wird auch die Kategorie »Migrantin« den unterschiedlichen Anliegen, die mit ihr verbunden sind, nicht gerecht. Migrantin-Sein bedeutet, Ausbeutung und Vergewaltigung anzuzeigen und daraufhin abgeschoben zu werden. Migrantin zu sein bedeutet, Strategien zu entwickeln, um hermetisch geschlossene europäische Grenzen zu überschreiten. Oder es bedeutet, Rassismus kollektiv zu bestreiken, ohne dafür eine Gewerkschaft zu haben, wie mit dem Transnationalen Migrant_innen Streik am 1. März.[2]

Die Bezeichnung »Migrantin« ist in gegensätzliche Widerstands- und Affirmationsstrategien verstrickt. Manche Frauen kritisieren den Begriff »Migrantin«, um sich von der Stigmatisierung als »dangerous class« abzugrenzen und zu schützen. Andere ziehen es vor, genau diese zu verkörpern. Viele Frauen lehnen diese Bezeichnung als Konstruktion und Fremdzuschreibung ab: Obwohl sie sich schon vor vielen Jahren hier niedergelassen haben, haben sie weniger Rechte, weil sie trotzdem als »Ausländerinnen« und »Fremde« gelten. Wie lange ist eine Frau eine Migrantin? Das Wissen um die »Autonomie der Migration« hat zudem den Blick nicht nur für Unterdrückung und Ausschlüsse, sondern auch für Kämpfe und Aufbegehren geschärft.

Kann die Kategorie »Migrantin« trotzdem sinnvoll sein? Im Kontext immer restriktiverer Aufenthaltsgesetze und von Auseinandersetzungen mit Mehrheitsfeministinnen in Deutschland entschieden sich 1994 die Teilnehmerinnen des Immigrantinnen-, Frauen im Exil-, jüdische Frauen- und Schwarze Frauen-Kongresses für die Selbsterfindung als »Migrantinnen«. In ihrem Manifest »Wir, die Seiltänzerinnen« erklären die Feministischen Migrantinnen (FeMigra) die Entscheidung, »Migrantinnen zu sein«, als eincn Prozess der gemeinsamen politischen Identität.[3] Im Vordergrund stand die Strategie der Selbstorganisation, um gemeinsam gegen die Kulturalisierung der sozialen Ungleichheiten und gegen Assimilation zu kämpfen. Es ging darum, das politische Subjekt der Migration zu bestimmen, um gegen seine staatlich verordnete Objektivierung als »Ausländerin« und »Fremde« vorzugehen. »Migrantin« wurde so als oppositioneller Ort und Gegenentwurf zu restriktiven Migrationspolitiken verstanden.

Kritisches Erbe

Die Inhalte des politischen Projekts der »Seiltänzerinnen« sind Solidarisierung und Widerstand. »FeMigra« kündigte in ihrem Manifest nicht nur ein gemeinsames Vorgehen gegen die Migrationspolitik an, sondern forderte auch die Neubestimmung des Feminismus: »Feministische Politik zeichnet sich für uns nicht nur durch den Kampf gegen männliche Vorherrschaft aus, sondern auch durch das Erkennen der Komplexität von Herrschafts- und Machtverhältnissen.«[4] Denn solange im Mainstream-Feminismus der Fokus auf dem Geschlechterdualismus und damit auf dem »Kampf gegen das Patriarchat« liegt, werden die Machtverhältnisse zwischen Frauen übersehen.

Migrantinnen schließen damit an die Anliegen und die Kritik der Schwarzen Feministinnen an, die seit den 1970er Jahren Positionen abseits eines »weißen« Feminismus verteidigen. Sie haben die Ausschlüsse, die ein Mehrheitsfeminismus produziert, aufgezeigt: Die Überschneidungen und Verstrickungen mit rassistischen Verhältnissen, Imperialismen und sozioökonomischer Macht blieben im westlichen Feminismus unberücksichtigt. Die davon betroffenen Frauen waren in der feministischen Strategie, Theoriebildung und Wissensproduktion unsichtbar.

Sind Frauenrechte Migrantinnenrechte? Ein staatlich fixierter Feminismus[5] der mit Frauenförderplänen und Anti-Diskriminierungsgesetzen auf der Ebene einer »nationalen Gemeinschaft« operiert, ignoriert Migrantinnen bzw. »Ausländerinnen«. Frauenrechte in diesem Sinne sind in einem gesellschaftlichen System verankert, in dem Migrantinnen zwar Teil, aber nicht gleichberechtigt sind. Die Kritik an einem solchen Mehrheitsfeminismus, der die eigene geopolitische und soziale Verortung ausblendet, bleibt aufrecht.

»Grenzen sind uns zu eng« — Migrantinnen-Kämpfe

Kollektive Strategien und Widerstandstaktiken sind zentrale Elemente der Kämpfe von Migrantinnen. In vielen Fällen haben diese Kämpfe zur Selbstorganisation der Migrantinnen geführt. Migrantinnenorganisationen — wie Lefö, maiz, Orientexpress, Pamoja, Peregrina und viele mehr — haben einerseits das Anliegen, für Migrantinnen praktische Unterstützung zu leisten. Andererseits geht es um Ermächtigungsstrategien, die auf den unterschiedlichen Lebensrealitäten — prekär, anti-heteronormativ, postkolonial — aufbauen. Migrantinnen-Organisationen setzen somit die Diskussion um eine antirassistische feministische Praxis fort und leisten mit ihrer Kritik tiefgreifende Analysen der »Politics of Location«: Sie tragen dazu bei, eine differenzierte, selbstbestimmte Öffentlichkeit in der Mehrheitsgesellschaft zu verteidigen, deren Ziel es ist, Verhältnisse zu dekonstruieren und politische (Guerilla-) Strategien aufzuzeigen: »Austria we love you! Wir werden dich nie verlassen!« (maiz). Das kollektive Selbstverständnis wird von den politischen Projekten bestimmt. Solidaritäten werden nicht entlang des Geschlechterdualismus oder der Grenzen der Herkunft verhandelt: Der erste Transnationale Migrant_innen Streik in Österreich am 1. März 2011 war deshalb auch ein Aufruf zur Aufhebung der Trennung zwischen »Ihr« und »Wir«.[6] Abgrenzung bleibt trotzdem ein Kampfmittel: Als Araba Evelyn Johnston-Arthur ihre Nominierung für den MiA-Award 2009 ablehnte, schlossen sich zahlreiche Migrantinnen-Organisationen ihrem offenen Brief an: »Sie planen einerseits einen Award, der Frauen mit Migrationshintergrund für ihre Erfolge vor den Vorhang bittet und medienwirksam für ihre Leistungen auszeichnet; andererseits wird auf politischer und gesellschaftlicher Ebene nicht Position bezogen gegen eben jene gewaltvollen Strukturen, wie die ›neuen‹ Fremdenrechtsgesetze, die Migrantinnen systematisch schlechter stellen.«[7]

Folgenreich ist für den antirassistischen Feminismus weiters die Frage der Gewalt angesichts ihrer Verschmelzung mit dem »Ausländer«-Diskurs. Esra Erdem bezieht sich vor allem auf die Positionen von Necla Kelek und Seyran Ateş und kritisiert, dass Vertreterinnen der Anti-Gewalt-Bewegung weniger auf die Effektivierung des Opferschutzes, sondern auf den »Einsatz des Rechtsapparats des Migrationsregimes zur Bestrafung und Abschreckung gewalttätiger Migranten«[8] abzielen. Erdem merkt an, dass sich diese Politik nicht nur gegen gewalttätige Migranten, sondern genauso gegen alleinerziehende oder erwerbslose Migrantinnen richtet. Denn das restriktive Fremdenrecht schützt Frauen nicht. Wie Johnston-Arthur weist auch sie auf die Gewalt des Fremdenrechts, das Abhängigkeiten schafft und die Ausbeutung und Unterdrückung von Migrantinnen erleichtert, und auf Defizite der Frauenbewegung: »Es ist an der Zeit, dass die deutsche Frauenbewegung sich damit auseinandersetzt, dass sie keine eigenständige progressive Vision für eine Einwanderungsgesellschaft in Deutschland besitzt. Ob sie dieser Herausforderung gerecht wird, hängt entscheidend davon ab, welche Zusammenhänge sie zwischen den Kämpfen der Migration und denen des Feminismus erkennt«.[9]

Die Wiederentdeckung der »Frauenfreundlichkeit«

Die Wiederentdeckung der »Frauenfreundlichkeit«[10] durch die rechtsextremen Parteien in vielen europäischen Ländern ist ein Phänomen, das die Leerstellen der Wissensproduktion in der westlichen feministischen Praxis deutlich zeigt. In den Mainstream-Medien heben allerhand Protagonisten und Protagonistinnen den Kampf um Frauenrechte hervor, Wahlkampfkampagnen verkünden, die »freien Frauen« vor dem Kopftuchzwang schützen zu wollen, und im Verständnis einer österreichischen Innenministerin ist Gewalt gegen Frauen in migrantischen Communities nicht schlichtweg ein Verbrechen, sondern ein »Kulturdelikt«.

Parallel dazu wird die kulturelle Viktimisierung der Migrantinnen in der Öffentlichkeit medial vorangetrieben. Über »bedürftige« und »unwissende« Frauen wird common sense angestrebt, um Zwänge und Sanktionen in der Bildungs- und Sprachpolitik zu begründen. Migrantinnen werden als Menschen ohne Wissen, Bildung und Sprache verstanden. Der staatlichen Pädagogisierung steht daraufhin nichts im Wege — auch liberale Feministinnen nicht. Die Verschränkungen zwischen Rassismus und Sexismus bedienen sich neuer/alter Stereotypen. Die migrantische Frau wird zur neuen »Wilden«, die mit »Zivilisierungsmaßnahmen« konfrontiert wird.

Diese Deutungsmacht ist weder historisch noch aktuell der exklusive Verdienst rechtsextremer Parteien, sondern der der Gesellschaftsmitte. Journalistische Kommentatoren in »Die Presse« oder »Der Standard« bedienen sich gleichfalls der feministischen Etikette, um rassistische Verhältnisse zu begründen: »Die aufklärerische Rhetorik macht einen antimuslimischen

Rassismus salonfähig, den bislang hauptsächlich das Lager der extremen Rechten offen propagiert hat. (Pseudo-)feministische Argumentationen spielen dabei historisch wie aktuell eine zentrale Rolle.«[11]

Diese Position ist auch ein Schlag gegen die Perspektiven der einheimischen Frauenbewegung. Es wird eine Mehrheitsgesellschaft imaginiert, die den feministischen Kampf als ein für sich abgeschlossenes und vollendetes Projekt betrachtet. Dafür sind Individualisierungsstrategien für Frauen der letzte Schrei — in vielerlei Hinsicht.

Anmerkungen

1 Zitat von »maiz — Autonomes Zentrum für und von Migrantinnen« unter www.maiz.at. »maiz« ist ein unabhängiger Verein von und für Migrantinnen mit dem Ziel, die Lebens- und Arbeitssituation von Migrantinnen in Österreich zu verbessern und ihre politische und kulturelle Partizipation zu fördern sowie eine Veränderung der bestehenden, ungerechten gesellschaftlichen Verhältnisse zu bewirken.

2 Am 1. März 2010 haben sich auch in Österreich Migrant_innen und antirassistische Unterstützer_innen den transnationalen Protesten gegen Rassismus, Ausbeutung und restriktive Gesetze angeschlossen. Der transnationale Migrant_innenstreik geht auf die Proteste im Jahr 2006 in den USA zurück. Auslöser war damals »The Border Protection, Anti-terrorism, and Illegal Immigration Control Act of 2005«, bekannt auch als H.R. 4437. Das Gesetz denunzierte u. a. die damals rund 12 Mio. undokumentierten Migrant_innen wie auch ihre Helfer_innen als verbrecherische Personen. In den folgenden Jahren schlossen sich weltweit (Frankreich, Griechenland, Italien, Spanien) Menschen mit den gleichen Anliegen gegen Ausbeutung und Kriminalisierung den Protesten an. Der Höhepunkt des ersten Transnationalen Migrant_innenstreiks in Österreich 2010 war die Kundgebung am Viktor-Adler-Markt im 10. Wiener Bezirk.

3 »Die Bestimmung unserer eigenen politischen Identität als Migrantinnen verstehen wir als Gegenentwurf, als Bezeichnung eines oppositionellen Standorts. Wir sind uns der Gratwanderung bewußt, auf die wir uns begeben, wenn wir eine strategisch gedachte Identität konstruieren, die möglicherweise für einige ausschließend und für andere wiederum einengend wirkt. Doch erscheint uns wichtig, dass über die Position, die wir einnehmen, die Einwanderungsgeschichte und -politik dieses Landes in den Mittelpunkt rückt. Dabei geht uns auch darum, die herrschende Kulturalisierung von sozialen Unterschieden in Frage zu stellen, die uns auf die Position des Anderen und Fremden verweist. Indem wir dagegen versuchen, eine Migrantinnen-Politik zu bestimmen, die sich nicht in nationalen oder kulturellen Räumen verortet, sondern Widerstandsmöglichkeiten innerhalb der gesellschaftlichen Widersprüche aufsucht, möchten wir die Logik der Spaltung des Eigenen vom Fremden (und umgekehrt) aufbrechen und aus der uns zugeschriebenen Objektposition heraustreten.« FeMigra: Wir, die Seiltänzerinnen. 1994. Online unter http://www.nadir.org/nadir/archiv/Feminismus/GenderKiller/gender_5.html (abgerufen Juli 2011).

4 Ebd.

5 Eichhorn, Cornelia: »Frauen sind die [N-Wort] aller Völker«. Überlegungen zu Feminismus, Sexismus und Rassismus. In: Redaktion diskus (Hg.): Die freundlichen Zivilgesellschaft. Rassismus und Nationalismus in Deutschland. Frankfurt 1992, S. 95–104, hier S. 103 f.

[6] »Wir kommen als Arbeiter_innen und als Familienangehörige, Studierende und Menschen ohne Papiere, Lehrende und Sexarbeiter_innen, Flüchtlinge und Ärzt_innen, Pflegekräfte und Familienangehörige, Au-Pairs und Fachkräfte. Wir leben hier seit Jahren, Jahrzehnten, manchmal seit Generationen. Wir sind in Kindergärten, Schulen und in den Universitäten, am Bau und an den Maschinen, in Krankenhäusern und Pflegeanstalten, Privathaushalten und Bordellen, Supermärkten und Büros. Wir haben alle Geschlechter und sexuellen Orientierungen, alle Religionen und Weltanschauungen, sind aus allen Altersgruppen und aus allen Schichten. Wir kommen von überall, haben alle Hintergründe, mal definieren wir uns über sie, mal können wir damit nichts anfangen. Wir suchen weder ein altes noch einen neues Vaterland. Wir leben da und dort. Grenzen sind uns zu eng, sie passen nicht zu uns.«Transnationaler Migrant_innenstreik am 1. März – Kundgebung am Viktor-Adler-Markt, 2011. Online unter http://www.1maerz-streik.net/ (abgerufen Juli 2011).

[7] Araba Evelyn Johnston-Arthur: Offener Brief an die InitiatorInnen des MiA-Awards, 2009. Online unter http://volksgruppen.orf.at/diversitaet/aktuell/stories/81349/ (abgerufen Juli 2011). Mit dem MiA-Award werden seit 2008 jährlich Frauen mit Migrationshintergrund, die Herausragendes in und für Österreich geleistet haben, ausgezeichnet (vgl. www.mia-award.at).

[8] Esra Erdem: In der Falle einer Politik des Ressentiments. Feminismus und die Integrationsdebatte. In: Sabine Hess/Jana Binder/Johannes Moser (Hrsg.): No integration?! Kulturwissenschaftliche Beiträge zur Integrationsdebatte in Europa. Bielefeld 2009, S. 187–202, hier S. 189.

[9] Ebd., S. 200.

[10] Die Verteidigung der Frauenrechte war auch angebliches Projekt des Kolonialismus. Die Ausbeutung der kolonisierten Länder errang mit diesem hehren Anliegen eine »moralische« Rechtfertigung.

[11] Petra Neuhold/Iris Mendel: Emanzipation statt Integration. Was tun, wenn die Innenministerin »Feminismus« entdeckt? In: an.schläge, September 2011, Nr. 7, S. 10–13.

»Wir sind alle und wir sind überall«*
Fünf Stellungnahmen zum Transnationalen Migrant_innenstreik

daStandard — Mascha Dabić, Meri Disoski

Fünf Frauen und mindestens fünf Gründe, am Transnationalen Migrant_innenstreik teilzunehmen. Die Journalistinnen Mascha Dabić und Meri Disoski der Redaktion von »daStandard.at« stellen in fünf Kurzporträts Frauen vor, die sich am 1. März 2011 dem Migrant_innenstreik angeschlossen haben, und wollten von ihnen wissen, was sie dazu veranlasst hat.

»daStandard.at« erweitert seit Februar 2010 die Perspektiven und Positionen in der Berichterstattung über MigrantInnen, AsylwerberInnen, Flüchtlinge und ihr Zusammenleben mit der österreichischen Mehrheitsbevölkerung.

Der Transnationale Migrant_innenstreik wird seit dem ersten März 2006 unter dem Motto »Ein Tag ohne uns« begangen, um für eine neue Politik gegenüber MigrantInnen zu demonstrieren und um gegen Diskriminierung, soziale Ausschlüsse und Rassismus zu kämpfen. Der Streik soll auch aufzeigen, dass ein Wirtschaftsleben in den reichsten Ländern der Welt ohne MigrantInnen nicht möglich ist.

* http://www.1maerz-streik.net/

Folgeseiten
Fotos: privat, Seite 81: Meri Disoski

»Migrant_innen sind für die Entwicklung der Gesellschaft wichtig.«

Weil der (nicht nur) hierzulande in Bezug auf Migrant_innen vorherrschende Illegalitäts- und Kriminalisierungsdiskurs gegen Menschen- und somit auch gegen Migrant_innenrechte verstöße, sei es wichtig, sich für die Rechte von Migrant_innen einzusetzen, ist Maria Cristina Boidi überzeugt. Seit über 25 Jahren ist die Mitbegründerin und langjährige Koordinatorin von LEFÖ (ehemals »Verein Lateinamerikanische Exilierte Frauen in Österreich«, heute »Beratung, Bildung und Begleitung für Migrantinnen«) in den Bereichen Frauenmigration, Sexarbeit und Frauenhandel tätig. Für ihr Engagement wurde sie im Vorjahr mit der »Johanna Dohnal Anerkennung 2010« ausgezeichnet.

Den transnationalen Migrant_innenstreik hat sie aus unterschiedlichen Gründen unterstützt, erzählt Boidi, die zur Zeit der Militärdiktatur in Argentinien, wo sie Universitätsprofessorin für Philosophie war, nach Österreich flüchtete. Bei dem Streik sei es zunächst »um die Sichtbarkeit der Realität von Migrant_innen« gegangen. Während in den Medien und in der Politik ausschließlich über die Anwesenheit von Migrant_innen und die vermeintlich daraus resultierenden Probleme diskutiert würde, stelle niemand die Frage: Wie würde die Gesellschaft funktionieren, wenn sie nicht da wären? »Migrant_innen waren seit jeher für die Entwicklung der Gesellschaft wichtig und sie sind es natürlich auch heute noch. Migration ist ein Menschenrecht und seit Anbeginn der Menschheit Lebensrealität vieler Menschen«, so Boidi. Der Streik habe also einerseits Migrant_innen sichtbar machen wollen, andererseits sei es auch darum gegangen, auf die rechtliche Situation migrierter Menschen aufmerksam zu machen. Die Rechte von Migrant_innen in Österreich bewertet Boidi als »sehr negativ«. Das derzeit gültige Fremdenrecht würde das Zusammenleben verschiedener Kulturen sowie die Nichtdiskriminierung zugewanderter Personen nicht unterstützen. Ganz im Gegenteil würde das Fremdenrecht »vorhandene rassistische Strukturen stützen, statt bei ihrem Abbau zu helfen«, ist Boidi überzeugt.

Maria Cristina Boidi
im Gespräch mit Meri Disoski

»Beschämt und frappiert.«

Die 1978 geborene »Binnenmigrantin« Eva Posch zog es von Tirol nach Wien, wo die diplomierte Psychologin nunmehr seit 2005 in der Erwachsenenbildung tätig ist und seit 2008 ein Bildungsprojekt für »Jugendliche mit anderen Erstsprachen als Deutsch« leitet. Nebenbei unterrichtet sie auch Deutsch als Zweitsprache und hält Alphabetisierungskurse ab.

»Mir wäre einfach langweilig, würde ich nur mit Österreichern arbeiten, die in Österreich geboren sind und Deutsch sprechen«, so begründet Eva ihr politisches, berufliches und privates Interesse am Thema Migration.

Für Eva ist Asyl ein Kristallisationspunkt in der Gesellschaft, ein Bereich, wo sich zeigt, wie ernst es dem Staat wirklich mit den Menschenrechten und mit der Rechtsstaatlichkeit ist. »Freiheit, die nur die Freiheit der Privilegierten des Nordens ist, die bloße Freiheit des Kapitals, das ist doch keine wirkliche Freiheit. Und Menschenrechte, die an der nationalstaatlichen Grenze aufhören, sind doch auch keine wirklichen Menschenrechte«, resümiert Eva.

Die schwierigen Lebensumstände von Asylwerbern aufzuzeigen, ist ihr ein großes Anliegen. »Die Entrechtung von Asylwerbern in Österreich beschämt und frappiert mich immer wieder«, ist Eva empört. Derzeit sucht sie im Rahmen ihrer Tätigkeit für den Diakonie-Flüchtlingsdienst eine Wohnmöglichkeit für vier junge Asylwerber, damit diese einen Hauptschulabschlusskurs machen können, und wird Zeugin von Vorbehalten und Zumutungen, auf die die vier Jugendlichen stoßen. Das führt Eva auf die öffentliche Diskussion zurück, in der auf Grund des »fürchterlich verseuchten politischen Klimas« Asyl nur mit Asylmissbrauch und Kriminalität in Verbindung gebracht wird. »Kaum jemand will mit dem Thema zu tun haben«, beklagt Eva, »und klammheimlich wird da immer mehr Rechtsstaatlichkeit und Menschenrechte abgebaut.«

Den Migrant_innenstreik empfand sie als ein geeignetes Mittel, um auf den Beitrag von MigrantInnen zum Funktionieren unserer Gesellschaft hinzuweisen. Außerdem trat sie dort mit dem Chor »HOR 29. Novembar« auf, bei dem sie seit Herbst 2010 mitsingt und wo sie zwei Dinge, die ihr wichtig sind, miteinander verbinden kann: das Singen und das politische Engagement. Ab Oktober 2011 möchte Eva ein halbes Jahr auf dem französischen »Übersee-Departement«, der Insel La Réunion Deutsch unterrichten. Dort möchte sie sich mit dem Zusammenleben unterschiedlicher Kulturen in postkolonialen Verhältnissen auseinandersetzen.

Eva Posch
im Gespräch mit Mascha Dabić

»MigrantInnen sind BürgerInnen zweiter Klasse.«

Die längste Zeit ihres Lebens habe sie zu jenen Menschen gehört, die sich zwar »über etwas aufregen, aber deshalb nicht gleich auf die Straße gehen«, sagt Elizabeta Angeleska. Mit der Einschulung ihrer Tochter habe sich das geändert.

Damals bekam Familie Angeleski einen Brief von der Schuldirektion, der sie über den vermeintlichen Deutsch-Förderbedarf der Tochter informierte. »Dabei hatten weder die Direktorin noch sonst jemand aus dem Lehrkörper meine Tochter je zuvor gesehen. Es war allein aufgrund unseres Nachnamens beschlossen worden, dass meine Tochter wohl förderbedürftig sein müsse«, erinnert sich Angeleska, deren familiäre Wurzeln in Mazedonien liegen. Damals wehrte sich die Familie erfolgreich gegen die für ihre Tochter vorgesehenen Fördermaßnahmen: »Seitens der Schulleitung wurde ein Problem konstruiert, wo es gar keines gab«, sagt die als Abteilungsleiterin bei einer großen österreichischen Versicherung arbeitende Mitdreißigerin.

In der Art und Weise, wie die Politik agiert, erkennt Angeleska Parallelen zum Schulbeispiel, denn auch hier würden »Probleme künstlich konstruiert« bzw. real existierende Schwierigkeiten »extrem aufgeblasen«. So wie sie sich damals gegen den unbegründeten Förderbedarf zu Wehr gesetzt habe, so müssten sich »alle MigrantInnen zur Wehr setzen gegen die Art und Weise, wie mit ihnen umgegangen wird«, findet Angeleska. Eine Art, sich zu wehren, sei eben ein nach außen hin sichtbarer Protestmarsch, wie etwa der transnationale Migrant_innenstreik, den auch sie aktiv unterstützt hat. »MigrantInnen sind nach wie vor BürgerInnen zweiter Klasse, die in vielen Lebensbereichen extrem benachteiligt werden. Darauf wollte der Streik aufmerksam machen«, so Angeleska. Dass einzelne demonstrierende Gruppen auf die besondere Benachteiligung von Migrantinnen hingewiesen hätten, findet sie sehr wichtig, schließlich sei man »als Migrantin doppelt benachteiligt, weil man Frau und Fremde ist«.

Elizabeta Angeleska
im Gespräch mit Meri Disoski

»Solidarität hört nicht beim eigenen Schrebergarten auf.«

»Als Slowenin aus Kärnten wurde ich schon sehr früh damit konfrontiert, was es heißt, zu einer Minderheit zu zählen. Letzten Endes heißt es, nicht vollständig dazuzugehören«, erzählt die 1979 in Klagenfurt geborene Eva Moschitz. »Wozu dazugehören?«, führt sie ihren Gedanken weiter, »zu all dem, was die Gesellschaft aumacht«.

Nach der Matura am Slowenischen Gymnasium in Klagenfurt arbeitete sie als Moderatorin beim zweisprachigen Radio und be suchte später das Kolleg für Fotografie und audiovisuelle Medien an der Höheren Graphischen Bundes-Lehr- und Versuchsanstalt Wien. Heute arbeitet sie als persönliche Assistentin einer Rollstuhlfahrerin und Theaterschaffenden, wirkt bei unterschiedlichen Theaterprojekten mit und kann auf eine Reihe von Einzel- und Gruppenfotoausstellungen im In- und Ausland zurückblicken. Als Fotografin hat sie sich mit dem Thema Migration auseinandergesetzt, im Rahmen des transnationalen Projekts »Viel Glück! Migration heute« gemeinsam mit Jugendlichen mit Migrationshintergrund in Wien. Sozialisiert in der slowenischen Minderheitenkultur in Kärnten und politisiert durch die dortige Minderheitenproblematik, ist Eva heute überzeugt, dass Minderheitenrechte nicht von selbst kommen, sondern erkämpft werden müssen. »Die Kämpfe der MigrantInnen sind also auch meine Kämpfe«, schlussfolgert Eva und fügt hinzu: »Solidarität hört nicht beim eigenen Schrebergarten auf. Solidarität hat frau mit allen, die aus der Gesellschaft ausgeschlossen werden, oder frau hat sie nicht.«

Am Migrant_innenstreik nahm sie teil, um diese Solidarität zum Ausdruck zu bringen, und zwar als Mitglied des Chors »29. Novembar«, mit dem sie unter anderem Partisanenlieder singt, die sie schon aus ihrer Kindheit kennt.

Eva Moschitz
im Gespräch mit Mascha Dabić

»Jetzt bin ich selbst eine Migrantin.«

Mit den Problemen der MigrantInnen in Italien war Giulia La Mattina schon als Kind wohl vertraut. Im Jahr 1979 geboren und aufgewachsen in Catania, der zweitgrößten Stadt Siziliens, wo ihr Vater am Arbeitsamt MigrantInnen zu Arbeitsbewilligungen verhalf, erhielt Giulia früh Einblick in die raue Realität der größtenteils nordafrikanischen und osteuropäischen MigrantInnen in Sizilien.

Als Schülerin engagierte sich Giulia in der kommunistischen Parteijugend — eine logische Fortsetzung der familiären politischen Sozialisation. Das aktive politische Engagement dauerte etwa zehn Jahre; heute ist Giulia zwar nach wie vor politisch interessiert, aber nicht mehr in parteipolitischen Strukturen organisiert.

Nach einem Geschichtsstudium in Pisa inskribierte sie in Turin für ein Doktorat über österreichische Geschichte. So verschlug es sie nach Wien, wo sie seit nunmehr drei Jahren forscht. »Das ist die Ironie der Geschichte«, schmunzelt Giulia, »dass ich jetzt selbst eine Migrantin bin«. Die Auseinandersetzung mit der Migrationsthematik sei für sie persönlich dadurch noch wichtiger geworden: »Seit ich in Österreich bin, fühle ich mich durch Migration in einem doppelten Sinn betroffen. Politisch und kulturell betrachtet, bin ich inzwischen auch in Italien eine Migrantin, ich gehöre nicht mehr dazu, und es gibt dort für mich keinen Platz mehr. Auch als Frau fühle ich mich in Italien inzwischen fremd. Berlusconi hat in den letzten zwanzig Jahren durch das Fernsehen die Rolle der Frau total kaputtgemacht«, resümiert Giulia.

In Österreich fühle sie sich generell wohl, obwohl die Leute hier ihrer Ansicht nach eher verschlossen sind: »Man spürt hier schon, dass man MigrantIn ist. Aber für mich als Italienerin ist die Lage nicht so schlimm wie für Leute, die von außerhalb der EU kommen.« Am Migrant_innenstreik nahm sie teil, um ihre Solidarität mit jenen Menschen zum Ausdruck zu bringen, die es schwerer haben.

Giulia La Mattina
im Gespräch mit Mascha Dabić

Migrantinnenrechte sind Frauenrechte!
LEFÖ

»Iron Mask, White Torture«

Marissa Lôbo

Die Arbeit beschäftigt sich mit der Geschichte der historischen und mythischen brasilianischen Figur Escrava Anastácia — einer populären, lateinamerikanischen, heiligen und eigensinnigen Kämpferin des 18. Jahrhunderts. Die Installation »Iron Mask, White Torture« setzt sich mit dem Widerstand gegen Sexismus und Rassismus auseinander und besteht aus einer Videoprojektion, einer Fotocollage und einer Performance. Sie wurde bisher 2010 in der Secession in Wien in der Austellung »Where do you go from here?« und 2011 im Ars Electronica Center in Linz gezeigt. »Iron Mask, White Torture« wurde mit dem Marianne-von-Willemer-Preis 2010 prämiert.

Intervention Secession 2010
Teilnehmerinnen: Agnes Achola, Belinda Kazeem, Flavia Inzikuru, Grace Latigo, Njideka Stephanie Iroh, Sheri Avraham, Steaze, Alessandra Klimpel, Marissa Lôbo. *Fotos Installation:* Ana Paulo Franco. *Video:* Annalisa Cannito, *Mitarbeit Konzept/Produktion:* Catrin Seefranz. *Fotos Dokumentation:* Susi Krautgartner, Mario Heuschober. *Kuratorin:* Bettina Spörr

Intervention Ars Electronica Linz 2011
Teilnehmerinnen: Edith Paule, Cleide Santos, Kim Carrington, Alessandra dos Santos Silva, Grace Latigo, Marissa Lôbo, Lorena Miguel, Danielli Cavalcanti und Patricia Maya. *Fotos Installation:* Ana Paulo Franco. *Kamera/Schnitt Dokumentation:* Martina Hechenberger, Heinz Sambs. *Mitarbeit Konzept/Produktion:* Catrin Seefranz. *Kuratorin:* Michaela Wimplinger

Folgeseiten Layout: Iris Borovćnik, Fotos: Florian Voggeneder

IRON MASK, WHITE TORTURE

Eine Installation von Marissa Lôbo

»We have to constantly critique imperialist white supremacist patriarchal culture because it is normalized by mass media and rendered unproblematic.« (bell hooks)

IRON MASK, WHITE TORTURE

Text: Marissa Lôbo

Der Legende nach ist Anastácia eine blauäugige Bantu, die versklavt und nach Brasilien transportiert und von ihren BesitzerInnen mit einem eisernen Knebel zum lebenslangen Schweigen gebracht wurde. Die imaginierten Gründe für diese brutale Bestrafung sind vielfältig und variieren je nach Perspektive. Eine bedeutsame Lesart sieht die Eisenmaske als Vergeltung für den Widerstand gegen die sexuelle Ausbeutung durch den sogenannten »master« der versklavten AfrikanerInnen, eine andere als Strafe für den politischen Ungehorsam Anastácias, die sich einem Quilombola angeschlossen hatte, einer Widerstandsbewegung geflüchteter versklavter AfrikanerInnen.

Die metallene Maske repräsentiert viele sadistische Aspekte des Kolonialismus, innerhalb dessen Gewalt notorisch legitimiert wird durch das machtvolle Begehren des Weißen (Mannes) über den sexualisierten und entsubjektivierten Schwarzen Körper. Die ambivalente Imago geht aber über das Bild des Opfers kolonialer Gewalt hinaus, sie repräsentiert genauso die nicht zum Schweigen zu bringende Käm[...]ferin. Mit der eisernen Maske und ungebrochenem Blick is[...] sie lesbar als die widerspenstige Subalterne, die zum Schwe[...]gen gebracht wird – oder doch nicht? Aber worüber schwei[...] Anastácia?

Die in Lateinamerika ungemein populäre Verehrung der He[...]ligen Anastácia, die es allerdings niemals bis zur offizielle[...] Santa brachte (die katholische Kirche erklärte sie 1987 f[...] nicht-existent), hat viele Facetten. Verehrt wird sie als Rebelli[...] und Kämpferin der Sklavenbewegung, als Frau, die sich d[...] sexuellen Gewalt ihres sogenannten »colonial master« wide[...]setzt, als gemarterte unschuldige Dienerin Gottes.

Das »Movimento Negro« Brasiliens hingegen weigert sic[...] Anastácia als Schwarze Ikone anzuerkennen, weil sich d[...] Kult um sie vom Katholizismus herschreibt, der mit der k[...]lonialen Gewalt paktierte und die Versklavung in die symb[...]lische Gewalt der Missionierung verwandelte. Eine Anbetun[...] der Anastácia, die die blauen Augen ihrer Folterer trägt u[...]

ım Schweigen gebracht wurde, erlöse die Unterdrücker und cht die Unterdrückten.

Die vielen Gesichter der Anastácia machen die unaufhebare Ambivalenz dieser Imago deutlich: Die Schwarze, die cht gehorchte, die keinen Befehlen folgte, die versklavt urde, jedoch mit dem Antlitz einer Kriegerin, die unheilvoll ıd unerbittlich blickt, die zum Schweigen gebracht unaufırlich schreit: Ich bin keine Sklavin.

ie sehr blauen Augen Anastácias

Toni Morrison unternimmt in ihrem Buch »Sehr Blaue Auɜn« (»The Bluest Eye«, 1970) eine poetische Kritik an den ɔminanten Schönheitsidealen, die die »white supremacy«, e Weiße Überlegenheit, in die Phantasien des idealen Körɜrs transferiert. Das Begehren nach den blauen Augen ist n Effekt des verinnerlichten Rassismus, den der Kolonialisıus herstellt und der sich als Trauma im Unbewussten des chwarzen Subjekts festsetzt. Der Traum von den blauen Augen vernebelt den Blick auf die Schwarze Identität. Die auffälligen »Bluest Eyes« der Anastácia erzählen von diesem verzerrten Begehren, aber auch von der symbolischen und sexuellen Gewalt durch den weißen Kolonialherren. Dieser eignet sich den Schwarzen Körper an, instrumentalisiert ihn zum exotischen Objekt der Begierde, als das die hypersexualisierte Schwarze Frau herhalten muss. Den Widerstand gegen die Gewalt bezahlt Anastácia mit der Folter der metallenen Maske, die ihre Augen freilässt, in deren Blau sich Begehren spiegelt, das von Rassismus durchdrungen ist.

Die Maske des Schweigens

Anastácia wurde zur Sprachlosigkeit verurteilt, einer Strafe, die das Regime der Versklavung, das sich durch sadistische Exzesse von Gewalt auszeichnete, notorisch verhängte und die bis in eine von strukturellem Rassismus geprägte gegenwärtige Gesellschaft hinein unendlich wiederholt wird.

»The mask represents, in this sense, colonialism as a whole:

Why must the mouth of the Black subject be fastened? Why must she or he become silent? What could the Black subject say if her or his mouth were not sealed? And what would the white subject have to listen to? ...

... In other words, who can speak? What happens when those who were forced to be silent start speaking? And above all, what can we speak about?« (Grada Kilomba)

Was passiert, wenn das Schwarze Subjekt zu sprechen beginnt?

Eine kritische Genealogie

Anastácia mit der metallenen Maske ist keine Figur aus den finsteren Zeiten des Regimes der Versklavung, das zum melodramatischen Sujet und Motiv rhetorischer Empörung verkommen ist. Sie ist eine Figur der Gegenwart, die durch sie verkörperten rassistischen und sexistischen Gewaltverhältnisse sind allgegenwärtig.

»In a culture of domination, preoccupation with victimage is inevitable.« (bell hooks) Verborgen bleibt aber nicht nur das Opfer, sondern auch die Geschichte des Schwarzen Wide stands und seiner ProtagonistInnen.

Was spricht Anastácia, stellt man sie jenseits von Verehrur und Verachtung in eine kritische Genealogie, an der Schwar TheoretikerInnen seit Jah zehnten arbeiten? Stellt ma sie in »a class of women an people of colour«, die sic durchsetzt und Widerstan leistet zwischen Theor und Praxis? Stellt man s in einen neuen Kontext d Re-Konfiguration Schwarz Geschichte durch Wissen produktion aus einer aktivistischen Praxis heraus?

Diese Anastácia widersetzt sich der symbolischen Gewa ein Opfer, ein Objekt, ein Museumsobjekt, ein Heiligenbild z sein. Sie hat den durchdringenden Blick von jemandem, d sieht und im Sehen den Kolonialismus und seine TäterInne ins Visier nimmt.

Quellen:

hooks bell, Mesa Bains Amalia. Homegrown: Engaged Cult ral Criticism, South End Press, 2006.

Kilomba, Grada (2008): Plantation Memories. Episodes Everyday Racism. Münster: Unrast Verlag.

»There is a mask, from which I heard many times
luring my childhood. The many recountings and
he detailed descriptions seemed to warn me
hat those were not simple facts of the past, but
iving memories buried in our psyche, ready to be
old. Today, I want to re-tell them. I want to speak
about that brutal mask of speechlessness.«
(Grada Kilomba)

DE-SILENCING THE MASK

ext: Belinda Kazeem

Die „brutale Maske der Sprachlosigkeit«, die zum Ausgangs-
ınkt des *Zurück-Sprechens* im Sinne von bell hooks wird.
ch von blauen Augen entledigen als kollektiver Prozess der
ıt-innerlichung von Rassismus.

In Marissa Lôbos kollektiv konzipierter Fotografie und
deo-Performance *Iron Mask, White Torture* werden histori-
:he und gegenwärtige Lebenserfahrungen Schwarzer Frau-
ı verwoben und hörbar gemacht. Als Bezugspunkt dient
ɪr Aktivistin und Künstlerin hierbei die historische Figur der
ıastácia, einer versklavten Afrikanerin, welche nach Brasi-
ɪn verschleppt wurde. Anastácia wird bis heute als wider-
ändige Kämpferin gegen Kolonialismus, Rassismus und
ɛxismus verehrt.

In der Bewegung durch Zeit und Raum wechselten und
echseln die »brutalen Masken der Sprachlosigkeit« zwar
ʳ Aussehen, doch niemals ihre Funktion. Sie erscheinen
cht mehr als Eisenmasken in Brasilien, sondern auch als
ɛschmierungen an Wiener Hauswänden, als Klebebänder auf den Mündern abgeschobener Afrikaner_innen, als erzwungene Zurschaustellung Schwarzer (Frauen-)Körper, diskriminierende Gesetzgebung, als Inhalte rassistischer Wissensproduktion ... Und immer ist es ihre Aufgabe, Schwarze widerständige Subjekte zum Schweigen zu bringen, *mundtot* zu machen, oftmals tatsächlich zu töten.

Leben und Sterben von u.a. Anastácia, N'deye Mareame Sarr, dem unbekannten Schwarzen Mädchen, welches ausgestopft neben Angelo Soliman im k.u.k. Hof- und Naturalienmuseum ausgestellt wurde, Semira Adamu, Saartje Bartman verbinden sich in Lôbos Werk zu vielstimmigen Geschichten der Schwarzen Diaspora. Politisch entscheidend ist, in welcher Weise wir uns zu den genannten und ungenannten Schwarzen Frauen in Bezug setzen: Sehen wir sie als Opfer weißer Dominanz oder als widerständige Subjekte, dies jenseits von jeglicher Romantisierung von Gewaltverhältnissen. Marissa Lôbo, Agnes Achola, Sheri Avraham, Flavia Sincere Inzikuru, Njideka Stephanie Iroh, Olubunmi Adeola Kazeem,

Alessandra Klimpel, Grace Latigo und Steaze (die Performerinnen) tun Letzteres. So wird ihre Intervention zu einem vielstimmigen re-enactment – nicht nur im Sinne einer Bezugnahme auf Schwarze Aktivistinnen und Theoretikerinnen wie u.a. Grada Kilomba, Araba-Evelyn Johnston-Arthur oder bell hooks –, sondern auch zur Fortsetzung einer Schwarzen (weiblichen) revolutionären Tradition des Widerstandes, welche auch durch (neo-)koloniale Gewaltregime nicht gebrochen werden konnte und kann.

»And when we speak we are afraid our words will not be heard nor welcomed but when we are silent we are still afraid. So it is better to speak remembering we were never meant to survive.« (Audre Lorde)

Quelle: Kilomba, Grada (2008): Plantation Memories. Episodes of Everyday Racism. Münster: Unrast Verlag.

Anmerkung: Der Text wurde für den angekündigten Katalog zur Ausstellung »Where do you go from hier?« 2010 in der Wiener Secession geschrieben. Der Katalog ist aber nie erschienen, wovon die teilnehmenden KünstlerInnen allerdings nie informiert wurden.

)REI FRAGEN
/ON MARISSA AN
MARISSA LÔBO

assen Sie sich nicht instrumentalisieren, wenn sie Ausstellngen in so etablierten Institutionen und machtvollen Räuen machen?
/ie geht sich das aus mit ihrer kritischen Haltung und politichen Einstellung?

Diese Frage trage ich sozusagen immer bei mir. Mir ist klar, ass das Migrantische, das Schwarze, das Brasilianische uch ein Kapital darstellt. Und dass Institutionen dieses auch egehren und es brauchen, vor allem um sich im neoliberalen inn von Diversity zu profilieren. Mir ist bewusst, dass Kunstisititutionen auch nach dieser Logik funktionieren. Dass äume der Kunst überhaupt von Machtinteressen durchzoen sind und in Kolonialitäten und Klassismen schwer verwikelt. Und dass der White Cube alles andere als ein neutraler aum ist und sogar ein ziemlich weißer. Bei einer Ausstellung iitzumachen, überhaupt Kunst zu machen, bedeutet also auf den Fall, sich in Widersprüchen zu befinden, in Widersprühen zu arbeiten. Aber ich glaube auch an die Möglichkeit, ikroskopisch vielleicht, die museale Struktur zu stören. Naürlich gefällt mir auch das Begehren der Institution, mit der s dann zu verhandeln gilt. Mein eigenes Begehren gilt ja eher em öffentlichen Raum, der großen Straße und weniger der oldenen Kuppel.

Die Formate, die sie in ihrer Arbeit verwenden, die Sprache, die Codes, die kommen ja ziemlich akademisch daher. Wollen sie elitär sein?

Theorie beschäftigt mich, gerade auch als Aktivistin. Und außerdem versucht die Arbeit ja Anastácia in eine Genealogie zu stellen, eine Genalogie von Schwarzen Kämpferinnen und eben auch Denkerinnen. Weil es um diese epistemologisch notorisch ausgeschlossenen Positionen geht, gibt es eben auch eine Menge Text und Theorie, aber auch Rap und Poesie. Außerdem ist die Performance nur ein Teil der ganzen Arbeit. Die Sprache der Fotocollage ist aus meiner Sicht eine ganz andere, ganz direkte. Vielleicht zu direkt, wie ich manchmal denke, wenn ich jetzt auf die Arbeit schaue.

Wenn es Ihnen so um starke Schwarze Subjekte geht, warum haben Sie sich für die maskierte Heilige, ein Opfer also, entschieden?

Sie sehen Anastácia als Opfer. Ich sehe sie als Rebellin. Sicher ist sie Opfer der kolonialen Geschichte, aber sie und ihr Blick nehmen die Konfrontation damit auf. Ich finde, es ist ein unglaublich starkes Bild, gerade auch in seiner Ambivalenz. Man kann sich dem Bild kaum entziehen – und hoffentlich auch nicht der Konfrontation mit dem, was dahinter steht.

Miteinander, Gegeneinander, Nacheinander?

Brüchige Feminismen.
Feministische Aktivitäten 1991—2011

Petja Dimitrova, Brigitte Geiger, Nora Sternfeld

Feministische Geschichte ist nicht nur eine lineare Geschichte von Kontinuitäten. Sie ist voller Widersprüche und Brüche, Fragestellungen und Parallelentwicklungen. Nicht zuletzt hat sie sich gerade vor dem Hintergrund von Kämpfen gegen ihre eigenen Ausschlüsse verändert und aufgrund von Reklamationen gegen ihre Marginalisierungen und toten Winkel entwickelt. Die Timeline will feministische Praxis der letzten beiden Jahrzehnte in Wien in ihrer Vielfältigkeit, Widersprüchlichkeit und Brüchigkeit mittels einer Auswahl an Ereignissen, Initiativen, Orten, Organisationen und Manifesten sichtbar machen. Ausgangspunkte waren unsere je subjektiven Blicke zurück aus unseren unterschiedlichen Positionierungen und Involvierungen heraus.

Dieses Gerüst wurde von Brigitte Geiger durch Recherchen in »STICHWORT. Archiv der Frauen- und Lesbenbewegung« ergänzt und textlich aufbereitet. Petja Dimitrovas künstlerische Arbeit erweitert die Auswahl der Recherchen und setzt visuelle Aktzente zur inhomogenen Entwicklung des Feminismus der letzten 20 Jahre.

Wir danken Hanna Hacker und Marty Huber für kritische Lektüre und Anregungen sowie Margit Hauser vom STICHWORT für die Untertützung bei der Recherche. Teile der Timeline basieren auf Recherchen für die Publikation »Migrationsskizzen postkoloniale Verstrickungen antirassistische Baustellen«, hg. von Agnes Achola, Carla Bobadilla, Petja Dimitrova, Nilbar Güreş, Stefania Del Sordo, Wien 2010.

1991 6./7. Dezember: Frauen-Team-Arbeit **»Zusammenspiel + Kontrapunkt«**. Tagung im Palais Auersperg aus Anlass 10 Jahre Frauenberatung Wien. Aus dem Programm: »Wer ist denn nun das schönste Aschenputtel?«, »Differenzen unter Frauen«, »Zur Notwendigkeit einer kreativen Streitkultur unter Frauen«.

9. Dezember: Der Wiener Gemeinderat beschließt die Errichtung einer eigenen **Magistratsabteilung** für »Frauenförderung und Koordinierung von Frauenfragen«.

1992 22. Februar: »Wer hat Angst vor VIRGINIA WOOLF?« lautet das Motto des Schulfests im FZ-Beisl der »Feministischen Mädchenschule Virginia Woolf«.

März: Die 1991 eingerichtete **»Informationsstelle gegen Gewalt«** der autonomen österreichischen Frauenhäuser (AÖF) fordert in ihrem »10 Punkte Programm gegen Gewalt an Frauen« mehr Hilfseinrichtungen und Präventionsmaßnhamen: »Das Leben von Frauen und Kindern muß zu jeder Zeit genauso geschützt werden wie Banken oder prominente Personen.«

4. November: **Feministisches Lauffeuer: 20 Jahre Autonome Frauenbewegung**. Bei dem von »STICHWORT« initiierten Event verbinden Läuferinnen mit Fackeln 16 Stationen »in feurigem Gedenken und entflammt für eine funkelnde feministische Zukunft«.

Dezember: Start der **»Aktion Kriegsopfer«** für vergewaltigte Frauen im Yugoslawien-Krieg mit Pressegespräch und Spendenaufrufen.

1993 »Bits & Pieces« zur Geschichte der »Österreichischen **Lesbentreffen**« bietet die Dokumentation des 9. (und gleichzeitig letzten) Treffens im Oktober 1991 im Amerlinghaus, veröffentlicht als 13. (und ebenfalls letzter) Lesbenrundbrief.

Erste Anfänge des von DV8-Film präsentierten internationalen Queer Film Festivals in Wien, das seit 1996 unter dem Namen **»identities«** erfolgreich ist.

25. April: Präsentation von »VerGEWALTigung. Eine Radschlägerin des Wiener Notrufs für vergewaltigte Frauen und Mädchen«.

Juni: **UN-Menschenrechtskonferenz** in Wien. 800 Frauenorganisationen aus 123 Ländern – für Österreich die »AG Frauenrechte Menschenrechte« – mobilisierten mit einer Petition und einem öffentlichen »Tribunal für die Anklage der weltweiten Verfolgung und Vernichtung von Frauen«. Mit Erfolg: In der Wiener Erklärung wurden erstmalig die Rechte von Frauen als integraler Bestandteil der allgemeinen Menschenrechte anerkannt.

November: Der Verein »**Frauenhetz** – feministische Bildung, Kultur und Politik« eröffnet die Räume in der Hetzgasse mit Veranstaltungsraum und Bürogemeinschaft als »Ort für Begegnungen für Frauen aus verschiedensten Lebenszusammenhängen«.

1994

»Was Wiener Frauen wollen«. Vorbereitungstreffen für die bundesweite Aktionswoche im September zur Verbesserung der Situation von Fraueneinrichtungen.

April: »**Voll Liebe nicht**. Auseinandersetzungen zwischen Frauen/Lesben«. Veranstaltungsreihe im **Frauencafé**. Aus dem Ankündigungstext: »Dass das selbstgeschaffene Geflecht der feministischen Gegenkultur/en, der privaten und öffentlichen Beziehungen unter Frauen/Lesben zugleich einen Ort von Konflikten, Auseinandersetzungen und Rivalitäten konstituiert … ›Nicht-liebevolle‹ Bindungen untereinander – eine wesentliche Facette im Projekt des Feminismus und der Lesbenbewegung …«

Mai: **Judith Butler**, seit ihrem Buch »Gender Trouble« (deutsch 1991) vieldiskutierte feministische Theoretikerin der Dekonstruktion, in Wien. »Eine feministische Wissenschafterin als Popstar, der kleine Festsaal der Universität Wien eine Halle für Popkonzerte, wissenschaftliche Vorträge als poppige Inszenierungen für Eingeweihte«, kommentiert ein Veranstaltungsbericht.

23. Juni: »Die Hälfte der Welt den Frauen. Nationale Tagung und Kampagne für Frauenrechte« im Zuge der Vorbereitungen für die ECE-Regionalkonferenz im Oktober in Wien und die **Weltfrauenkonferenz** in Peking 1995.

29./30. Oktober: »Rassismen & Feminismen. Differenzen und Machtverhältnisse zwischen Frauen – Politische Solidarität – Feministische Visionen«. Internationales Symposium der Arge Wiener Ethnologinnen an der Uni Wien.

1995

»Lesben-Aids/STDs, Safer Sex«. Safer-Sex-Broschüre für Lesben, die erste deutschsprachige Veröffentlichung dieser Art der Lesben vom »Rosa Lila Tipp«.

»Frauen im Fremdland« rückt das deutsch-türkische Buch zur »Bildungsarbeit, Beratung und Psychotherapie mit Migrantinnen« des Vereins »Miteinander Lernen/Birlikte Öğrenelim« in den Mittelpunkt.

8. März: Internationaler Frauentag. Erstmals breite Thematisierung des Themas **Frauenhandel** (trafficking of women).

30. April: Dankeskundgebung für Frauenministerin **Johanna Dohnal**, nachdem sie anlässlich einer Regierungsumbildung im Frühjahr zurücktreten musste. Seit 1979 prägte sie, zunächst als Frauenstaatssekretärin, ab 1990 als Frauenministerin, die österreichische Frauenpolitik.

1996 22. Jänner: »Worrying out loud. about the relationship of academic and community feminism. Eine Diskussion zum Verhältnis zwischen ›institutionalisiertem‹ und ›autonomem‹ Feminismus und den Gewinnen und Verlusten des akademisierten Feminimus« in der Frauenhetz.

29. Juni: Erste **»Regenbogenparade«** am Wiener Ring. Schon ab den 1980er Jahren gab es in Österreich Demonstrationen für Homosexuellenrechte zum Stonewall-Jubiläum.

1997 Die Lesbenberatung in der Rosa Lila Villa formiert sich eigenständig als **»Lila Tipp«**.

7.–14. April: Eintragungswoche für das vom »Unabhängigen FrauenForum« (UFF) initierte **FrauenVolksBegehren**. Knapp 650.000 unterstützen die elf Forderungen und die Verankerung der Gleichstellung von Frauen und Männern in der Verfassung. »Alles was Recht ist. Gleiche Rechte. Gleiche Verantwortung. Gleiche Mitbestimmung. Für Männer und Frauen.«

Am 1. Mai tritt das »Bundesgesetz zum **Schutz gegen Gewalt** in der Familie« in Kraft, das die Wegweisung und ein Betretungsverbot ermöglicht und die Einrichtung von Interventionsstellen gegen Gewalt in der Familie fordert. An seiner Entstehung war der Verein Autonomer österreichischer Frauenhäuser zentral beteiligt.

1998 Künstlerinnen gründen den Verein »LINK.* Verein für weiblichen Spielraum« und fordern unter dem Motto »Frauen brauchen Raum« ein Zentrum für Kunst und Politik. Zwei Jahre später wird der »Kosmos Frauenraum«, heute Kosmos-Theater, eröffnet.

19.–21. November: »Innen Außen Zwischendrin«. 5. Gesamtösterreichische **Wissenschafterinnentagung** in Wien. Aus dem Folder: »Innen-Außen-Zwischendrin – diese zuerst verwirrende Angabe gilt der tatsächlichen Verortung feministischer Forschung – INNERhalb wie AUSSERhalb von Institutionen und – manchmal freiwillig, manchmal nicht – irgendwo ZWISCHENdrin.«

Die Veranstaltungsreihe »**Gewalt unter Lesben**«, von lesbisch-feministischen Kollektiven gemeinsam organisiert, behandelt erstmalig Fragen von (sexualisierter) Gewalt in lesbischen Beziehungen. 2001 erscheint das darauf basierende Buch »Entscheidend einschneidend«.

1999 30. Juni: »**Schlaflose Nächte**«. Protestaktion vor dem Bundeskanzleramt und Vernetzung von Frauen- und Mädcheneinrichtungen zur Verbesserung der Existenzbedingungen von Frauenprojekten.

1. Oktober: »**Ost-West-Konferenz** zu Frauenhandel«. Eine Veranstaltung der Bundesministerin für Frauenangelegenheiten in Kooperation mit dem Verein »LEFÖ (Lateinamerikanische Emigrierte Frauen in Österreich)«.

20.–22. Dezember: Demonstration »Keine Sparpakete auf Kosten der Frauen« und »Operation Vanillekipferl«, zweitägige Besetzung des Frauenministerin-Büros durch elf Delegierte im Namen von 140 österreichischen Frauen- und Mädcheneinrichtungen. Die Forderungen: eigenständiges Frauenministerium, Integration und Förderung von Migrantinnen, Basisfinanzierung der Fraueneinrichtungen, Umsetzung des FrauenVolksBegehrens.

Das seit 1978 bestehende Frauenkommunikationszentrum im WUK nennt sich ab nun »FrauenLesbenMädchen-Zentrum« (FLMZ).

2000 Gründung des Onlinemediums ***die*Standard.at** im Rahmen von derStandard.at online.

»Bauch, Bein, Po – die Sendung für die ganze Frau« geht bei Radio Orange auf Sendung und liefert Musik und queerfeministische Beiträge von Frauen*, Lesben* und Trannies*.

»**nylon.** KunstStoff zu Feminismus und Popkultur«, ein neues, unabhängiges Magazin der vieldiskutierten Verbindung von »Pop & Politics« erscheint im Frühjahr und thematisiert Pop aus feministischer Perspektive und Feminismus unter popkulturellen Gesichtspunkten.

4. Mai: Erste der Frauen-Widerstandslesungen bei der »**Wächterin**« vor dem Burgtheater vor der Donnerstagsdemo gegen die Schwarz-Blaue Regierung. Mit dabei neben den Trommlerinnen und dem feministischen Widerstandsrat u. a. Elfriede Jelinek, Marlene Streeruwitz und Johanna Dohnal.

7./8. Oktober: »**Feministischer Widerstandskongreß**« in Wien mit 200 Frauen aus ganz Österreich.

2001 **Quote**, das queer-feministische DJ-Kollektiv lässt zum ersten Mal Platten und CDs im siebten Bezirk rotieren und lädt zur tanzenden Raumnahme.

Eröffnung des Performance-Space Salon Lady Chutney. »›Lady Chutney‹ […] zeichnet sich dadurch aus, daß sie sich ewig transfomieren kann, daß sie ein Survivor-Typ ist in diesen ganzen von Gewalt geprägten Geschichten […] und daß sie sich vor nichts fürchtet.«

25. November bis 10. Dezember: **»16 Tage NEIN zu Gewalt an Frauen«**. Mit der Veranstaltungsreihe »Offene Türen. Frauenspuren durch die Stadt« der ai-AG Frauen in Zusammenarbeit mit 16 weiteren Organisationen soll diese internationale Kampagne erstmals verstärkt in Wien ins Bewusstsein der Öffentlichkeit gerückt werden.

2002 **FeMigra Manifesto.** Das von mehreren politisch engagierten Migrantinnen in einem ersten Entwurf verfasste Manifesto ist ein offenes und dynamisches Forderungskonzept, das sich je nach Bedürfnissen und politischen Umständen verändert. Die Forderungen lauten u. a.: Honorierung der unbezahlten Wissensvermittlung von MigrantInnen; Anerkennung von Asyl für Schwule, Lesben, Transgender. »Migration ist die Zukunft. Wir zelebrieren sie. Sie ist Geschichte. Wer ist eine feministische Migrantin? Jede, die sich als solche fühlt. So auch eine wütende, aggressive Afroslowakin, die für Frauenrechte in einem patriarchalen kapitalistischen System kämpft.«

18./19. Februar: »Migration von Frauen und strukturelle Gewalt«. Symposium im Rathaus organisiert von AÖF, Orient Express, Peregrina, LEFÖ, Miteinander Lernen/Birlikte Öğrenelim und den Interventionsstellen.

25./26. Oktober: Open-Space-Konferenz zur Erstellung eines »feministischen Regierungsprogramms«.

29. November: »Über die Vielfalt feministisch-wissenschaftlichen Arbeitens«. Symposium des 2000 gegründeten »Verbandes feministischer Wissenschaftlerinnen« (VfW).

8. Dezember: release-Party für die Nummer 1 der Zeitschrift **»fiber** – Werkstoff für Feminismus und Popkultur«, der Nachfolgerin von nylon. Die Macher_innen in ihrer Selbstbeschreibung zum Problem der Kategorisierung ihrer Leser_innenschaft: »Wenn wir uns […] auf den Begriff der geschlechtlichen Identität – in dem Falle »Frau« – beziehen, ist uns klar, dass dieser Begriff von Ambivalenzen, Unschärfen, Widersprüchen und Uneindeutigkeiten durchzogen ist […].

Angesichts dieser Widersprüchlichkeiten versuchen wir sowohl subversive als auch aufbrechende Identitätskonzepte zu fördern. Selbstbehauptende und selbstbewusste Weiblichkeitskonzepte, die herkömmliche Geschlechterkonzeptionen unterwandern, sollen fokussiert und bewusst gestärkt werden.«

2003 Eröffnung von Marea Alta. »A different Place for different people«.

»**LesMAus** – Lesbische Migrantinnen in Austria« drehen den Film »Stay – Geh« über lesbische Migrantinnen, der u. a. in Wien vorgeführt wird. Die Visualisierung und Translation in diesem Filmprojekt wirkte hin zu einer Selbstermächtigung und war ein Versuch, queere Diaspora abseits national definierter Räume zu lesen.

Juni: »Medaillenregen« für die österreichischen TeilnehmerInnen an den EuroGames (European Gay & Lesbian Championships)in Kopenhagen (u. a. in Schwimmen, Volleyball und Tanzen).

2004 Der FeMigra-Film »Was ist eine feministische Migrantin?« war ein Schritt in Richtung selbstermächtigender Repräsentation abseits national und damit auch heteronormativ bestimmter migrantischer Kulturproduktion.

10.–13. Juni: Ladyfest Wien. »Guerilla Lady: Zunächst einmal möchte ich festhalten, dass ich als Einzelperson nicht für ein ganzes Kollektiv sprechen kann. Das ist ein ganz zentraler Punkt: die Heterogenität des Organisationsteams. Die Beteiligten kommen aus unterschiedlichen Zusammenhängen und haben mitunter auch verschiedene Vorstellungen, wie so ein Projekt konkret funktionieren soll.«

12. Juni: »Dyke March« vom Museumsquartier zum Resselpark. Dazu die Organisatorinnen vom Lila Tipp: »Lesbolieb lobt nichttraditionelle Weib- lich- und Leiblichkeiten, Lesbolieb preist Lesben und die, die mitgemeint sind, Lesbolieb ist ein Gegengift zu Homophob. Lesbolieb steckt in jeder von uns ... Willkommen am Dykemarch, viel Spaß und ganz viel Lesbolieb! Feminism will save the world.«

November: Gründung von »**ViennaMix** – Verein für Les/Bi/Schwule und Transgender MigrantInnen«.

2005 9. Oktober: »Dyke March« zum Abschluss des **Ladyfests**. 300 Queerfeministinnen protestieren für feministische und queere Lebensformen – der mitgeführte Eisberg Trans-Josefs-Land erinnert an ein Stück österreichischer Kolonialgeschichte.

4. November 05 bis 8. Jänner 06: Ausstellung »**Geheimsache:Leben.** Schwule & Lesben im Wien des 20. Jahrhunderts« in der Neustifthalle, Wien 7.

2006 Gründung der Initiative »**Ehe ohne Grenzen** – EOG« durch binationale Ehepaare, bei denen ein/e EhepartnerIn nicht aus einem EU/EWR-Land kommt und die von Verschärfungen im NAG (Nichterteilung des Aufenthaltsrechts und Abschiebung) betroffen sind. Zahlreiche Solidaritätsaktionen folgen.

24. November: »Wir feiern **20 Jahre EfEU**«, mit Ausstellung »Bildung und Gender«, Erzählcafé und Fest.

2007 Der 1988 gegründete »Verein Türkischer Frauen« benennt sich in **»Orient Express«** um und fungiert ab diesem Zeitpunkt auch als Frauenservicestelle für Migrantinnen.

8. März 2007 Internationaler Frauentag bis 2. Juni Internationaler Hurentag: Bundesweite Kampagne »Sexarbeiterinnen haben Lust … auf ihre Rechte«. Eine Initiative von »LEFÖ« in Kooperation mit »maiz«, die 2008/09 in ganz Österreich fortgesetzt wird. Im Zuge der Kampagnen kommt es zu weltweiter Vernetzung und internationaler Unterstützung.

27. bis 29. September: Erster Kongress Schwarzer europäischer Frauen / **1st Black European Women's Congress**, veranstaltet vom Verein »AFRA – International Center for Black Women's Perspectives«, Wien.

30. März bis 4. April: **Frauenfrühlingsuni** in Wien, womit die Tradition der Frauensommerunis wiederbelebt wird, deren sechs zwischen 1984 und 1990 in Österreich stattgefunden hatten. »Die FFU – das ist ein Ort des Austausches, der Geschichte und Geschichten, der Bildung, der Emanzipation und noch vieles mehr. Die FFU ist ein Projekt, das Frauen generationsübergreifend zusammenbringt, wo über Erfahrungen gesprochen, Politik diskutiert, Hergebrachtes und Eingefahrenes kritisiert, aber auch gemeinsam gefeiert, lustvoll gelebt wird.«

21. Juni: Die **Frauensolidarität** feiert mit der 100. Ausgabe ihrer Zeitschrift, einem Vortrag zu »Feminismus und postkoloniale Perspektive« und einem Fest ihr 25-jähriges Bestehen.

5. November: »Im Spiegel vieler Seiten. 30 Jahre Frauenzimmer«, Jubiläums- und gleichzeitig Abschiedsfest für die Buchhandlung »Frauenzimmer« im EGA.

2008 März: Erstmals wird der MiA-Award für besondere Leistungen von in Österreich lebenden Frauen mit Migrationshintergrund vergeben. Eine nominierte Kandidatin lehnt im Rahmen eines öffentlichen Statements den Award aus **Protest** gegen die restriktive Migrationspolitik Österreichs ab.

10.–14. September: »**Queer-feministische Tage**«, die Plattform für den Austausch queerer, feministischer und anti-rassistischer Positionen aus Praxis und Theorie nach Hamburg, Freiburg und Berlin erstmals in Wien.

28./29. November: »Feminist Press|ure. 25 AN.SCHLÄGE auf den Malestream«. Symposium, Konzert, Performance, Ausstellung und Buch »Feministische Medien« zum 25-Jahre-Jubiläum der Zeitschrift.

2009 **MiGaY** – Verein zur Integration und Förderung von homosexuellen Migrant_innen startet ein Informationsmedium und Vernetzungsplattform von und für homosexuelle MigrantInnen.

9.–14. April: Autonom-Feministisches FrauenLesben-Treffen im FLMZ für »FrauenLesben aus verschiedenen Ländern ..., die sich in unterschiedlichen Kämpfen gegen Sexismus, Rassismus, Homophobie, Kapitalismus, Faschismus, Patriarchat bewegen.«

April/Mai: **Alice Schwarzer** in Wien: Gastvorlesungen in überfüllten Hörsälen an der Hauptuni und der Angewandten, Medienhype und Diskussion im »Club 2«.

24.–27. September: **rampenfiber**. feministisches musikfestival »entlarvt die Kategorie des (Pseudo-)Professionellen und stärkt den Charakter des DIY (Do it yourself) über seinen Ruf als genialen Dilletantismus hinaus.«

Oktober: Feministische Aktivitäten und die Gründung einer Frauen-AG, bald umbenannt in F_L_I_T(FrauenLesbenInterTrans)_AG, im Rahmen der bildungspolitischen Proteste und Audimax-Besetzung für »eine antisexistische Praxis auf der Uni und überall sonst«.

2010 Aktion »KrankenpflegerInnen gegen Rassismus und Fremdenfeindlichkeit« initiiert von Care-Net Wien, der Interessengemeinschaft von Pflegepersonen. Tausende Unterschriften wurden an Integrationsstadträtin Sandra Frauenberger und Gesundheits- und Sozialstadträtin Sonja Wehsely übergeben.

28. Mai: **»35 Jahre AUF – Eine Frauenzeitschrift«**. Fest im Arkadenhof des Wiener Rathauses. Die 1974 als Organ der »Aktion Unabhängiger Frauen« gegründete Zeitschrift stellt mit 2011 ihr Erscheinen ein.

30. November: **»Smash Patriarchy?** Feministischer Aktivismus nach zwanzig Jahren *Gender Trouble*«. Podiumsdiskussion und Abschied von der ›Diefenbach‹ – danach übersiedelt STICHWORT in neue Räume mit Platz für die Dokumentation der nächsten Jahrzehnte feministischen Denkens und Handelns.

2011 19. März 1911 – 19. März 2011: **100 Jahre Frauentag**. Demonstration für Frauenrechte am Wiener Ring, organisiert von der Plattform 20.000frauen. Der historische Demonstrationsweg wurde im Rahmen von »KnitherStory« sichtbargestrickt. »Durch die Demonstration soll der Vielfalt und der Wichtigkeit feministischer Zugänge und Forderungen, die immer noch nicht umgesetzt sind, eine Stimme gegeben werden. Ziel ist es, das Trennende hintan zu stellen und möglichst zahlreich sichtbar zu werden, ohne Differenzen und Vielfalt zu leugnen. Frauen, meldet euch! Frauen, beteiligt euch! Frauen, bewegt! Wir sagen: AUS! Aktion Umsetzung. Sofort.«

Und wie emanzipierst Du dich?
Zehn junge Frauen reden über Selbständigkeit

Beate Hausbichler, Renate Höllwart, Monika Morawetz

Arbeiten, sparen, sich informieren, studieren oder sich solidarisieren? Was tun eigentlich junge Frauen für ihre emanzipierte Zukunft? Ist eine solche überhaupt noch Thema oder ohnehin bereits Selbstverständlichkeit?

Zehn Mädchen und junge Frauen erzählen von ihren Plänen, was ihnen wichtig ist und wie sie sich ihr selbstbestimmtes Leben organisieren wollen. Nachgefragt haben Beate Hausbichler, Renate Höllwart und Monika Morawetz.

Folgeseiten
Fotos: trafo.K, Monika Morawetz

Asa Artüch

Leider hatte ich mit Zwängen in meinem Leben schon einige Schwierigkeiten, deshalb bin ich ja nach Österreich geflohen, seit 2005 bin ich nun hier. Mein Ziel war, dass ich reden kann und dass ich verstehen kann, was andere sagen — das hielt ich immer für wichtig. Deswegen hab ich eine Ausbildung gemacht und hab den Hauptschulabschluss nachgeholt.

Ich arbeite, habe einen Sohn und bin sehr selbstständig, ich bin voll integriert in Österreich und hab alle meine Ziele erreicht. Heute fühle ich mich frei, stark, und das ist super. Aber das war auch viel Arbeit — es war nicht einfach.

Emanzipiert sein heißt für mich, dass ich selber Geld verdiene, dass ich mir selber weiterhelfen kann, zum Beispiel, indem ich zu verschiedenen Organisationen gehe, wenn ich Hilfe oder Informationen brauche. Denn Hilfe ist schon nötig, mir hat etwa ein Projekt namens »connecting people« (ein Projekt der »Asylkoordination« für unbegleitete minderjährige Flüchtlinge) sehr geholfen, da gab es eine Betreuerin, die mich unterstützte, indem sie mir eine Patin gesucht hat, die mir wiederum sehr weitergeholfen hat. Wir sind noch heute gut befreundet.

23 Jahre, Zahnarztassistentin

Canan Ozan

Unabhängigkeit ist wichtig, man sollte nur für sich selbst leben und sollte alles können, was man für das eigene Leben braucht.

Ohne sich viel Mühe zu geben, wird es aber nicht gehen, Geduld und nicht aufgeben — das ist auch wichtig. Ich bin gerade auf Arbeitssuche und würde am liebsten als Einzelhandelskauffrau arbeiten. Die Branche ist mir da eigentlich egal, solange ich Spaß dabei habe ... Zurzeit wohn ich noch bei meinen Eltern, wo ich auch sehr glücklich bin. Später möchte ich eigentlich nur mit dem Mann zusammenziehen, den ich auch heirate. Ich möchte schon auch Kinder, drei oder vier. Von meinem Partner würde ich es nicht direkt verlangen, in Karenz zu gehen — wenn er es freiwillig macht, wäre es für mich auch in Ordnung und natürlich ein Zeichen, dass er sich Mühe gibt. Dennoch würde ich ihn nicht zwingen, das wäre seine Entscheidung.

18 Jahre, auf Arbeitssuche

Marie Mernyi

Ich war in der Schule nicht so gut und wollte schon immer lieber arbeiten gehen. Außerdem möchte ich meiner Mutter etwas zurückgeben, früher hat sie für mich gesorgt, und jetzt möchte ich etwas für sie tun, ich gebe ihr jeden Monat etwas von meinem Gehalt. Sie hat sich so gut um uns gekümmert, ich möchte nicht, dass sie die ganze Zeit für mich bezahlt. Mein Lehrberuf Hotel- und Gastronomieassistentin macht mir Spaß, genau das wollte ich machen. Wenn ich mit der Lehre fertig bin, möchte ich in die Schweiz auf Saison gehen oder auf ein Schiff, da kann man gut verdienen. Mit etwa 24 würde ich gerne heiraten, das heißt, wenn der Richtige dann da ist. Wenn ich Kinder habe, möchte ich nur für sie da sein, wenn sie größer sind, kann ich ja halbtags arbeiten. Ich würde ihnen eine schöne Kindheit bieten wollen, so eine, wie ich sie hatte. Meine Mutter hat erst später, als wir schon größer waren, wieder als Frisörin gearbeitet. Eine Arbeitskollegin von mir, sie ist 24, hat zwei Kinder und geht auch halbtags arbeiten, so würde ich das auch machen. Von sechs bis zwölf zum Beispiel, dann komm ich zu Mittag heim und koche für meinen Mann und versorge die Familie. Natürlich sollte mir mein Mann auch dabei helfen, zwingen will ich ihn aber nicht. Die meisten Burschen in meinem Alter wollen schon, dass die Frauen die ganze Arbeit machen, eben weil sie Frauen sind. Sicherlich werde ich kochen, aber ich will auch etwas zurückbekommen. Über mögliche Schwierigkeiten denke ich gar nicht viel nach, ich bin ein positiver Mensch.

17 Jahre, Hotel- und Gastronomieassistentin, Lehrling

Marianne Hoppichler

Zuerst muss ich mal meine Schule fertig machen, die Matura schaffen und eine Arbeit finden. Jetzt wohne ich noch bei meinen Eltern, was doof ist, weil die meisten Freundinnen von mir schon arbeiten oder sonst was machen. Meine Mutter will, dass ich Elektrotechnik oder Mathematik studiere, wie meine anderen Geschwister. Aber das ist nicht so meines, ich weiß zwar, dass man da gut verdienen könnte — das sagt mir meine Mutter andauernd. Sie meint, alle in der Familie sind Mathematik-Genies. Ich möchte aber Kunst machen. Für mich steht das Finanzielle nicht unbedingt an erster Stelle, sondern dass es mich interessiert. Ob man es als Frau schwerer hat? Teilweise vielleicht schon. Mein Zwillingsbruder geht in die HTL, es ist für ihn viel leichter, ein Praktikum zu bekommen, damit hatte eine Freundin von der HTL schon Schwierigkeiten, sie hat sehr viele Absagen bekommen — obwohl sie eigentlich bessere Noten hat als er. Was sich wirklich ändern muss, ist, dass Frauen weniger verdienen als Männer. Da geht es mir nicht ums Geld, aber das ist ungerecht. Meine Mutter würde viel weniger verdienen, wenn sie das Gleiche arbeiten würde wie mein Vater, obwohl sie das Gleiche studiert hat und eine Zeit lang auch denselben Job hatte wie mein Vater, sie hat dann aber wegen der Kinder aufgehört.

16 Jahre, Schülerin in der Herbststraße »Mode und Kunst«

Janine Bereziuk

Es ist wichtig, für sich selbst sorgen zu können, und auch, einen eigenen Wohnsitz zu haben. Für ein selbstständiges Leben braucht es Zielstrebigkeit, die Ausbildung fertig zu machen, und wenn ich finanziell gut dastehe, möchte ich mich nach einer Wohnung umschauen. Am Anfang ist es vielleicht schwierig, da braucht es bestimmt noch Unterstützung von den Eltern. Beruflich zurechtzukommen finde ich nicht so schwer, wir haben ja die drei Lehrjahre, dadurch kommen wir ganz gut ins Berufsleben rein. Vielleicht ist es zeitlich noch möglich, dass ich nach der Lehre die Matura nachmache. An Kinder werde ich erst denken, wenn ich mir eine finanzielle Grundlage geschaffen habe, ein perfekter Partner da ist, mit dem man sich die Arbeit gut aufteilen kann. Das Kind soll ja nicht vernachlässigt werden und zu den Großeltern oder Freunden abgeschoben werden. Ich möchte auch nicht aus dem Beruf aussteigen, um mit meinem Kind den ganzen Tag allein daheim zu sein, am Anfang natürlich schon, aber nach einer Zeit ist das sicher anders zu regeln, und man kann sich mit dem Partner ausmachen, wer wann arbeitet, wer wann das Kind vom Kindergarten oder von der Schule abholt.

18 Jahre, Speditionskauffrau, Lehrling

Johanna Petrus

Sicher ist es wichtig für mich, ein emanzipiertes Leben zu führen. Ich will meine eigenen Entscheidungen treffen und will mir nicht dreinreden lassen. Deshalb schau ich, dass ich mein eigenes Geld verdiene, mir eine eigene Wohnung leisten kann. Es kommt sehr viel auf die Erziehung und auf die Familie an. Wenn man nicht von vornherein darauf schaut, dass man etwas erreicht, sondern immer alles in die Schuhe geschoben bekommt, dann wird man es im späteren Leben auch schwer damit haben, eigenständig zu sein. Ich hoffe, dass ich nach meinem Studium einen Job finde, der mir Spaß macht, dafür würde ich auch akzeptieren, dass ich nicht so viel verdiene. Es sollte was Interessantes, etwa Sinnvolles sein. Im Naturschutz oder im Tierschutz — so etwas in der Art. In den meisten Bereichen ist es für Frauen bestimmt nicht schwerer als für einen Mann. Sicher gibt es noch ein paar Unterschiede, dass bei manchen Jobs eher Männer und bei anderen eher Frauen bevorzugt werden.

24 Jahre, Studentin an der Boku (Umwelt und Bioressourcenmanagement) und Verkauf im Einzelhandel

Nermien Elbadayi

Natürlich will ich ein selbstbestimmtes Leben führen. Ich bin mit dem Bewusstsein aufgewachsen, dass das wichtig ist, weil es in meiner Kultur nicht so ist: In Ägypten rennt die Emanzipation nicht so, wie sie rennen sollte. Für mich ist es daher zentral, ein Studium zu machen, damit ich etwas in der Hand habe und von niemandem abhängig bin und mein eigenes Geld verdiene. Unabhängigkeit bedeutet für mich auch, eine eigene Meinung zu haben und die auch einzubringen, dass ich mich auch auf dieser Meinungsebene nicht bevormunden lasse.

Ich kenne durchaus auch Mädchen, denen das alles egal ist und die glauben, dass es keine Rolle spielt, dass sie eine Frau sind. Dennoch kann ich mich nur mittelmäßig als Feministin bezeichnen. Bei der Debatte um die Bundeshymne etwa, dass da auch die »Töchter« drinnen sein sollen — das verstehe ich nicht. So etwas ist mir gleichgültig, denn wenn man genügend Selbstbewusstsein hat, weiß man, dass das nichts mit Unterdrückung zu tun hat.

21 Jahre, Studentin — noch Pharmazie, bald Psychologie

Julia Netuschill

Selbstständigkeit ist für mich allein schon deshalb wichtig, weil ich aus dem Burgenland komme und immer nach Wien pendeln muss. Da muss ich Zug- oder Busverbindungen koordinieren und schauen, wie sich das alles ausgeht. Leider bleibt da die Freizeit etwas auf der Strecke, weil ich locker zwei Stunden bis hierher brauche. Der Ort, aus dem ich komme, hat nur 500 Einwohner — da gibt es gar nichts. Das Leben hier in Wien ist schon ganz anders, z. B. wenn abends die verrücktesten Leute unterwegs sind. Leben würde ich später am liebsten irgendwie zwischen einem dieser Extreme, nicht so groß, dass man abends Angst haben muss, und auch nicht zu klein. Aber bevor ich keinen Freund habe, mit dem ich zusammenziehen will, ziehe ich auch von daheim nicht aus. Ich möchte nicht allein wohnen, ich bin gern mit anderen zusammen. Ursprünglich wollte ich in den Tourismus-Bereich, da ist es aber schwer, was zu bekommen. Jetzt mach ich eine Lehre als Speditionskauffrau, und mir gefällt das mittlerweile gut, Englisch ist in dem Beruf wichtig, und ich habe Spaß daran, diese Sprache richtig zu lernen. Ich wollte nie studieren, sondern immer arbeiten. Ich hab auch im Gymnasium und in der Handelsschule immer nebenbei gearbeitet. Obwohl ich im ersten Lehrjahr nicht viel verdiene, schaue ich darauf, dass ich mir etwas auf die Seite legen kann und so für eine Wohnung oder ein Auto spare. Ohne Geld kommt man nicht weit, man ist immer abhängig — vom Staat oder von den Eltern.

18 Jahre, Speditionskauffrau, Lehrling

Denise Raphaela Ginter

Selbstständigkeit ist wichtig, ich möchte von niemandem abhängig sein. Ich möchte selbst entscheiden können, zum Beispiel wohin ich in den Urlaub fahre. Oder wenn ich später Kinder habe, möchte ich die auch selbst ernähren können — ich will nicht, dass nur der Mann alles macht. Deshalb muss ich in der Schule gut mittun, gute Noten schreiben, alles schaffen — die Matura und so. Es soll ein guter Schulabschluss werden.

Manche Schulkollegen sehen das nicht so, einige wollen erst gar nicht arbeiten gehen. Damit wir wirklich gleichberechtigt sind, finde ich, dass die Frauen gleich viel verdienen sollten wie die Männer — egal in welchem Beruf. Da passiert noch zu wenig, da muss man mit den Leuten, die dafür zuständig sind, reden. Man muss ihnen sagen, dass das geändert werden muss. Denn das ist unfair, Frauen arbeiten genauso viel wie Männer.

Im Moment gibt es nichts, was mich irgendwie einschränkt, das wird eher in der Zukunft kommen.

14 Jahre, Schülerin

Mirela Kremanoric

Ich habe mir ein Ziel gesetzt. Entweder werde ich Biologielehrerin oder ich gehe in die Forschung — von diesem Ziel kann mich eigentlich nicht viel abbringen. Mein Vorbild war meine Biologielehrerin, ich habe ein ziemlich gutes Verhältnis zu ihr und schaue schon zu ihr auf — ich würde auch gerne den Weg gehen, den sie gegangen ist. Im Leben sollte man in allen Bereichen gleichberechtigt sein, vor allem wenn es um die Löhne geht oder auch um die Chance, zu studieren. Ich studiere an einer technischen Hochschule, wo ca. 98 Prozent der Studierenden Männer sind. Es kann schon vorkommen, dass man im Vorlesungssaal die einzige Frau ist. Das ist schon fast unglaublich, wenn man unter 300 Studierenden etwa vier Frauen sieht. Aber es ist eben eine technische Schule, und ich denke, die Frauen haben es halt nicht so mit der Technik. Das ist einfach Geschmackssache.

Es gibt schon Rechte, die auch Frauen haben sollten, aber ich würde nicht darum kämpfen. Ich finde die Situation so, wie sie jetzt ist, okay. Die Frauen haben es sehr weit gebracht, in der Politik, im Bildungswesen — da hat sich einiges verändert, und von mir aus könnte es so bleiben. Wir sollten aber nicht wieder zurückfallen.

Wir sollten es als Frauen aber auch nicht übertreiben, dass nur noch die Frauen herrschen, soweit würde ich sicher nicht gehen.

18 Jahre, Biologie-Studentin

Her mit dem ganzen Leben!

Let's queer the classroom! Von der Überwindung strikter Geschlechtergrenzen und rigider Begehrensnormen im (pädagogischen) Alltag

Claudie A. Goutrié

Wenn ich als Person, die viele Jahre mit Schulklassen zu den Themen Diskriminierung, Homophobie, Sexualität, Geschlechterrollen und Begehrensnormen gearbeitet hat, über queersensible Pädagogik nachdenke, werde ich ganz sehnsüchtig. Wie schön wäre es, wenn queere Ansätze Eingang in den (pädagogischen) Alltag fänden.

Denn auch wenn heute, dank zähen feministischen Engagements, das massive Widerstände und Rückschläge überwunden hat, viele Kinder, die bei ihrer Geburt in die Kategorie »weiblich« eingeordnet wurden, die Geschlechtergrenze was Berufswahl, Bewegungsradius und Lebensentwurf betrifft, teilweise überschreiten können, hat das leider wenig mit einer wirklichen Durchlässigkeit in alle Richtungen und Anerkennung vielfältiger Realitäten zu tun. Das zeigt anschaulich ein oft von mir in Workshops verwendetes Gedankenexperiment: »Was würde passieren, wenn ein Kind, das als Junge eine Schule besucht, eines Tages mit einem rosafarbenen Rock in den Unterricht kommt?« Die häufigsten Reaktionen auf diese Vorstellung sind Befürchtungen, das Kind würde lächerlich gemacht werden, in abwertender Absicht als »schwul« beschimpft werden, vielleicht sogar mit Gewalt rechnen müssen. Diesen Befürchtungen entspricht die tatsächliche Gewalt, die Personen, die die Geschlechtergrenzen überschreiten, oft erleben.

Als Miterziehende zweier Kinder, eines in der Kategorie »männlich«, eines in der Kategorie »weiblich« eingeordnet, und als Person, die sich als lesbisch lebend bezeichnet, empfinde ich den (pädagogischen) Alltag bisweilen als ausgesprochen deprimierend. Selten wird die Natur als etwas dargestellt, das unendlich facettenreich ist, wo immer wieder Neues ausprobiert wird, wo auch Menschen in einer unglaublichen Vielfalt auf die Welt kommen und eine unerschöpfliche Bandbreite an Möglichkeiten zur Entwicklung mitbringen.

Diese Komplexität und Vielfalt auf zwei sich ausschließende Kategorien mit heterosexuellem (und als Ausnahme und Sonderfall homosexuellem) Begehren zu beschränken, bedeutet, Menschen und ihre Fähigkeiten, Wünsche und ihre Beziehungen einer groben Vereinfachung zu unterwerfen. Diese Vereinfachung bedeutet für viele Menschen, Kinder wie Erwachsene, die sich nicht so einfach einordnen können oder wollen, eine Verletzung ihrer Integrität. Das, was nicht in das genormte Bild passt, soll versteckt, nicht offen gelebt, verdrängt und beseitigt werden.

Schon Säuglinge und Kleinkinder, die bei ihrer Geburt nicht eindeutig in eine Geschlechtskategorie eingeordnet werden können, werden immer noch, lange bevor sie zustimmen oder ablehnen könnten, chirurgischen Eingriffen unterzogen, um sie »passend« zu machen in einer Welt, die an der Illusion festhält, es gäbe keine geschlechtliche Vielfalt. Oft werden solche Eingriffe wie auch die Einflussnahme auf »falsches«, nicht geschlechtsspezifisches Verhalten oder Begehren damit begründet, dass »die Welt nun einmal so ist, die Kinder würden es sonst so schwer haben«.

Eigentlich ein guter Ansatzpunkt für eine Pädagogik, die daran glaubt, dass die Gesellschaft verändert werden sollte, damit sie für alle Menschen in ihrer Individualität ein guter Platz ist, und in die neue Erkenntnisse einbezogen werden, damit neue Denkräume geschaffen werden können. Denkräume, die erweitert werden durch die Erkenntnisse aus queerer Theorie, Wissenschaft und Praxis mit ihrer Sichtweise auf Geschlecht als etwas, das nicht einfach »so ist«, weil Natur oder göttliche Gewalt es so wollen, sondern etwas kulturell Konstruiertes, etwas durch unser aller Handeln Hervorgerufenes, und mit ihrem Blick auf unsere Körper als etwas, dem durch Wissenschaft und Kultur geschlechtsabhängige Eigenschaften eingeschrieben werden. Einer Wissenschaft, die die Auswirkungen der unterschiedlichen geschlechterstereotypen Behandlung auf sich entwickelnde Körper und Gehirne erforscht, Auswirkungen, die sich dann als das manifestieren, was gemeinhin als »Geschlechtsunterschied« begriffen wird.

Queersensible Pädagogik hat die Chance, Grundlagen dafür zu schaffen, dass Kinder mehr ausprobieren können als die ihnen vorgegebenen Rollen, dass Kinder lernen können, mit Komplexität umzugehen, und die Welt als vielfältigen Ort kennenlernen, einen Ort, in dem es wichtigere Fragen gibt als: »Was ist es denn, Bub oder Mädel?«

Da sie aber genau dadurch an die Grundfesten unserer Gesellschaft rührt, ist mit heftigen Gegenreaktionen derer, die an althergebrachten Strukturen festhalten wollen, zu rechnen. Sich trotzdem auf das Abenteuer einzulassen, erfordert Mut, Lust auf Neues, den Austausch mit und die Bestärkung durch andere, Zeit und nicht zuletzt finanzielle Mittel für Forschung, Fortbildungen und Förderung z. B. von Schulprojekten mit queeren Expert*innen und für außerschulische queere Initiativen.

siehe Timeline MA 57: Die »Education-Box«, eine umfangreiche Erziehungsratgeberin, wird entwickelt (2005). Seite 295

So sehr ist unsere Welt und unser Denken durchdrungen vom Diktat der Zweigeschlechtlichkeit und heterosexuellen Annahmen, von rosa und blau, Mars und Venus, boy meets girl, so tief sind Verallgemeinerungen und Vereinfachung Bestandteil der uns umgebenden Kultur, dass es gar nicht immer so einfach ist, sie überhaupt zu bemerken. Mit der Zeit und ein wenig Übung im Queerdenken, fällt es dann aber immer leichter, Annahmen durch Fragen zu ersetzen und mit verschiedenen Situationen konstruktiv umgehen zu können.

Wenn die Kinder z. B. statt: »Wie heißen dein Papa und deine Mama?« gefragt werden: »Bei wem lebt ihr, wer fühlt sich für euch verantwortlich, welche Menschen sind wichtig für euch, zu wem geht ihr, wenn euch etwas beschäftigt?«, dann können gemeinsam Formulierungen gefunden werden, bei denen sich alle Kinder (und ihre Bezugspersonen) wahrgenommen fühlen.

Das Schöne ist, dass queersensibler Pädagogik keine Grenzen gesetzt sind, dass alles neu gedacht werden kann. So könnte zum Beispiel diskutiert werden, was eine Person tun muss, um ein Geschenk zum Mutter- oder Vatertag zu bekommen, ob Alleinerziehende dann ein Vater- und ein Muttertagsgeschenk bekommen, wie das ist, wenn fürsorgliches und zupackendes Verhalten auf die Erwachsenen gleichmäßig verteilt ist, wie es ist, wenn beide in der gleichen Geschlechterkategorie sind, was, wenn sie in verschiedenen sind? Was, wenn die Kinder mehr als zwei Erwachsene haben, die sich um sie kümmern? Ob überhaupt für Mutter- und Vatertag andere Namen gefunden werden könnten. Das alles sind ganz realistische Konstellationen und ganz alltäglich, nur bislang noch selten benannt.

Kann darüber gesprochen werden, wird wahrnehmbar, dass die Realität bereits vielfältig ist, dass Menschen geschlechtsunabhängig verschiedene Rollen einnehmen können, manche auch nicht auf eine Geschlechtszugehörigkeit festzulegen sind, manche sich auf dem Weg von einer Kategorie in eine andere befinden. Pädagog*innen können wichtige Signale geben, indem sie Kindern und Jugendlichen vermitteln, dass die Mehrheit der Menschen zwischen den zwei Extremen der Geschlechtszugehörigkeit angesiedelt ist, bei denen zu einem Körper, der bei der Geburt dem traditionellen Bild eines »weiblichen« oder »männlichen« Körpers entspricht, eine Persönlichkeitsentwicklung kommt, die sich entlang der Standardvorstellungen von »weiblich« und »männlich« bewegt und wo sich das Begehren ausschließlich auf eine genauso dem Extrem des entgegengesetzten Geschlechtsstereotyps entsprechende Person richtet.

Wie schön wäre es, wenn auch im Unterricht vermittelt würde, dass das nicht erst seit heute so ist und dass es zu verschiedenen Zeiten und an unterschiedlichen Orten auch andere Formen des Umgangs mit dieser Bandbreite gab und gibt, die nicht unbedingt besser sein müssen, die aber zeigen, dass die hier gelebte Praxis nicht die einzige ist.

Auch im schulischen Biologieunterricht würde das Einbeziehen neuer wissenschaftlicher Erkenntnisse und queerer Perspektiven bereichernd sein. Ich werde jedenfalls jubeln, sollte ich einmal aus der Schule berichtet bekommen, dass im Biologieunterricht zum Thema Sexualität und Fortpflanzung gesagt wurde: »Menschen haben Schwellkörper und Nervenenden, innerhalb und außerhalb des Körpers, damit der Sex Spaß macht. Kinder werden zur Zeit so gezeugt, dass ein Spermium auf eine Eizelle trifft, daraus entwickelt sich dann in der Gebärmutter ein Baby. Dafür, wie es dorthin kommt, gibt es verschiedene Möglichkeiten, von denen EINE das Umschließen eines Penis durch eine Vagina ist, was wiederum EINE von vielen Möglichkeiten ist, Sex zu haben. Nicht alle Menschen, die Kinder haben, haben sie auf diese Weise bekommen und sind doch richtige Eltern.«

Leider habe ich bis jetzt noch wenig Grund zum Jubeln gehabt; bis queertheoretische Ansätze in den Schulstoff Einzug halten, wird es wahrscheinlich noch eine Weile dauern. Queersensible Pädagogik kann aber noch viel mehr, als theoretischen Stoff zu vermitteln: Sie kann begeistern dafür, alles zu hinterfragen, weit über das Thema Geschlechterkategorien hinaus, sie kann inspirieren zu Forschungsreisen in das eigene Begehren und zu spielerischem Umgang mit Geschlechterkategorien, sie kann Horizonte erweitern und das Vertrauen in das eigene Vermögen stärken, mit komplexen Strukturen konstruktiv umzugehen. Sie kann die Grundlage bilden für Träume von einer Welt, die Hierarchien nicht als natürlich sieht und in der es nicht normal ist, dass einige Menschen Privilegien haben und andere nicht. Einer Welt, in der Menschen all ihre Fähigkeiten entdecken können und sich unangenehme und angenehme Aufgaben teilen, wo es mehr gibt als entweder/oder, normal und unnormal, Mann und Frau, homo- und heterosexuell. Eine Welt, in der Unterschiede so sehr gefeiert werden wie Gemeinsamkeiten. Und nicht zuletzt kann queersensible Pädagogik bewirken, dass viele Kinder, Jugendliche und auch Erwachsene froher in Kindergärten, Schulen und andere Bildungseinrichtungen gehen, weil sie sich in ihrer Einzigartigkeit geschätzt wissen.

Wie zusammen lieben, arbeiten, streiten? Feministische Beziehungsmodelle — weit gefasst!

Heide Hammer

Von »Mein Bauch gehört mir« bis zu PostPornPolitics und Neo-Burlesque mäandert die feministische Bewegung durch die Jahrzehnte. Zwischen mainstream und weit verzweigten Seitenarmen bestehen Verbindungen, die auch rückwärtsgewandte Kreise ziehen. Die Naturmetapher verbietet sich und verbietet sich nicht, das Frau-Werden, Tier-Werden, Molekular- und Partikel-Werden (Deleuze/Guattari)[1], die »Cyborgs« (Donna Haraway)[2] verbindet die theoretisch-politische Auseinandersetzung mit dem Körper und mit Formen der Kollektivität, die Gesellschaft entwerfen. Dass auch der medial gewonnene Raum dieser Veränderungen, die Öffentlichkeit persönlicher Beziehungen, nicht per se emanzipativ ist, beweist jeder beliebige Blick in Talkshows und Magazine.

Neben wechselnden Moden und konkreten Entscheidungen in der Gestaltung unserer persönlichen Beziehungen zeigen sich in ihnen auch politische Haltungen. Rollen und Bekenntnisse bieten Spielarten der Intimität, die auch nach Außen wirken und selbst an historischen oder literarischen Figuren faszinieren. Warum lebten und arbeiteten Anna Freud und Dorothy Tiffany Burlingham jahrzehntelang zusammen, dementierten aber konsequent eine erotische Verbindung? Warum wird das Bild der Handtaschenträgerin Alice B. Toklas an der Seite von Gertrude Stein konserviert? Können fiktionale Entwürfe analog zu postkolonialen Bearbeitungen des Literaturkanons wie etwa Jean Rhys »Wide Sargasso Sea« (1966)[3] — die Zusammenhänge von romantischen Paarmodellen und Subordinationsbeziehungen erhellen?

»Eine Frau braucht Geld und ein eigenes Zimmer« (Virginia Woolf)

Frauenräume wurden erkämpft und müssen verteidigt werden — auch wenn in der demogewohnten Öffentlichkeit Wiens weder die Aktivistinnen am 8. März noch zehntausende Läuferinnen beim Frauenlauf von pöbelnden Passant*innen bedroht werden. Wenn eine Frau schreiben will, Literatur schreiben will, genügt vielleicht ein Küchentisch, so wie es die Legende der Joanne K. Rowling für den ersten Band der Harry-Potter-Bücher erzählt — doch feministische Kollektivität erfordert eigene Räume, vor allem auch Zeiträume. Ob dann solidarische Männer willkommen sind oder an der Geschlechtshomogenität festgehalten wird, kann getrost dem jeweiligen Kollektiv überlassen werden, zumal Formen der Exklusivität traditionell vorwiegend entlang von Klassengrenzen gepflegt werden. Deren Stabilität zu zerstören bleibt eine beständige politische Herausforderung.

Finanzielle Unabhängigkeit und die Möglichkeit, zumindest eine Tür zu schließen, ist 2011 ebenso zentral wie 1928, als Virginia Woolf ihre Erfahrungen des Ausschlusses aus der männlichen Eliteuniversität Cambridge so poetisch wie präzise formulierte.[4] Dass das Klüngeln, die Genoss*innenschaft zum Vorteil aller Beteiligten, kultiviert werden muss, kann nicht nur an traditionellen Männerbünden gelernt werden. Die Bloomsbury Group von Intellektuellen rund um Virginia Woolf zeigt, dass ein Verweissystem, genährt von familiären, freundschaftlichen, leidenschaftlichen und intellektuellen Vorlieben, die Erfolge Einzelner befördert. Viele ihrer Mitglieder konnten ihr unkonventionelles Leben auf der Basis ihrer großbürgerlichen Herkunft und ererbter Kapitalien beginnen, dazu gab es die entsprechenden Räume im Londoner Stadtteil Bloomsbury.[5]

Da dieses Privileg den wenigsten Feministinnen geschenkt wurde, gingen hierorts Frauengruppen daran, ihre eigenen Räume zu gestalten. Spätestens die Morgendämmerung/-röte aktualisierte dann die Frage, ob das Nachhausegehen die Einzelne in die lesbische oder heterosexuelle Exklusivität führt. Gegen den bestechenden »Terror der Intimität« inklusive zu rettender Verblendung favorisiert die »Theorie der polysexuellen Ökonomie« (Bini Adamczak) die Ausdehnung des Konzepts der Freund*innenschaft um sämtliche Anteile romantischer Zweierbeziehungen, also auch »beleidigt spielen/sein, sich anstellen, schmollen, zicken, Ansprüche stellen«, »verallgemeinerte Verantwortung«, Sex, sleep-over und größere Betten.

Progressive, emanzipatorische Politik impliziert immer auch Vielfalt — von Subjektpositionen und Ausschlussmechanismen — eine soziale Tatsache, der sich die Historiographie der Frauenbewegung in den späten 1980er Jahren kaum widmete. »Donauwalzer Damenwahl«[6] und die Position »Migrantinnenrechte sind Frauenrechte« (Verein LEFÖ, gegr. 1985) beschreiben getrennte Kämpfe. Heute verbindet immerhin eine Stadträtin Integration und Frauenfragen und die Aktivist*innen kennen einander. Durch die strenge Politik der Nostrifikation wird zugleich der Wert von Migrationserfahrungen oft nur als diskursive Aneignung von außerhalb realisiert. Der Übersetzung von Gayatri Chakravorty Spivaks »Can the Subaltern Speak« (2008) liegt eine Fassung des Aufsatzes von 1988 zugrunde, während die deutschsprachige Leser*innenschaft nur ein Jahr warten musste, bis Judith Butlers »Gender Trouble« (1990) übersetzt war. Dann konnten die Auseinandersetzungen zwischen Differenzfeminismus und sozialem Konstruktivismus beginnen.

Irritation und Überschreitung geschlechtlicher Identitäten

Die politischen Veränderungen sind nicht nur entlang der beliebten Zuordnungsrituale erkennbar. Wenn die politische Position Butlers ernst genommen wird, ist queeres Leben und somit Handeln gefordert und wird seither auch hierorts vielfach erprobt. Dass unsere Inszenierungs- und Wahrnehmungsgewohnheiten geschlechtlicher Identität binär kodiert sind, wir also darin geübt sind, Männer und Frauen zu identifizieren, kann ebenso gut bedeuten, der Lust an der Reinszenierung, Irritation und Überschreitung zu frönen. Gerade in der Differenz zu konservativen Vorstellungen von guten Müttern, braven Ehefrauen und sittsamen Mädchen und den entsprechenden Regeln erscheint es sinnvoll, allen voran der Rigidität abzuschwören. Zugegeben, mächtige Männerbünde mag ein verspielter Gestus von Virilität (Tomboy) mäßig beeindrucken, und die Teilhabe an lukrativen Positionen ist damit nicht gesichert. Das Ziel parodistischer Intervention liegt seit den 1990er Jahren primär in der Offenlegung machtvoller, funktionaler Logiken, ihrer radikalen Ablehnung und der Erweiterung möglicher geschlechtlich konnotierter Darstellungsweisen. In der selbstbewussten Aneignung erfolgt bereits die Modifikation begehrter Rollen und Tätigkeiten, Riot Grrrls entgrenzen Punk, Ladyfeste und Queer-feministische Tage zelebrieren emanzipatorische, nicht-identitäre Kämpfe. Von der Ablehnung der heterosexuellen

Norm und ihren klaren Subjekt-Objekt-, Aktiv-passiv-Vorgaben, von der mit »Bierpappbechergewalt« demonstrierten Empörung gegen eine Performance mit Dildo und Spielzeuggewehr im Rahmen der Frauensommeruniversität 1990[7] bis zur Sexparty am Ladyfest 2007 bewegt sich feministische Autonomie, gerne auch mit kommunaler Unterstützung.

Dass dieses Spiel der Ermächtigung und Verschiebung für Akteur*innen und ihr geneigtes Publikum immer wieder lustvoll ist, zeigen Performances im Format der Neo-Burlesque. Ironie und Erotik ergänzen einander und erweitern herkömmliche Vorstellungen von feministischer Kunst und Politik.[8] Die queer-feministische Aneignung erotischer Inszenierungen ist in einem wohlwollenden Ambiente möglich, einer begrenzten Öffentlichkeit, die zu Imitation und Adaptierungen ermutigt und dennoch den Mainstream erreicht und somit Konventionen verschiebt. Denn anders als in der Verbindung von Freund*innen sind die Grenzen der Szene zu einem öffentlichen und darin politischen Agieren durchlässig. Zugleich eröffnet gerade die gesellschaftliche Nische einen experimentellen Raum, eine Laborsituation, der weitere Schritte der Sichtbarkeit folgen können, um zu zeigen, dass in demokratischen Gesellschaften das Zusammenleben tatsächlich von arbiträren Normen geprägt ist. Das vorläufige Ziel dieser Bewegung liegt in einer Vervielfältigung der Verbindungen von Körper, Begehren, Selbstbildern und Beziehungsmodellen. Wenn die Grenzen zwischen Facts und Fiction, zwischen Dildo und Schwanz verschwimmen, ist der Theaterraum zugleich eine gesellschaftliche Bühne, die Übernahme einer Rolle wird darin rekontextualisiert.

Jenseits herkömmlicher Karriere- und Beziehungsmodelle

Das gute Leben changiert vielfach zwischen Intensität und Kalkül. Wie viel Langeweile-Stress ist erträglich, um ein finanziell sorgenfreies Auskommen zu finden? Welches Maß an institutioneller Anerkennung schmeichelt der narzisstischen Persönlichkeit? Wie viel bedeutsamer können selbst gewählte, selbst organisierte Zusammenhänge sein? Gegenwärtig resultiert aus diesen einfachen Fragen die politische Forderung nach einem bedingungslosen Grundeinkommen. Um die Mayday Parade aus der akademisch-künstlerischen Isolation zu bewegen, wäre das gesellschaftliche Experiment zu wagen. Steht jedem und jeder ohne Angabe von Staatsangehörigkeit,

Geschlecht und Alter ein bedingungsloses Grundeinkommen in ausreichender Höhe gesetzlich zu, dann verschwindet die Frage von Anerkennung und Abhängigkeit zwar nicht, sie wird aber von einem sozialen Sicherungssystem wirksam durchzogen. Die vielfach geforderte Flexibilität und Veränderungsbereitschaft wäre damit begünstigt, ebenso soziales Handeln, die Unterstützung und Assistenz von Personen, deren eigenständiges Leben durch beständige Beziehungen möglich wird. Darin kann individuelle Progression gelingen und die Einförmigkeit des herkömmlichen Karriere- und Beziehungsmodells verliert seine Attraktivität.

Ob in (serieller) Monogamie in oder außerhalb der Institution Ehe, als polysexuelle Aktivist*in oder im Rahmen kontrasexueller Verträge[9], die Frage der Kontinuität bleibt entscheidend. Was passiert, wenn die Party ihren Höhepunkt überschritten hat, der Prozess des Entliebens läuft, die mühevoll etablierte Zeitschrift zu wenige Redakteur*innen wie Leser*innen findet, die Szene andere Plätze bevorzugt? Kann dann die Angst vor der kapitalistischen Verteilungslogik, also zwanghafter Vereinzelung, besiegt werden, ist viel gewonnen. Auch wenn das Festhalten des Glücks misslingt, muss die eigene Radikalität nicht ausgerechnet an gebrochenen Herzen und Beziehungen hängen. Eher erfüllt die Lust an der Wiederholung, den Abweichungen und der ersten Berührung das erweiterte Ensemble unserer gesellschaftlichen Verhältnisse.

siehe Timeline MA 57: Schwule und lesbische Paare können ihre PartnerInnenschaft eintragen lassen (2010). Seite 300

Anmerkungen

1 Gilles Deleuze/Félix Guattari: Tausend Plateaus. Kapitalismus und Schizophrenie. Berlin 1997.
2 Donna Haraway: Ein Manifest für Cyborgs. Feminismus im Streit mit den Technowissenschaften. In: dies., Die Neuerfindung der Natur. Primaten, Cyborgs und Frauen. Frankfurt/M.; New York 1995 [Orig. 1985], S. 33–72.
3 Jean Rhys: Wide Sargasso Sea. London 1966.
4 Virginia Woolf: Ein eigenes Zimmer. Drei Guineen. Essays. Leipzig 1992.
5 Vgl.: Bini Adamczak: Theorie der polysexuellen Ökononomie. (Quelle: http://copyriot.com/diskus/061/theorie_der_polysexuellen_oekonomie.htm).
6 Brigtte Geiger/Hanna Hacker: Donauwalzer Damenwahl: Frauenbewegte Zusammenhänge in Österreich. Wien 1989.
7 Verein zur Förderung von Frauenbildungsprojekten (Hg.): Autonomie in Bewegung: Dokumentation der 6. Österreichischen Frauensommeruniversität. Wien 1991.
8 Post/Porn/Politics. Symposium/Reader Queer_Feminist Perspektive on the Politics of Porn Performance and Sex_Work as Culture Production. Berlin 2009.
9 Beatriz Preciado: kontrasexuelles manifest. Berlin 2003.

»Standing on the Shoulders of Ladies«

Katharina Morawek

In einer Serie von Fotocollagen beschäftigt sich Katharina Morawek mit Widersprüchen feministischer Geschichts(zu)schreibungen: Sie stellt unerwartete Verbindungen zwischen ikonischen Frauenfiguren aus verschiedenen Zeiten her. In den Inszenierungen werden die Figuren frech jenseits ihrer gängigen Konnotationen neu angeeignet und geraten dabei in gewagte und lustvolle Situationen. Was passiert, wenn der schmachtende Blick einer perfekt geschminkten Liz Taylor auf eine ziemlich coole Simone de Beauvoir trifft? Für welche Revolution arbeitet die russisch-sowjetische Feministin Alexandra Kollontai, wenn sie in einer Waldlichtung 2010 an einem Laptop sitzt? Und wovor rettet uns MC Shunda K, wenn sie mit den Insignien einer Superheldin rapt?

In der Serie werden Utopien, Kämpfe und Visionen, aber auch Zuschreibungen und Stereotype in völlig neue Konstellationen gebracht, die Denkverbote überschreiten und Bildern von populärer und wissenschaftlicher Bedeutung neue revolutionäre und erotische Dimensionen eröffnen.

Folgeseiten
Collagen-Serie, 2011

links
Die Feministin und Schriftstellerin Simone de Beauvoir mit der Schauspielerin Elizabeth Taylor in »Die Katze auf dem heißen Blechdach« (»Cat on a Hot Tin Roof«), 1958

rechts
Schauspielerin Vanessa Redgrave und Filmemacherin Trinh T. Minh-ha in »Blow Up«, 1966

links
Die russisch-sowjetische Feministin und Revolutionärin Alexandra Kollontai arbeitet im Wald, fotografiert im August 2010

rechts
Die russisch-sowjetische Krankenschwester und Revolutionärin Maria Spiridonova erschoss 1906 den Polizeiinspektor General Luzhenovsky. Sie wurde 1941 von den Nazis als politische Gefangene ermordet. Hier ist sie im Warner Brothers Spielfilm »Little Caesar« (1931) zu sehen.

links
»Ich werde meine Nation verraten!« Schauspielerin Romy Schneider
mit der Künstlerin Tanja Ostojic in »Sissi — Schicksalsjahre einer Kaiserin«,
1957

rechts
Schauspielerin Romy Schneider und Schauspielerin Farrah Fawcett
in »Der Swimming Pool« (»La Piscine«), 1969

MC Shunda K war bis 2009 Teil des Raptrios (nunmehr Rapduos) Yo! Majesty

Frauen, Alter und Generationen

Elisabeth Hellmich

»Niemand ist, als Gruppe, öffentlich ähnlich wenig präsent wie die übersechzigjährigen Frauen — obwohl sie ein Achtel der Bevölkerung ausmachen. […] Millionen Frauen werden so zu einer Randgruppe gemacht — ohne, den Zahlen nach, eine zu sein.«[1] Unter der Überschrift »Altern macht unsichtbar«[2] ist dies eine der vielen Bestätigungen meiner These von der »Unsichtbarkeit« alter Frauen.

Wie entsteht diese Situation? Alter und Geschlecht sind sogenannte »soziale Konstruktionen«. Die Bedeutung von Frau-Sein ebenso wie die von Alt-Sein ist nicht etwas quasi »Natürliches«, sie wird innerhalb einer Gesellschaft jeweils »hergestellt«. Beides hängt eng zusammen: »Ageing is a gendered process.«[3] Als Frau oder als Mann zu altern, alt zu sein, das hat unterschiedliche Konsequenzen.

Alte Frauen befinden sich auf einer Art von Straßenkreuzung. Die »Machtachsen« Sexismus und Ageismus (Altersfeindlichkeit) sind die beiden Hauptstraßen, die da zusammentreffen. Und die Nachteile beider Diskriminierungen summieren sich nicht etwa, sondern verstärken einander. Dazu können noch weitere »Straßen« (Diskriminierungen) beitragen, etwa Behinderung, Migrationshintergrund oder ethnische Zugehörigkeit. Um im Bild zu bleiben: Alte Frauen müssen ständig darauf achten, den Folgen ihrer Positionierung auf der »gefährlichen Kreuzung« auszuweichen. Wie gut ihnen das gelingt, hängt von ihren jeweiligen Ressourcen ab. Und: Sie sind ja weitgehend unsichtbar![4]

siehe Timeline MA 57: Studie »Älter werden in der Migration« erscheint (2003). Seite 293

Diese gesellschaftliche Blindheit oder doch Fehlsichtigkeit hat zahlreiche Ursachen. Wichtig ist die Sprache. Die Aufmerksamkeit gegenüber sexistischer Redeweise ist bereits ziemlich hoch. Das gilt kaum für die sprachliche Diskriminierung von Alter. Warum wird fast durchwegs »älter« gesagt statt »alt«? Warum lieber »dritte Lebensphase« als »Alter«? Warum »Golden Age« — oder »Gruftis« und »Kukidents«? Bis hin zu offener Aggression: »Ich bremse auch für alte Weiber« (Heckscheiben-Aufkleber). Die unterschwellige Botschaft all dieser Äußerungen: Alt-Sein — vor allem von Frauen — ist etwas Negatives.

Andere wichtige Punkte sind die großen Unterschiede zwischen den Geschlechtern bezüglich medialer Präsenz und der damit transportierten Klischees, weiters die hohe Armutsgefährdung alter Frauen. Diese beruht (auch) auf der ungleichen Verteilung von bezahlter und unbezahlter Arbeit. Dazu kommen der Verlust gesellschaftlicher »Nützlichkeit« mit dem Ende der Gebärfähigkeit und die Ideale einer durch Jugendlichkeit und Fitness bestimmten Gesellschaft. Fremd- und Selbstwahrnehmung hängen eng zusammen. Gefühle von Nutzlosigkeit und Scham, etwa auch in Verbindung mit der Pensions- und Pflege-Debatte, führen zu Resignation und Rückzug — und damit zur Unsichtbarkeit.

Wo ist anzusetzen? Ich sehe zunächst die Wissenschaft gefordert. In vielen Disziplinen herrscht Nachholbedarf bezüglich »Frau und Alter«, nicht nur in der Medizin. Auch feministische Forschung dazu fehlt weitgehend.

Dann ist die Politik gefordert, und zwar nicht nur die Alterspolitik. Die gesetzlich festgelegte Gleichstellung und Gleichbehandlung der Geschlechter ist bei weitem nicht in die Praxis umgesetzt. Es geht um gleichberechtigte Teilhabe und (Re)Präsentation von Frauen und alten Menschen auf allen gesellschaftlichen Ebenen, v. a. auch in der Gesetzgebung. Die Nicht-Vertretung der Interessen von Frauen aller Lebensphasen wird sich nicht ändern ohne Quoten-Regelungen.

*siehe Timeline MA 57: Frauen*Stadt*Talk zum Thema »Darf denn Alter(n) schön sein?« (2007), Seite 297, Kampagne »Frauen über 50 können alles sein« (2008). Seite 298*

Auch Gender-Mainstreaming, Gender-Budgeting, das Beharren auf einer Sprache, die keine Gruppierung herabsetzt oder verschwinden lässt, sind notwendig, um Entwicklungen herbeizuführen, die schließlich allen Menschen nützen, Frauen und Männern, Kindern, Jungen und Alten.

Wesentlich ist auch das persönliche Engagement jeder einzelnen Frau — nicht erst im Alter. Aber dann, wenn es zutrifft, den Satz aussprechen:

»Ich bin eine alte Frau.« Und ihn aussprechen lassen! Sich nicht beschwichtigen zu lassen mit: Du bist doch und du kannst doch noch … Das bedeutet nämlich: Ich soll mich dem Jugend-Kult unterwerfen, mein Alt-Sein verleugnen.

Eine ernsthafte Auseinandersetzung mit der Situation alter Frauen entscheidet auch über die Chancen der jüngeren Frauen. Sie fordert — und fördert — Wertschätzung und Solidarität über Altersgrenzen hinweg. Dazu ein Impuls aus den USA:

»Alte Frauen können und müssen ihre Stimme erheben, um Gleichstellung zu fordern für sich und für andere alte Frauen. Dadurch wird das Tabu gebrochen, dass alte Frauen für sich selber nichts verlangen dürfen, sondern nur für ›künftige Generationen‹. Doch unser eigenes Leben zählt, und künftige Generationen alter Frauen sind darauf angewiesen, dass wir den Ageismus beenden.

Ageismus schwächt die Stellung aller Frauen. So lange jüngere Frauen falsche Macht und Kraft daraus beziehen, dass sie sich von alten Frauen distanzieren, werden 35-Jährige geschwächt, weil sie nicht mehr 25 sind.«[5]

Anmerkungen

[1] Brigitte Hamann/Eva Linsinger: Weißbuch Frauen, Schwarzbuch Männer. Warum wir einen neuen Geschlechtervertrag brauchen. Wien 2008, S. 68.

[2] Ebd., S. 66.

[3] Ginn Arber, zitiert nach: Gertrud M. Backes: Geschlecht und Alter(n) als künftiges Thema der Alter(n)ssoziologie. In: Gertrud M. Backes/Wolfgang Clemens (Hg.): Zukunft der Soziologie des Alter(n)s. Opladen 2002, S. 111–148.

[4] Elisabeth Hellmich: Forever young? Die Unsichtbarkeit alter Frauen in der Gegenwartsgesellschaft. Wien 2007/2008, S. 40 ff.

[5] The Old Women's Project, San Diego, California: www.oldwomensproject.org (Übersetzung E. Hellmich).

»Dirty Old Women«

Ines Doujak

Die Arbeit »Dirty Old Women« spielt mit den Bildern, die in der Gesellschaft von Alter und Weiblichkeit existieren, und bricht dabei zugleich mit ihnen. Sie basiert auf einer Reihe von Workshops, im Rahmen derer gängige Bildpolitiken und stereotype Repräsentationen von Alter und Weiblichkeit reflektiert wurden, um andere selbstbestimmte Images und Visionen zu artikulieren. So wurden fröhliche und stolze Inszenierungen jenseits der normierten Vorstellungen von Alter entwickelt. Die performenden Frauen tragen Kostüme, auf denen sich Fotografien der Künstlerin sowie Motive, die nach einem »call for pictures« im Netz verarbeitet wurden, wiederfinden. Die Ergebnisse des partizipatorischen Prozesses fanden zunächst ihren Ausdruck als Plakate in einer Zeitung und wurden in weiterer Folge im öffentlichen Raum plakatiert. Auf diese Weise eignet sich die Künstlerin gerade jene Instrumentarien der medialen Repräsentation an, die gemeinhin einen wesentlichen Anteil an der sozialen Konstruktion von Körpernormierungen haben, und lotet genau dort, wo diese wirksam werden, Handlungsräume aus.

Folgeseiten
Performance, Salzburger Kunstverein 2005
Seite 142/143, Foto: Herman Seidl
Seite 144, 145,146/147, Fotos: Rainer Iglar

MARTI
HOT

Nein heißt nein!

Feministische Gewaltkonzepte weiterentwickeln. Grundzüge eines feministischen intersektionellen Gewaltbegriffs

Birgit Sauer

Politische Sensibilisierung für Gewalt gegen Frauen

Gewalt gegen Frauen im sozialen Nahraum wurde lange Zeit nicht als öffentliches Problem wahrgenommen. In gewalttätige Partnerbeziehungen, in die so genannte Privatsphäre, wollten sich staatliche Institutionen nicht einmischen. Erst die Frauenbewegung brach seit den 1970er Jahren das Schweigen über Gewalt gegen Frauen. Gewalt wurde öffentlich, sie wurde zum politischen Problem. Die Erfolge der Frauenbewegung gipfelten in der Anerkennung von Gewalt gegen Frauen als Menschenrechtsverletzung auf der UN-Menschenrechtskonferenz 1993 in Wien. Österreich war in der Folge das erste Land in Europa, das mit dem sogenannten Wegweisegesetz und den Interventionsstellen gegen Gewalt umfassende Maßnahmen ergriff.

siehe Timeline MA 57: Inkrafttreten des Gewaltschutzgesetzes (1997). Seite 285

Diese Sensibilisierung für Geschlechtergewalt lenkte in Westeuropa, wenn auch mit zeitlicher Verzögerung, den Blick auf Gewalt gegen Migrantinnen. Unter dem Label »kultur- oder traditionsbedingte Gewalt« werden Gewaltpraktiken wie Zwangsheirat, Genitalbeschneidung und so genannte Verbrechen im Namen der Ehre zusammengefasst, die typisch für die Gruppe der MigrantInnen seien. Frauenministerin Rauch-Kallat setzte beispielsweise während der österreichischen EU-Ratspräsidentschaft im Frühjahr 2006 den Kampf gegen »traditionsbedingte Gewalt« mit hoher Priorität auf die EU-weite frauenpolitische Agenda.

Ohne Zweifel pflegen Minderheitengruppen unter dem Schutz von Ehe, Familie und Privatheit spezifische Gewaltpraktiken gegen Frauen.

Doch ein kulturalisierter Gewaltbegriff ist eine nur unzureichende Konzeptualisierung dieser Praktiken, läuft er doch Gefahr, die Gruppe der MigrantInnen zu stigmatisieren, sie aufgrund ihrer Kultur oder Religion als besonders gewalttätig und patriarchal zu zeichnen, die Mehrheitskultur hingegen als fortschrittlich, somit weniger gewalttätig und frauenfreundlich darzustellen. Eine kulturalisierte Gewaltdefinition entmündigt zudem betroffene Frauen, da ihnen unterstellt wird, dass sie durch die Normen »ihrer Kultur« manipuliert seien. Ein solch kulturalisierter Gewaltbegriff verschleiert also die Tatsache der *Geschlechter*gewalt. Maßnahmen der Gewaltbekämpfung sind dann restriktive Einwanderungspolitiken, wie die Anhebung des Heiratsalters für Migrantinnen zur Bekämpfung von Zwangsverheiratung, und nicht Schutzmaßnahmen für Frauen.

Intersektionelle Gewalt an der Schnittstelle von Geschlecht, Ethnizität/Nationalität und Klasse

Gewalt gegen Frauen, so die »Declaration on the Elimination of Violence Against Women«, ist eine Verletzung der Rechte und der fundamentalen Freiheit von Frauen. Sie ist Ausdruck ungleicher Herrschaftsverhältnisse zwischen Männern und Frauen, und sie ist ein sozialer Mechanismus weiblicher Unterordnung.[1] Unter geschlechtsbasierter Gewalt versteht man »jede Verletzung der körperlichen oder seelischen Integrität einer Person, welche mit der Geschlechtlichkeit des Opfers und Täters zusammenhängt und unter Ausnutzung eines Machtverhältnisses durch die strukturell stärkere Person zugefügt wird«.[2]

Dieser weite feministische Gewaltbegriff umfasst also nicht nur physische, sondern auch psychische Verletzungen. Auch verbale Drohungen und selbst Liebesbezeugungen wie im Falle von Stalking, vor allem aber die subtile Einschränkung des Handlungs- und Entscheidungsspielraums sind Gewalt in diesem weiten Sinne. Auch körperliche Normierungen wie die Disziplinierung zur Zweigeschlechtlichkeit und die chirurgische oder medikamentöse Vereindeutigung von Intersex-Personen können gewaltsame Eingriffe in die Identität und Integrität von Menschen auf der Grundlage von gesellschaftlichen Normalitätsannahmen sein. Judith Butler nennt dies »normative Gewalt«.

siehe Timeline MA 57: Fachkonferenz »Du entkommst mir nicht« (2003), Seite 293, sowie Inkrafttreten des Anti-Stalking-Gesetzes (2006). Seite 296

Gewalt ist auch auf der symbolischen Ebene von Sprache, Bildern, Religion und Wissenschaft angesiedelt, die dafür genutzt werden können, um Gewalt zu legitimieren.[3] Gewalthandeln ist also in einem interpretativen Kontext angesiedelt und somit ein konstruiertes Phänomen, das ohne die Berücksichtigung ihrer Kontextualität nur unzureichend erklärt ist. Aber auch die Rede über Gewalt kann Gewalt sein. Dies nennt Spivak »epistemische Gewalt«.[4] In jedem Fall entsteht Geschlechtergewalt in asymmetrischen geschlechtsspezifischen Herrschaftsverhältnissen, die systematisch die Verletzbarkeit von Frauen herstellen und die in modernen Staaten institutionell abgesichert sind, beispielsweise durch geschlechtsspezifische Arbeitsteilung, Frauenarmut, politische Diskriminierung qua Geschlecht und ehemännliche Verfügung(-sgewalt) über Frauen in der familiären Privatheit.[5]

Um die multiplen Formen von Gewalt gegen Frauen adäquat erfassen zu können, bedarf es einer Perspektivenerweiterung über Geschlecht als Gewaltstruktur hinaus hin zur Intersektionalität von Gewaltformen. Ein solch feministischer intersektioneller Gewaltbegriff umfasst zwei Aspekte: zum ersten das Zusammenspiel von Gewaltstrukturen und -diskursen, also eine strukturelle und interpretative Komponente, und zum zweiten die Überschneidung von Ungleichheits- und Gewaltstrukturen aufgrund von Geschlecht, Klasse, sexueller Orientierung, Alter, Ethnizität/Nationalität und Religion. Geschlechtergewalt erfolgt nämlich stets in multiplen und sich verdichtenden Strukturen von Herrschaft, Unterdrückung und Privilegierung — nämlich Patriarchat, Heteronormativität, Kolonialismus, Rassismus und Klassismus.

Gewalt gegen Migrantinnen

siehe Timeline MA 57: Konferenz »Aktiv gegen Zwangsheirat« (2007), Seite 297, sowie Studie zum Thema Zwangsheirat (2008). Seite 298

Was bedeutet nun dieser intersektionelle Gewaltbegriff für die Erklärung und Bekämpfung von so genannter »kultur- oder traditionsbedingter Gewalt«? Ich möchte im Folgenden das Zusammenwirken von Verletzungs- und Gewaltstrukturen darstellen. Zwangsverheiratung, Ehrenmorde, Genitalbeschneidung sind Formen *geschlechtsbasierter* Gewalt, die auf ungleichen Geschlechterverhältnissen bzw. auf der Unterdrückung von Frauen basieren. Auch Kleidervorschriften für Frauen wie auch für Männer — kommen sie vom Staat oder von Einwanderungsgemeinschaften — sind Politiken geschlechtsspezifischer Unterschiede und können zu struktureller

Verletzbarkeit führen. Ungleiche und patriarchale Geschlechternormen und -bilder der westlichen Gesellschaften verstärken und unterstützen jene der Einwanderungsgruppen. Anne Phillips betont, dass Geschlechtergewalt viel weniger in kultureller Differenz als vielmehr in der Ähnlichkeit zwischen Einwanderungsgruppen und der Mehrheitsgesellschaft zu verorten ist.[6] Die Abgrenzung von der Gewalt der »Anderen« stützt daher die Tektonik patriarchaler Strukturen der Mehrheitsgesellschaft.

Iris Marion Young hebt die »politics of positional difference«, also die ungleiche soziale Positionierung *(Klasse)* gegenüber einer bloßen »politics of cultural difference« hervor.[7] Nicht Kultur, sondern ungleiche ökonomische Verhältnisse sind verletzungsgefährdende Strukturen, denen migrierte Frauen ausgesetzt sind. So genannte kultur- oder traditionsbedingte Gewalt ist in dieser Perspektive das Ergebnis von ökonomischer Ausbeutung, Marginalisierung und Normierung. Soziale Ausgrenzung durch die Mehrheitsgesellschaft entzieht gerade Mädchen aus Migrantenfamilien die Möglichkeit zur Selbstständigkeit, weil sie ökonomisch abhängig bleiben.

Darüber hinaus muss die Herrschaftsposition der Mehrheitsgesellschaft gegenüber den Einwanderungsgruppen als Verletzungsstruktur im *Migrationsprozess (Nationalität)* gesehen werden. Spezifische Gewaltpraxen »entstehen« erst im Prozess der Migration, sie werden erst durch interagierende Unterdrückungs- und Ausschließungsstrukturen und -diskurse der Mehrheitsgesellschaft wiederbelebt oder gestärkt.[8] Geschlossene Grenzregime, die Beschränkung von Einwanderungsmöglichkeiten und die Privilegierung von Familiennachzug sind Strukturen, die Heirat zum Teil eines Migrationskalküls jenseits von Liebe und Wahl machen. Fremden- und aufenthaltsrechtliche Regelungen können die Vulnerabilität von migrierten Frauen erhöhen, wenn diese eine selbstständige Aufenthaltsgenehmigung erst nach einer gewissen Zeit erhalten und damit ganz unmittelbar vom Ehemann abhängig sind.

Kurzum, Geschlechtergewalt in migrantischen Kontexten kann also nicht ohne die Erfahrung der Migration, nämlich Ausgrenzung und Rassismus, verstanden werden und ist in der Regel ganz unmittelbar mit der Klassenposition verbunden. Die Beispiele zeigen die Verstärkungseffekte von struktureller Gewalt aufgrund des Geschlechts, aufgrund der Ethnie bzw. Nationalität und aufgrund der sozialen Position.

Das Konzept der diskursiven Gewalt macht darüber hinaus deutlich, dass gerade die Konstruktion des »Eigenen« und des »Anderen«, also die diskursive Hervorbringung des »Anderen« durch Trennungen und Hierarchien eine Form von »epistemischer« Gewalt (Spivak) ist: Die Rede über »kultur- bzw. traditionsbedingte« Gewalt läuft Gefahr, Frauen aus Einwanderungsgruppen stimmlos und handlungsunfähig, dadurch aber verletzlich zu machen.
Die Kombination eines strukturellen und diskursiven mit einem intersektionellen Ansatz von Gewalt gegen Frauen entgeht der Gefahr, Frauen aus Minderheiten zu entmächtigen und zu marginalisieren, und kann Frauen ihre Handlungsmöglichkeit zurückgeben. Durch die kritische Reflexion der je eigenen Deutungsmuster können von Gewalt betroffene Frauen auch der Mehrheitsgesellschaft Definitions- und Entscheidungsmacht entwickeln, und sie können ihre je eigenen Interpretationen und Deutungen spezifischer Praktiken in die öffentliche Debatte einbringen und sich gegen erfahrene Gewalt zur Wehr setzen.

Anmerkungen

[1] UN-Resolution 48/104 vom 20. 12. 1993.

[2] Carol Hagemann-White: Strategien gegen Gewalt im Geschlechterverhältnis. Bestandsanalyse und Perspektiven. Pfaffenweiler 1992, S. 23.

[3] Johan Galtung: Cultural Violence. In: Journal of Peace Research, 1990, H. 3, S. 291–305, hier S. 291.

[4] Gayatri Chakravorty Spivak: In other words. Essays in cultural politics. New York et al. 1988.

[5] Birgit Sauer: Geschlechtsspezifische Gewaltmäßigkeit rechtsstaatlicher Arrangements und wohlfahrtsstaatlicher Institutionalisierungen. Staatsbezogene Überlegungen einer geschlechtersensiblen politikwissenschaftlichen Perspektive. In: Regina Dackweiler & Reinhild Schäfer (Hg.): Gewalt-Verhältnisse. Feministische Perspektiven auf Geschlecht und Gewalt. Frankfurt/M./New York 2002, S. 81–106.

[6] Anne Phillips: Multiculturalism without Culture. Princeton/Oxford 2007, S. 96.

[7] Iris Marion Young: Structural injustice and the politics of difference. In: Anthon Simon Laden & David Owen (Hg.): Multiculturalism and Political Theory. Cambridge 2005, S. 60–88, hier S. 60.

[8] Natalie J. Sokoloff/Ida Dupont: Domestic Violence at the Intersections of Race, Class, and Gender. In: Violence Against Women, 2005, H. 1, S. 38–64, hier S. 45.

»Dem Körper sind Macht und Gewalt eintätowiert«

Katrina Daschner

»Dem Körper sind Macht und Gewalt eintätowiert« ist die Dokumentation eines Tätowierungsvorganges am Körper der Künstlerin. Mit diesem ebenso körperlichen wie diskursiv informierten Satz bringt Katrina Daschner die viel zitierte Performativität der Theoretikerin Judith Butler auf den Punkt: Gesellschaftliche Machtverhältnisse schreiben sich in unsere Körper ein und bringen uns dazu, sie selbst ständig neu zu performen.

Dieser Satz könnte für viele Werke Katrina Daschners stehen: In ihren Performances, Fotoarbeiten, Fotocollagen und Videos behandelt sie queer-feministische Themen ebenso wie die Darstellung von sexualisierter Gewalt und Formen des Widerstands dagegen. Dabei werden lustvoll und stark gängige — meist heteronormative — Geschlechtsvorstellungen bzw. Machtstrukturen zurückgewiesen und außer Kraft gesetzt.

Folgeseiten
»Angst essen Seele auf« 2006
»Dem Körper sind Macht und Gewalt eintätowiert« 2006
»TäterIn: Matratze # 1 (Erwin und Petra)« 2007
»TäterIn: Matratze # 2 (Magda und Paul)« 2007
»TäterIn: NOCH EINMAL BITTE — NEIN« 2007
»TäterIn: WAS HEISST NEIN — NEIN« 2007
»TäterIn: Dildo Dress« 2007, Foto: Michael Michlmayr

„Angst essen Seele

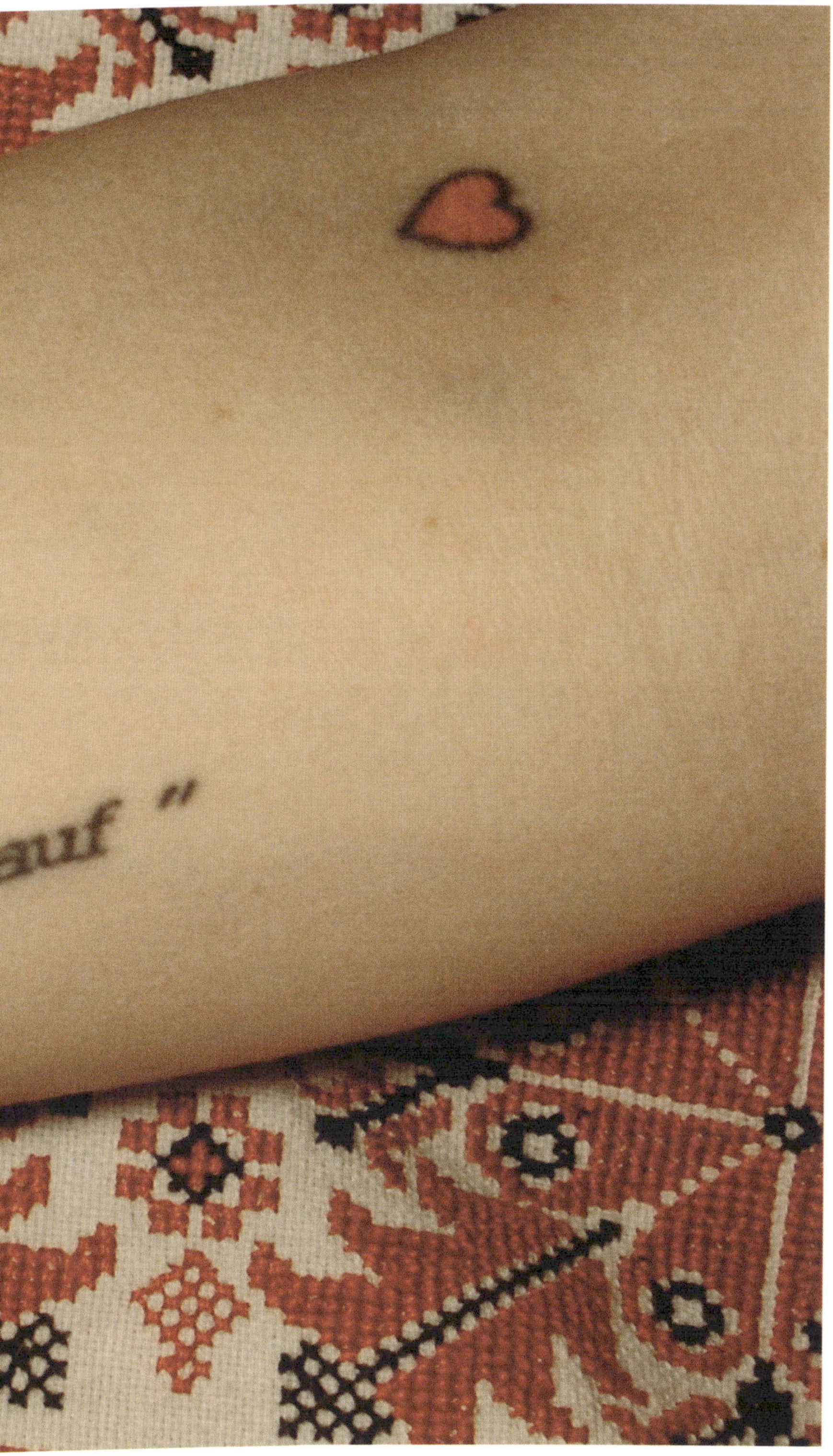

Dem Körper sind Macht und Gewalt

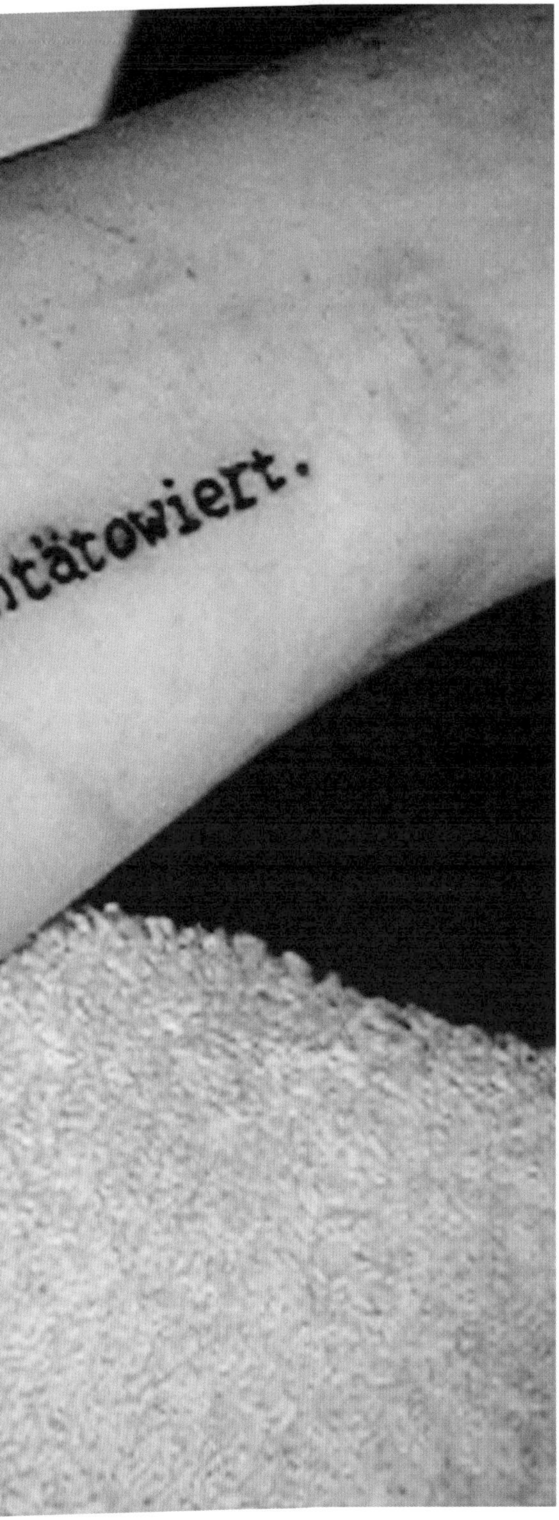
tätowiert.

NOCH EINMAL BITTE
NEIN

WAS HEISST NEIN
NEIN

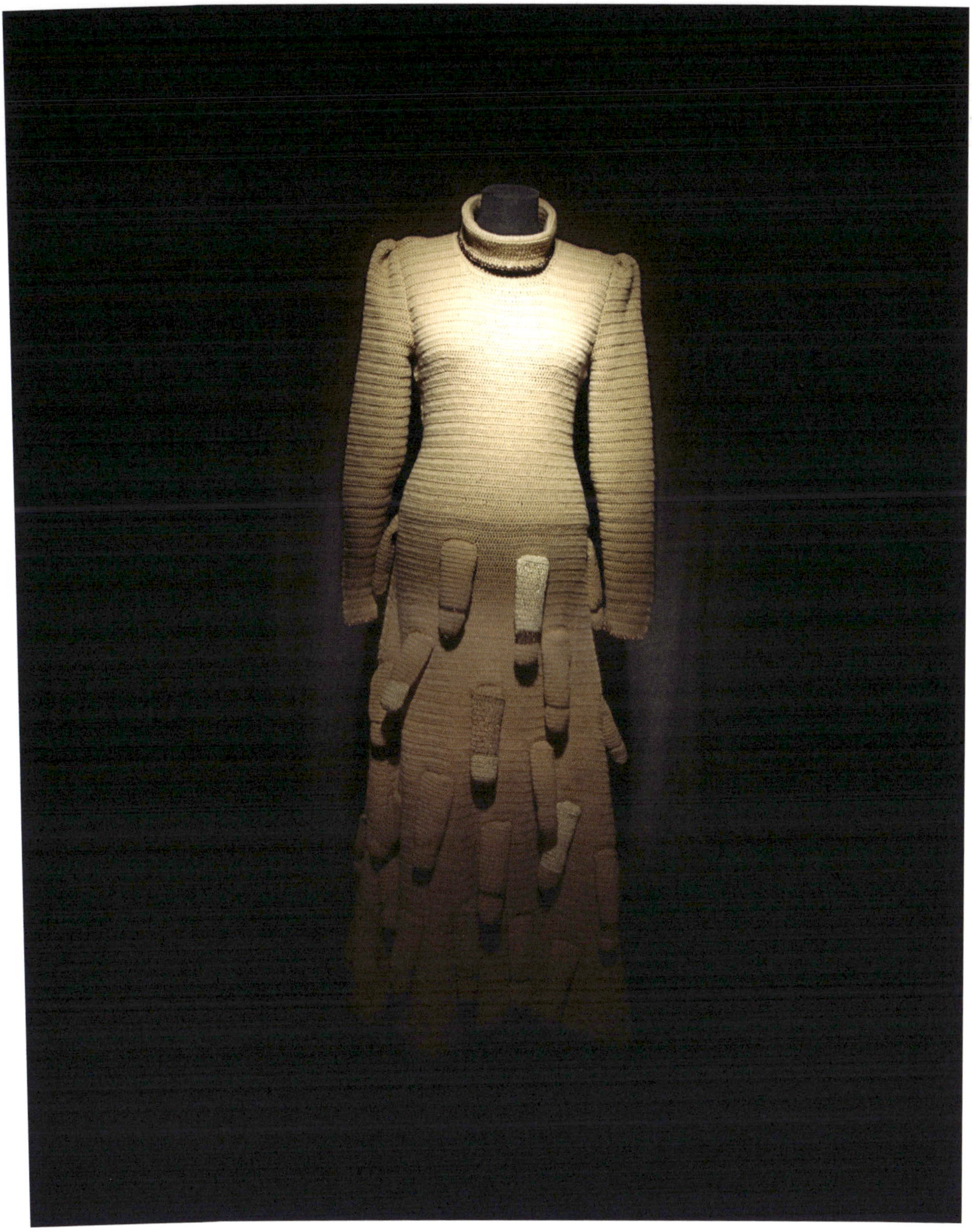

Handeln gegen Gewalt. Sieben Statements

Vlatka Frketić, Andrea Brem, Marion Geisler, Team des 24-Stunden Frauennotruf der Stadt Wien, Notruf — Beratung für vergewaltigte Frauen und Mädchen, Elisabeth Udl, Lisa Bolyos

Handeln gegen Gewalt

»Die Gewalt der Definitionen; die Gewalt, dass nicht gewusst werden muss, welche Gewalt passiert; die Gewalt der fehlenden Reaktion auf Gewalt«

Verstrickte Gewaltverhältnisse

»[…] alle Völker Westeuropas haben die Angewohnheit entwickelt, für ihre Mißgeschicke Kräfte verantwortlich zu machen, die außerhalb ihres Einflußbereichs liegen«. (Hannah Arendt: Besuch in Deutschland 1950. In: Dies.: Zur Zeit. München 1989, S. 43–70)

Wenn heute von Gewalt die Rede ist, so ist die Rede von körperlicher Gewalt, zumeist von Männern an Frauen oder an Kindern. Dies ist auch das Ergebnis langer Kämpfe von engagierten und mutigen Menschen. Diese Art von Gewalt ist eingebettet in ein globales Feld der Gewalt: die Gewalt, welche Kindern in der Schule angetan wird, indem die Geschichte ihrer Familienvorfahren verschwiegen wird; die Gewalt, mit welcher der Preis eines T-Shirts einer Kleidungskette auf 5,— Euro gehalten werden kann; die Gewalt, die Tausende von Menschen im Mittelmeer und anderen Meeren tötet; die Gewalt, aufgrund welcher Kinder und Jugendliche wegen ihrer sexuellen Orientierung oder schlechten Noten Selbstmord begehen; die Gewalt des Reichtums; die Gewalt des Denkens im Entweder-Oder-Schema, welches Menschen in das eine oder andere Kästchen (ver)steckt; die Gewalt der Überheblichkeit, mit welcher angeblich andere gebildet werden müssen, indem sie das Eine, das Eine und nichts als das Eine lernen; die Gewalt von Zwangsoperationen, denen sich Menschen unterziehen müssen, um ihr Geschlecht leben zu können; die Gewalt, mit welcher Forschende an gesellschaftliche Phänomene herangehen; die Gewalt sozialer Kämpfe, welche die komplexen Lebensbedingungen von Menschen unter den Teppich stampfen; die Gewalt der Ignoranz den Bedingungen gegenüber, durch welche unsere Gesellschaft entstanden ist; die Gewalt der Sprache, die durch ihre angebliche Neutralität Realitätsflucht ermöglicht; die Gewalt des Umstandes, dass ich entweder dafür oder dagegen sein muss; die Gewalt des Phänomens, dass öffentliche Gegner von Ungerechtigkeit nicht unbedingt für Gerechtigkeit sind; die Gewalt der Definitionen; die Gewalt, dass nicht gewusst werden muss, welche Gewalt passiert; die Gewalt der fehlenden Reaktion auf Gewalt; die Gewalt der Gleichgültigkeit und der ermöglichten Flucht vor Verantwortung; die Gewalt der Erniedrigung durch und des Schweigens über Gewalt.

Vlatka Frketić
kritische politische Ermächtigungsaktivistin

»dass jede 4. bis 5. Frau von Gewalt durch ihren (Ex-)Partner betroffen ist«

Frauenhäuser — Soforthilfe für misshandelte Frauen und ihre Kinder

Auf Initiative einer Gruppe von Sozialarbeiterinnen und von Frauenpolitikerinnen wurde 1978 das erste Frauenhaus Österreichs in Wien eröffnet. Kritische Aussagen, dass es misshandelte Frauen in Österreich doch gar nicht gebe, erwiesen sich natürlich als falsch, denn das Haus war schon nach kurzer Zeit voll belegt.

Mittlerweile führt der Verein Wiener Frauenhäuser vier Frauenhäuser, die misshandelten und/oder bedrohten Frauen und ihren Kindern einen sicheren Wohnplatz und Hilfe bieten. Insgesamt stehen etwa 166 Plätze für Frauen und Kinder zur Verfügung. Ratsuchenden, die nicht in einem Frauenhaus wohnen wollen, steht eine ambulante Beratungsstelle zur Verfügung. Die Beratungen dort sind anonym und kostenlos. Weiters führt der Verein 52 Prekariumswohnungen. Hier können Frauen, die nicht mehr akut bedroht sind, nach dem Frauenhausaufenthalt ein selbstständiges Leben führen und erhalten dabei weiterhin professionelle Hilfe.

Die Frauenhäuser in Wien sind rund um die Uhr erreichbar, und jede gewaltbetroffene Frau findet Aufnahme, unabhängig von Herkunft, Einkommen oder Religion. In den Frauenhäuser erfahren manche Klientinnen erstmals, dass es viele Frauen gibt, die in einer ähnlichen Situation sind wie sie selbst, und dass es einen Ausweg aus der Gewaltspirale gibt. Die Mitarbeiterinnen unterstützen sie bei der Krisenbewältigung, der Erstellung eines Sicherheitsplans, diversen Rechtsfragen, Behördenwegen und sonstigen psychosozialen Problemstellungen. Forschungen gehen davon aus, dass jede 4. bis 5. Frau von Gewalt durch ihren (Ex-)Partner betroffen ist, ein Drittel davon mehrmalig und schwer. Gewalt gegen Frauen und Kinder ist von der UNO als Menschenrechtsverletzung anerkannt. Daher ist es auch eine unabdingbare gesellschaftspolitische Aufgabe, von Gewalt betroffenen Frauen einen sicheren Wohnplatz und professionelle Unterstützung zukommen zu lassen. Ziel der sogenannten Frauenhausbewegung war von Anfang an nicht nur, den von ihren Männern misshandelten Frauen und ihren Kindern Soforthilfe in Form von Schutz und Beratung zu bieten, sondern auch die Öffentlichkeit für die Probleme dieser Frauen zu sensibilisieren und für Frauenrechte einzutreten, um dazu beizutragen, dass Opferrechte in Österreich ernst genommen werden und die Gleichstellung von Frauen vorangetrieben wird.

Andrea Brem
Geschäftsführerin Wiener Frauenhäuser
Frauenhausnotruf Wien: 05 77 22
www.frauenhaeuser-wien.at

»dass Kinder nach häuslichen Gewalterfahrungen ein ungleich höheres Risiko aufweisen, später selbst entweder Opfer oder TäterIn zu werden«

Frauenhäuser als Kinderschutzeinrichtungen

Als das erste Frauenhaus in Wien eröffnete, gab es keine spezifischen Angebote für Kinder und Jugendliche, die mit ihren von Gewalt betroffenen Müttern aufgenommen wurden. Die schwierige Situation der Kinder nach meist jahrelangen Gewalterfahrungen, dem Verlust ihrer gewohnten Umgebung auf Grund der Flucht ins Frauenhaus sowie die oft schlechte Verfassung der Kinder machten rasch klar, dass Frauenhäuser auch Kinderschutzeinrichtungen sind und dass den Kindern qualifizierte Beratung und Begleitung anzubieten ist.

Die Kinder, die in den Frauenhäusern leben, erlebten selbst seelische, körperliche und sexuelle Gewalt durch den Vater oder Stiefvater oder mussten mit ansehen oder hören, wie ihre Mutter oder Geschwister geschlagen, — teilweise schwer — verletzt, bedroht oder beschimpft wurden. Sowohl selbsterlebte als auch miterlebte Gewalt führt bei der Mehrzahl der Kinder und Jugendlichen zu massiven und nachhaltig beeinträchtigenden Folgen, wie Entwicklungsverzögerungen, vermindertem Selbstwertgefühl, Ängsten, Aggressionen gegen sich selbst und/oder andere, stark herabgesetztem Leistungsvermögen, Depressionen, psychosomatischen Beschwerden, Schlaf- und Essstörungen.

Der Kinderbetreuungsbereich, der seit den 1990er Jahren aufgebaut und personell ausgeweitet wurde, entwickelte auf Basis neuer wissenschaftlicher Erkenntnisse, vor allem der Traumaforschung, Konzepte für die psychosoziale Begleitung der Kinder und Jugendlichen und leistet Sensibilisierungs- und Öffentlichkeitsarbeit, um auf die speziellen Bedürfnisse der Kinder aufmerksam zu machen.

Die Mitarbeiterinnen der Kinderbereiche stehen ihren KlientInnen parteilich zur Seite und richten ihren Fokus auf das Kindeswohl. In der Betreuung werden die Gewalterfahrungen und Symptome jedes einzelnen Kindes berücksichtigt, wenn im Einzel-, Gruppen- und/oder Mutter-Kind-Setting Fragen und Entscheidungen bzgl. Schulwechsel, Obsorge oder Besuchskontakte mit dem Vater im Raum stehen, alles in enger Zusammenarbeit mit anderen Institutionen.

Forschungen belegen, dass Kinder nach häuslichen Gewalterfahrungen ein ungleich höheres Risiko aufweisen, später selbst entweder Opfer oder TäterIn zu werden, als Kinder in einer annähernd gewaltfreien Umgebung. Durch die spezialisierte Arbeit mit den Kindern und Jugendlichen in den Frauenhäusern Wiens wird ein wesentlicher Beitrag zum Kinderschutz und zur Gewaltprävention geleistet.

Marion Geisler
Kinderbereich, 1. Wiener Frauenhaus

»Gewalt macht hilflos, Gewalt bedeutet Kontrollverlust — für das Opfer, den Täter, das soziale Umfeld.«

Für einen sensiblen Umgang mit Gewaltopfern

In der täglichen Arbeit mit Opfern von sexualisierter, physischer und psychischer Gewalt sind wir konfrontiert mit Frauen und Mädchen, die durch ein schreckliches Erlebnis in ihrem Selbst- und Weltbild tief erschüttert wurden. Gewalt erlebt zu haben, bedeutet, sich mit der Frage zu quälen, warum er es gemacht hat; es bedeutet, zu Hause nicht sicher zu sein; alles zu tun, um den Partner nicht aufzuregen, damit er nicht wieder zuschlägt; sich zu schämen; mit Angst aufzuwachen, mit Angst durch den Tag zu gehen, mit Angst schlafen zu gehen; sich vor dem eigenen Körper zu ekeln; nur noch vergessen zu wollen und es nicht zu können; sich zurückzuziehen …

Gewalt macht hilflos, Gewalt bedeutet Kontrollverlust — für das Opfer, den Täter, das soziale Umfeld. Beides ist für uns Menschen schwer zu ertragen. Es ist einfacher, das Opfer und seine Geschichte in Frage zu stellen, ob es nicht vielleicht selbst die Gewalt provoziert hat — durch Zurückreden, Eigenwilligkeit, zu aufreizende Bekleidung oder dadurch, nicht deutlich genug nein gesagt zu haben. Die Schuld an einer Gewalttat wird sehr schnell beim Opfer gesucht, und der Täter wird entschuldigt: Er wird geglaubt haben, dass sie will, er wird nicht anders gekonnt haben, und jetzt wird wegen »so etwas« sein Leben zerstört. Vor Gericht ist beispielsweise sexualisierte Gewalt sehr schwer zu beweisen. Für eine Verurteilung darf nicht der geringste Zweifel an der Tat und der Schuld des Täters bestehen. Das Opfer muss beweisen, dem Täter erkennbar gemacht zu haben, dass es die sexuelle Handlung nicht wollte und sich gewehrt hat. Nicht der Täter muss beweisen, dass das Opfer der sexuellen Handlung auch zustimmte. Wehren ist in Gewaltsituationen nicht immer möglich, verursacht oft noch massivere Gewalt. Selbst ein »Nein« kann in einer bedrohlichen Situation schwierig sein — aber bedeutet kein »Nein« denn automatisch ein »Ja«? Und somit einen Freispruch für den Täter?
So findet sich das Opfer, das in seiner tiefsten, innersten Integrität verletzt wurde, in einer Situation wieder, die geprägt ist von Rechtfertigung und Abwehr von Schuldzuschreibungen. Eine Absurdität, mit der wir täglich arbeiten.

Es braucht einen anderen Umgang mit der Thematik — rechtlich wie gesellschaftlich. Es braucht ein In-Beziehung-Treten mit Betroffenen und eine konstruktive, persönliche Auseinandersetzung mit all diesen vielleicht überfordernden Emotionen, die im Zusammenhang mit Gewalt auftauchen. Es braucht mehr Sensibilität im Umgang und in der Begegnung mit Gewaltopfern.

Team des 24-Stunden Frauennotruf der Stadt Wien
Telefon: 71 71 9
www.frauennotruf.wien.at

»Wie wir wissen, wird männliche Vorherrschaft durch Gewalt gegen Frauen gestützt. Unter anderem durch sexuelle Gewalt.«

Gegen Geschlechterhierarchie und sexuelle Gewalt

Sexuelle Gewalt beginnt bereits dort, *»wo einer Frau die Entwicklung und Äußerung eines eigenen Willens gar nicht erst möglich wird.«* (Hagemann-White, 1984)

Wie wir wissen, baut die Geschlechterhierarchie auf Abwertung, Verdinglichung und Infantilisierung von Frauen auf, die der männlichen Überlegenheit und Vorherrschaft dienen. Wie wir wissen, bestimmt diese Hierarchie öffentliche und private Lebensbereiche und lenkt unsere Selbstbilder, unser Denken, unser Handeln und unsere Beziehungen. Wie wir wissen, wird männliche Vorherrschaft durch Gewalt gegen Frauen gestützt. Unter anderem durch sexuelle Gewalt.

Sexuelle Gewalt findet nicht erst im interpersonellen Kontext direkter Gewaltausübung statt, sie legitimiert sich durch die heute allgegenwärtigen Bilder sexualisierter bis pornographischer Darstellungen von Frauen. Der weibliche Körper wird gnadenlos kommerzialisiert. Unter den voyeuristischen Blicken der Unterhaltungsindustrien wird die sexuelle Verfügbarkeit von Frauen zelebriert. Weibliche Role-Models werden variantenreich aus patriarchalen Versatzstücken männlich geprägter Vorstellungen von Sexualität und Erotik immer wieder neu montiert und erfolgreich als frei gewählte Äußerungen von Weiblichkeit vermarktet. Die Labels reichen von Schlampe über Zicke bis Prinzessin. Einzelne Fälle sexueller Gewalt gegen Frauen werden öffentlich skandalisiert: Die Betroffenen werden erst zu Opfern hochstilisiert, um anschließend medial gekreuzigt zu werden. Diese Demütigung einzelner Frauen, die Verletzung ihrer Würde und Integrität hat nicht nur Auswirkungen auf die Körperlichkeit, das Sein und die Sexualität, sondern auch auf die Fähigkeiten und die Vitalität aller Frauen.

Trotz formaler Gleichberechtigung und unzähliger entlarvender Analysen scheint es fast unmöglich, sich der suggestiven Kraft der Bilder, die männliche Dominanz täglich neu konstruieren, zu entziehen. Wir haben Mechanismen entwickelt, die zwischen Gewöhnung, Widerstand, Resignation und Abwehr wechseln.

Offene Räume, in welchen lebendige, emanzipatorische Gegenbilder für beide Geschlechter entwickelt werden, existieren abseits des Mainstream: Feministische Querdenkerinnen, emanzipatorische Bewegungen, EinzelkämpferInnen, Kollektive, Netzwerke in Kunst, Kultur, Wissenschaft, Wirtschaft, Politik und im psychosozialen Bereich haben das Potenzial, die manipulative Macht der Bilder aufzubrechen.

Notruf — Beratung für vergewaltigte Frauen und Mädchen
Telefon: 523 22 22
notruf@frauenberatung.at
www.frauenberatung.at

»Sexuelle Gewalt an Frauen mit Lernschwierigkeiten oder Mehrfachbehinderungen wird nach wie vor kaum wahrgenommen.«

Ninlil — aktiv gegen sexuelle Gewalt an Frauen mit Lernschwierigkeiten

Frauen mit Lernschwierigkeiten oder Mehrfachbehinderungen, die in betreuten Zusammenhängen leben, sind im Vergleich zu nicht-behinderten Frauen doppelt so häufig von sexualisierter Gewalt betroffen. Zu diesem Ergebnis kommt eine Studie aus dem Jahr 1996 — neuere Studien aus dem deutschsprachigen Raum gibt es nicht. Das Thema wird in einer Zeit, in der Präventions- und Beratungsangebote selbstverständlich geworden sind, von weiten Teilen der »Gesellschaft« — auch der feministischen Öffentlichkeit — nach wie vor kaum wahrgenommen.

Der Alltag von Frauen mit sogenannter »geistiger Behinderung« ist jedoch besonders häufig von Faktoren geprägt, die sexualisierte Gewalt begünstigen. So heißt etwa »Betreut Leben« immer auch Abhängigkeit. Aus einer Position heraus, in der »Selbstbestimmung« nur mit großen Einschränkungen möglich ist, ist es besonders schwierig, eventuelle Gewaltbetroffenheit zu benennen und sich aus Gewaltverhältnissen zu lösen.

Deshalb ist es für Frauen mit Unterstützungsbedarf besonders wichtig, auf alltäglicher Basis Zugang zu individuell passender Assistenz zu bekommen — und selbst darüber entscheiden zu können, wie diese Assistenz aussehen soll. Das Ziel jeder »Unterstützung« muss sein, den Frauen selbst Gestaltungsspielräume innerhalb ihrer alltäglichen Lebensrealitäten zu eröffnen. Personen und Einrichtungen, die in der Begleitung und Betreuung von Frauen mit Lernschwierigkeiten tätig sind, müssen besonders aufmerksam mit dem Thema der sexualisierten Gewalt umgehen.

Auf Grundlage dieser Überlegungen setzt Ninlil vielfältige Aktivitäten: So gibt es im Präventionsbereich Empowerment-Angebote, in denen grundlegendes Wissen zu frauenspezifischen Themen (etwa rund um Körper und Sexualität) vermittelt wird und die Teilnehmerinnen sich und ihre Stärken in einem Frauenzusammenhang erfahren können. Parallel dazu bietet Ninlil Beratung und Informationen für gewaltbetroffene Frauen sowie für BetreuerInnen und Teams, die diese gezielt unterstützen wollen.

Weiters sind wir in Vernetzung und Öffentlichkeitsarbeit aktiv, um für das Thema zu sensibilisieren — mit dem Ziel, dass Prävention von sexualisierter Gewalt und Unterstützung für gewaltbetroffene Frauen mit Lernschwierigkeiten auf breiter Basis zur Selbstverständlichkeit werden!

Elisabeth Udl
Ninlil — Gegen sexuelle Gewalt an Frauen mit Lernschwierigkeiten oder Mehrfachbehinderungen. Empowerment Beratung Vernetzung. www.ninlil.at

»Ich sag jetzt nicht, dass ich das ok find, aber geholfen hat's schon …«

Kollektivierte Strategien gegen sexualisierte Übergriffe

Meine Genossin K sagte eines sonnigen Nachmittags zu mir: *»Die leiwandsten Strategien sind glaub ich ganz simpel. Dass angesichts all dieser erbärmlichen Übergriffe einfach mal eine die Gelegenheit nützt, dem Typen ein Bier übern Kopf zu schütten, das wünsch ich mir.«*

So war dann, Kulturarbeiter_innen that we are, das Handbuch Bier-übern-Kopf (Arbeitstitel) geboren. Von nun an sammelten wir Strategien, erst per Aufruf. Das hat dazu geführt, dass wir begeisterte Zuschriften mit ziemlich schlauen Erfahrungsberichten bekamen. Viele antworteten aber auch mit einem klassischen »Sowas ist mir noch nie passiert« und ließen uns handlungsunschlüssig zurück. Die Vereinzelung der Erzählung ist nämlich ähnlich wie die Vereinzelung der Strategie nur bedingt produktiv. Mitkommen tun dann die, die es ohnehin längst gewusst und reflektiert haben.

Wie also das Nacherzählen kollektivieren? Die Geschichte der Frauen_bewegungen ließ uns wiedermal nicht im Stich — aus dem Vollen ihrer gemachten Erfahrungen schöpften wir das Erzählcafé (das für Erfahrungsaustausch von DDR- und BRD-Frauen entwickelt worden war). Schunkelige Abende verbrachten wir von nun an in den Wohnzimmern der einen und der anderen und erzählten uns gegenseitig, wie wir auf die Übergriffe der letzten zwanzig bis vierzig Lebensjahre reagiert hatten. Oder gern reagiert hätten. Oder was eine andere gemacht hat. Und begannen nach der dritten oder vierten Runde biographischer Kurzgeschichten gemeinsam Strategien zu entwickeln: In dieser Situation könntest du hinhauen, wegrennen, laut schreien, das Auto zerkratzen, furzen, Anzeige erstatten, deine Mutter zur Hilfe holen, die bodybuildende Freundin deiner Nachbarin ausborgen, eine Sirene oder deine Kung-Fu-Kenntnisse auspacken … Wenn wir nach solchen Abenden zu zweit oder zu dritt nach Hause gingen, mit frischen Ideen im Gepäck, waren die Straßen meistens männer_leer. »Wir könnten ja noch was trinken gehen,« sagte K dann mit gemeinem Lächeln, »ein Bier vielleicht.«

Dann endlich, im Sommer 2010, war es so weit. Wir hatten bei der FrauenFrühlings-Uni in Klagenfurt zu einem frauen_öffentlichen Erzählcafé aufgerufen. Ungefähr 14 Frauen_ waren da, um ihre Abwehr- und Revenge-Strategien zu kollektivieren. Und dann die erste Geschichte: »Stellt euch vor, gestern in einer Bar …« K wollte, wäre sie nicht von der hart gesottenen Sorte, vor Glück weinen.

Fragen, Geschichten und Strategien gerne weiterhin an fembook@reflex.at.

Lisa Bolyos
Mitherausgeberin des im Entstehen begriffenen Handbuchs für Strategien gegen sexualisierte Übergriffe

Was sagst du?

Sprache *und* Gesellschaft verändern

Persson Perry Baumgartinger

Sich mit Feminismus auseinanderzusetzen bedeutet, sich mit ungleichen Machverhältnissen auseinander zu setzen. Machtverhältnissen innerhalb von Gesellschaften, Gruppen und zwischen einzelnen Personen — aber auch innerhalb von verschiedenen feministischen Richtungen. Eine kritische Auseinandersetzung mit Machtverhältnissen zielt darauf ab, die Gesellschaft zu verändern. Eine Gesellschaft hin zu mehr sozialer Gerechtigkeit und Chancengleichheit zu verändern bedeutet, auch Sprache zu verändern. Aber was ist Sprache eigentlich? Wie kann Sprache verändert werden?[1]

Was ist Sprache?

> *»Auf dem sprachlichen Markt gibt es klare Hierarchien, manchen Sprachen wird höheres, manchen geringeres Prestige zugeschrieben.«*
> (Birgitta und Thomas Busch, 2008)[2]

Sprache ist vieles: ein System von Zeichen, einzelne sprachliche Handlungen, ein wichtiges Medium für Kommunikation, ein Konzept von Nationalsprache, ein Tool für Diskriminierung und für Widerstand, eine einzelne Gebärde, ein sinnzusammenhängender Text[3], ein wichtiger Teil einer Gesellschaft oder Gruppe, ein ganzes Bündel von Texten und sprachlichen Handlungen (Diskurs), ein gesellschaftliches Wertesystem …

Sprache und ihre Zeichen sind nicht willkürlich, sondern haben sich im Laufe der Zeit durch verschiedene politische, gesellschaftliche, individuelle Einflüsse entwickelt und verfestigt — sie sind mit Bedeutungen aufgeladen.

Diese Bedeutungen werden von Kindheit an erlernt und über sprachliche Handlungen immer wieder (neu) hergestellt. Einzelne Menschen machen das genauso wie Institutionen und Gesellschaften.

Sprache spiegelt Realität und festigt sie gleichzeitig. Über Sprechen, Gebärden, Schreiben, Lesen, Tasten, Hören, Sehen, Deuten etc.[4] werden gesellschaftliche Strukturen aufrechterhalten. Um das tun zu können, braucht mensch das so genannte Weltwissen — ein Wissen um Sprachvarietäten (Standardsprache, Dialekt etc.), um geläufige Formen sprachlichen Handelns (was wann wo [nicht] gesagt werden soll), um Symbole (z. B. Kleidung) und vor allem um die jeweils gesellschaftlich anerkannte Verwendung von Sprache. Ein Wissen um die Regeln, mit denen sprachliches Handeln strukturiert ist, und darüber, welchen Sprachen mehr und welchen weniger Prestige zugeordnet wird. Ein Wissen darüber, welche körperlichen Verfasstheiten mehr und welche weniger Privilegien bedeuten. Ein Wissen darüber, welche gesellschaftlichen Positionen besser und welche schlechter angesehen sind, und darüber, mit welchen lebensrealen Konsequenzen diese Positionen verbunden sind (Zugang zum Arbeitsmarkt oder zu legalen Dokumenten etc.). Also ein Wissen darüber, wie Gesellschaft über Sprache geordnet und diese Ordnung über sprachliche Handlungen aufrechterhalten wird. Kurz: Ein Wissen über Sprache und Macht.

Sprache verändern?

> *»Sinnvoller erscheint es mir, […] zu berücksichtigen, daß es nicht allein Dominanzen zwischen Männern und Frauen gibt, sondern auch zwischen verschiedenen Schichten, zwischen Generationen, zwischen Kranken und Gesunden sowie zwischen […] sogenannte[n] Ethnien.«*
> (Margret Jäger, 2000)[5]

Macht spielt also eine wichtige Rolle. Macht durch und über (National-) Sprachen genauso wie Machtausübung durch einzelne Sprachhandlungen. Gebärdensprache z. B. wurde in Österreich erst 2005 als eigene Sprache anerkannt. Damit wurde ihr sehr lange Zeit ein Status als »richtige« Sprache abgesprochen. Dieser Status ist aber wichtig als Argument für die Gleichberechtigung in Schulen, Universitäten oder Ämtern. Dies hat wiederum Einfluss auf Gebärdende und ihren Zugang zu Ressourcen und damit auf ihre Chancen, am gesellschaftlichen Leben teilzuhaben (Ausbildung, Arbeit,

Beziehung, Freizeit, Behördengänge etc.). Gleichzeitig hat eine solche strukturelle Unterdrückung Einfluss auf Sprechende: Sie müssen ihre Ressourcen nicht teilen und ihren Status als »Gesunde« bzw. »Normale« nicht hinterfragen.

Es gibt immer wieder sprachpolitische Forderungen. Sie kommen aus unterschiedlichen Richtungen und kritisieren meistens eine diskriminierende Sprache und diskriminierende Gesellschaftsstrukturen. In den 1980er Jahren wurden feministische Forderungen laut. Anfangs waren es — in Anlehnung an andere emanzipatorische Bewegungen (z. B. nichtrassistische Sprache) — Vorschläge für nichtsexistische Sprache, mit den Jahren wurde der Fokus immer mehr auf Frauen gelegt (Stichwort: geschlechtergerechte Sprache)[6]. Sie hatten ziemlich schnellen Erfolg, in Österreich hat sich vor allem das so genannte Binnen-I (LeserInnen) durchgesetzt.[7]

siehe Timeline MA 57: Geschlechtergerechte Sprache wird im Magistrat eingeführt (1996). Seite 283

Diese Forderungen sind jedoch einseitig, wenn nur das Verhältnis unterdrückender Mann vs. unterdrückte Frau betont wird. Damit werden wirkmächtige Machtunterschiede wie etwa aufgrund von Zuschreibungen wie Klasse, Ethnie, Alter, Zweigeschlechtlichkeit, Gesundheitszustand, Religion etc. übergangen, in denen auch Frauen in hierarchisch höheren Positionen vertreten sind und Macht ausüben.[8]

Wie aber kann so eine »einschienige« Veränderung von Sprache vermieden werden? Wie kann Gesellschaft über Sprache nachhaltig verändert werden?

> Sprache und Gesellschaft verändern
> *»Sprachpolitische Veränderungen [...] sind wichtig. Sie dürfen allerdings nicht bei einem neuen Wort/Symbol/Gebärde stehenbleiben. Weil Sprache nicht auf der lexikalischen Ebene aufhört.«*
> ()[diskursiv 2011)[9]

Im Laufe unseres Lebens lernen wir also, welcher sprachlichen Handlung welche Bedeutung zugeordnet wird, welche gesellschaftlichen Erwartungen es an sprachliches Handeln gibt und in welchen Kontexten welche Form angemessen erscheint (Standardsprache, Dialekt; »elegante« Kleidung, Arbeitskleidung etc.). Sprachliche Handlungen sind in historisch gewachsene Diskurse[10] eingebettet, beeinflussen sie und werden von ihnen beeinflusst. Diskurse wiederum sind grundlegende Bestandteile von Dispositiven[11], mit denen strategisch gesellschaftliche Ordnung geregelt wird. Dadurch positionieren wir uns in einem sehr komplexen, historisch gewachsenen, hierarchischen System von Macht und Privilegien. Immer wieder und mit jeder sprachlichen Handlung, die wir setzen, halten wir das System aufrecht, widersetzen uns ihm, verändern es vielleicht oder zementieren es. Zusätzlich werden Sprachen auch über gesetzliche Grundlagen mit mehr oder weniger Wert versehen (z. B. Auswahl der Amtssprache/n, Rot-Weiß-Rot-Card). Machtverhältnisse zeigen sich also in diskursiven Räumen und dispositiven Ordnungen, die v.a. durch sprachliche Handlungen geschaffen sind.

Wenn Sprache verändern Gesellschaft verändern bedeuten soll, dann darf also z. B. »geschlechergerechte« Sprache nicht bedeuten, antisemitische, rassistische, islamophobe, ableistische[12], transphobe, homophobe u. v. m. Strukturen aufrechtzuerhalten. Denn so wird sie Geschlechtern nicht gerecht. Wenn also Sprachveränderungen nur auf einer Ebene (z. B. der Ebene der Wörter) stattfinden, dann ändert sich vielleicht mit der Zeit das Wort, die Machtverhältnisse, die dahinterstecken, jedoch vermutlich nicht. Es müssen zusätzlich Grammatik, Diskurse, Dispositive und gesellschaftliche Wertesysteme verändert werden. Wenn Sprache verändern Gesellschaft verändern bedeuten soll — und zwar hin zu mehr sozialer Gerechtigkeit —, dann muss von Vorstellungen fixer Identitäten abgegangen werden. Denn diese Vorstellungen unterstützen ein diskriminierendes Gesellschaftssystem, mit ihnen wird tagtäglich gesellschaftliche Ordnung geschaffen.

Deswegen ist es enorm wichtig, sprachverändernde Strategien immer wieder neu zu hinterfragen und zu verbessern. Sprachveränderung in Richtung nichtdiskriminierende Sprache und soziale Gerechtigkeit muss daher als ein kritischer, fluider, sich ständig wandelnder, widerstehender, kreativer Prozess gesehen und gelebt werden. Das bedeutet auch, einen — manchmal schmerzhaften, manchmal lustvollen — Prozess der (Selbst-)Reflexion auszuhalten und zu genießen.

siehe Timeline MA 57: milena.talk zum Thema »Geschlecht der Sprache« (2003). Seite 293

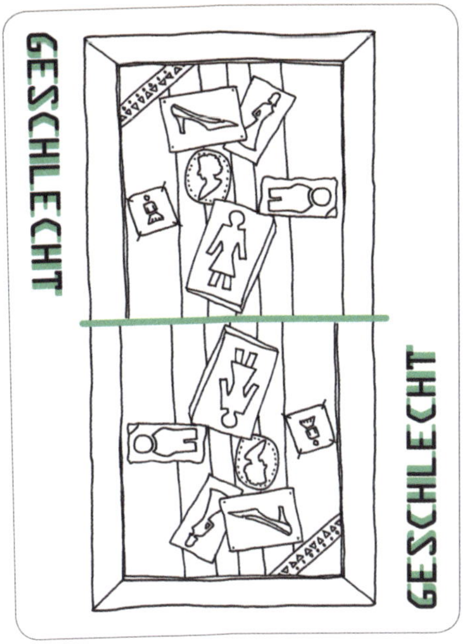

„Man kommt nicht als Frau zur Welt, man wird es." Simone de Beauvoir, 1949

Die meisten Menschen verstehen unter dem Wort Geschlecht eigentlich die Geschlechtsmerkmale wie z.B. Penis oder Chromosomen. Sie glauben also, wenn jemand einen Penis hat, ist diese Person ein Mann. Aber das ist nicht so einfach. Geschlecht hat eigentlich viel mehr mit den gesellschaftlichen Vorstellungen davon zu tun, was männlich und weiblich ist – und was nicht. Wie wir uns verhalten, welche Kleidung wir tragen und wie das dann von anderen interpretiert wird. Denn die Geschlechtsmerkmale eines Menschen sehen wir ja auf den ersten Blick gar nicht. Wir haben also alle bestimmte Vorstellungen davon, was Geschlecht sein könnte. Aber wer bestimmt denn nun, was männlich und weiblich ist? Und was ist mit Menschen, die nicht eindeutig als Männer oder Frauen leben (wollen)? Geschlecht und besonders seine Bewertung hängen sehr stark von den Machtstrukturen in einer Gesellschaft ab.
Im Feminismus ist es wichtig, aufzuzeigen, dass Geschlecht weniger vom Körper bestimmt wird, sondern vielmehr davon, was von der Gesellschaft unter Geschlecht verstanden wird.
In den queeren Theorien und Bewegungen gibt es unendlich viele Geschlechter, und es ist nicht wichtig, welches Geschlecht eine Person lebt, sondern vielmehr, was die Person tut.

„Wer erfand das typische Mädchen?" The Slits, 1979

„Auf dem sprachlichen Markt gibt es klare Hierarchien, manchen Sprachen wird höheres, manchen geringeres Prestige zugeschrieben." Birgitta und Thomas Busch, 2008

Sprache ist eine Form, sich zu verständigen. Sprache besteht aber nicht nur aus Worten, sondern auch aus Körpersprache oder Symbolen, wie etwa Kloschildern oder Kleidung. Sprache ist immer Teil der Umstände, unter denen sie gesprochen wird, sie ist immer ein Produkt der Machtverhältnisse und der Geschichte. Gebärdensprache z.B. ist erst seit 2005 in Österreich anerkannt. Sprachen können oft sehr diskriminierend sein: nicht nur die Wörter, sondern auch wer spricht und wie gesprochen wird. In der feministischen Sprachwissenschaft wurde gegen sexistische Sprache gekämpft und eine geschlechtergerechte Sprache gefordert, die Frauen sichtbar macht. Schwarze und antirassistische Bewegungen haben gezeigt, wie rassistisch Sprache oft verwendet wird und wie sehr sie vom Kolonialismus geprägt ist. Queere Bewegungen fordern eine Sprache, in der eine Vielfalt von Geschlechtern und Sexualitäten anerkannt ist. Im Grunde geht es um einen respektvollen Umgang miteinander, bei dem Vielfalt als Realität anerkannt und gelebt wird.

„Es geht also darum, die Sprache aus ihrer Zweigeschlechtlichkeit zu befreien." Persson Perry Baumgartinger, 2007

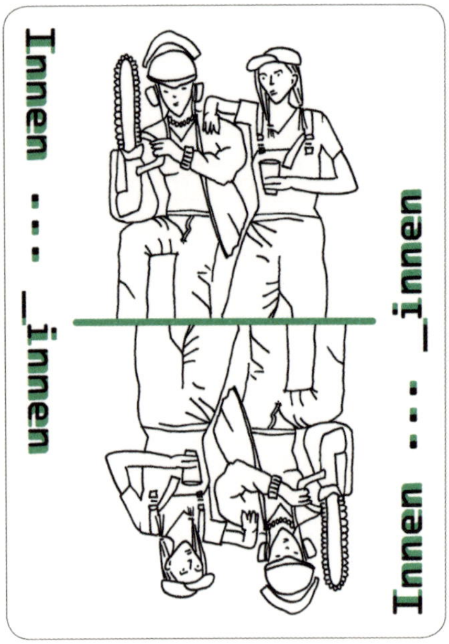

Sprachen sind oft sehr männlich dominiert und werden sexistisch, rassistisch und diskriminierend verwendet. Wenn z.B. von Arbeitern die Rede ist, sollen sich Arbeiterinnen mitgemeint fühlen. Dagegen haben sich FeministInnen gewehrt und neue Vorschläge gebracht: z.B. dass nur noch die weibliche Form (Arbeiterinnen) verwendet wird und sich die Männer mitgemeint fühlen. Oder dass alle Geschlechter in der sächlichen Form angesprochen werden („es arbeitet“ statt „er arbeitet“). Am bekanntesten ist das Splitting. Dabei werden die männliche und die weibliche Form gemeinsam genannt (ArbeiterInnen). Das wiederum kritisieren queere Theorien und Bewegungen, weil dadurch in der Sprache so getan wird, als gäbe es nur Männer und Frauen. Queere Bewegungen schlagen z.B. vor, einen _ zu verwenden (Arbeiter_innen), der zeigt, dass es noch mehr Geschlechter gibt als nur männlich und weiblich. Oder das Geschlecht ganz aus der Sprache zu nehmen (Arbeitende) oder statt dem Geschlecht einen * zu schreiben (Arbeit*en). Eigentlich gibt es unzählige Möglichkeiten, geschlechtergerechte Sprache zu verwenden.

In diesen Karten verwenden wir das I (ArbeiterInnen) und den _ (Arbeiter_innen), weil das zwei wichtige Errungenschaften feministischer und queerer Bewegungen sind.

„Wie kommen Transgender in einer Sprache vor, die nur Männer und Frauen kennt?“
Vanessa Nino, www.transgenderradio.de, 2006

Glossarkarten aus: Flic Flac* Feministische Materialien für die Berufsschule, Texte: Persson Perry Baumgartinger, Vlatka Frketić in Kooperation mit queeropedia, Zeichnung: Evi Scheller, Download unter: www.trafo-k.at

Anmerkungen

1 Im Sinne einer nichtdiskriminierenden Sprache versucht der Text, Geschlechtsmarkierungen sowie rassistische, ableistische (Nichtbehinderung als Norm setzende) und antisemitische Sprache zu vermeiden oder »queere Sprachwiderstände« zu verwenden (für eine Zusammenfassung vgl. Persson Perry Baumgartinger: Lieb[schtean] Les[schtean], [schtean] du das gerade liest … Von Emanzipation und Pathologisierung, Ermächtigung und Sprachveränderungen. In: liminalis 2008_02. Online unter: http://www.liminalis.de/2008_02/Liminalis-2008-Baumgartinger.pdf).

2 Birgitta und Thomas Busch: Von Menschen, Sprachen und Orten. Multilingual leben in Österreich. Klagenfurt/Celovec 2008.

3 Unter »Text« wird hier nicht nur geschriebene Sprache, sondern auch gesprochene und gebärdete Sprache verstanden.

4 Meistens werden Kommunikationsformen wie Gebärdensprache, Braille, barrierefreie Darstellung von PDF-Dokumenten oder Homepages etc. ignoriert. Die gesprochene und geschriebene Sprache beinhaltet auch oft ableistische Wörter wie sehen, hören, gehen etc. Das sind sprachliche Diskriminierungsformen, die in diesem Text nicht fortgesetzt werden sollen. Deshalb wird hier unter Sprache nicht nur sprechen und hören, sondern auch andere Formen der Äußerung (etwa gebärden) verstanden und nicht »geredet«, sondern »kommuniziert«.

5 Margret Jäger: Gewalt gegen Frauen — durch Sprache? Unveröffentlichtes Vortragsmanuskript. DISS. 2000. Online unter: http://www.diss-duisburg.de/Internetbibliothek/Artikel/Gewalt_gegen_Frauen.htm.

6 Vgl. Stefanie Kollmann: Einstellungen zu geschlechtergerechtem Sprachgebrauch im Deutschen. Diplomarbeit, Universität Wien 2010.

7 Vgl. Ursula Doleschal: Entwicklung und Auswirkungen der feministischen Sprachkritik in Österreich seit 1987. In: Gisela Schoenthal (Hg.): Feministische Linguistik — Linguistische Geschlechterforschung. Germanistische Linguistik 139–140, 1998, S. 87–115.

8 Vgl. M. Jäger: Gewalt gegen Frauen — durch Sprache?, 2000.

9][diskursiv: Sprache & Diskriminierung. In: migrazine 2011/2.

10 Sprachliche Elemente und Handlungen bündeln sich zu so genannten Diskursen. Das sind sehr komplexe Bündel, die zur gleichen Zeit oder nacheinander stattfinden, miteinander in Beziehung stehen (vgl. Martin Reisigl/Ruth Wodak: Discourse and Discrimination. Rhetorics of Racism and Antisemitism. New York 2001: 37) und in gesellschaftliche Hierarchien, Machtgeflechte, Institutionen etc. verwoben sind.

11 Dispositive haben das Ziel, (Alltags-)Wissen zu ordnen und Gesellschaften zu regulieren. Sie bestehen aus diskursiven und nichtdiskursiven Handlungen sowie ihren materiellen Resultaten (Michel Foucault: Dispositive der Macht. Über Sexualität, Wissen und Wahrheit. Berlin 1978).

[12] »Eine ableistische Gesellschaft ist eine, die nichtbehinderte Menschen als Norm setzt, was zum Ergebnis hat, dass öffentliche und private Räume und Dienste darauf ausgerichtet sind, normalen Menschen zu nutzen und damit andere Menschen behindern und ausschließen. Für behinderte Leute hat Ableismus zur Folge, dass von ihnen erwartet wird, dass sie sich sich soweit wie möglich der nichtbehinderten Norm angleichen oder dies zumindest anstreben oder gerne tun würden.« (Colin Müller: Äußerst bedenkliche Inhalte auf der Website von Autismus Oberbayern e.V. in: AutismusKultur, 20. September 2008, http://autismus-kultur.de/autismus/politik/bedenkliche-inhalte-autismus-oberbayern.html).

Wie über Feminismus reden? Von der statischen Auffassung zur Performanz

Lina Dokuzović, Karin Wetschanow

Ein Rückblick auf 20 Jahre Frauenpolitik darf auf die Sprache nicht vergessen, denn eine Politik ohne Sprache ist nicht denkbar. Welche Bedeutung hat Sprache innerhalb von »Frauenpolitik«? Welche Konzepte von Sprache, Geschlecht und Politik begleiteten uns in den letzten 20 Jahren? Welche prinzipiellen Tendenzen können wir in der Entwicklung dieser Konzepte aufspüren? Welche frauenpolitischen Forderungen gab es vor 20 Jahren hinsichtlich sprachlicher Veränderungen und welche gibt es heute? Welche Bezeichnungen haben vor 20 Jahren das Sprechen über Frauenpolitik und Sprache beherrscht und welche sind es heute?

Die Linguistin Karin Wetschanow hat diese Entwicklung systematisiert, und die Künstlerin Lina Dokuzović hat die Ergebnisse der gemeinsamen inhaltlichen Auseinandersetzung grafisch umgesetzt.

Lina Dokuzović »Spachsysteme: Von der statischen Auffassung zur Performanz«, 2011. Auf Basis wissenschaftlicher Beratung durch die Linguistin Karin Wetschanow.

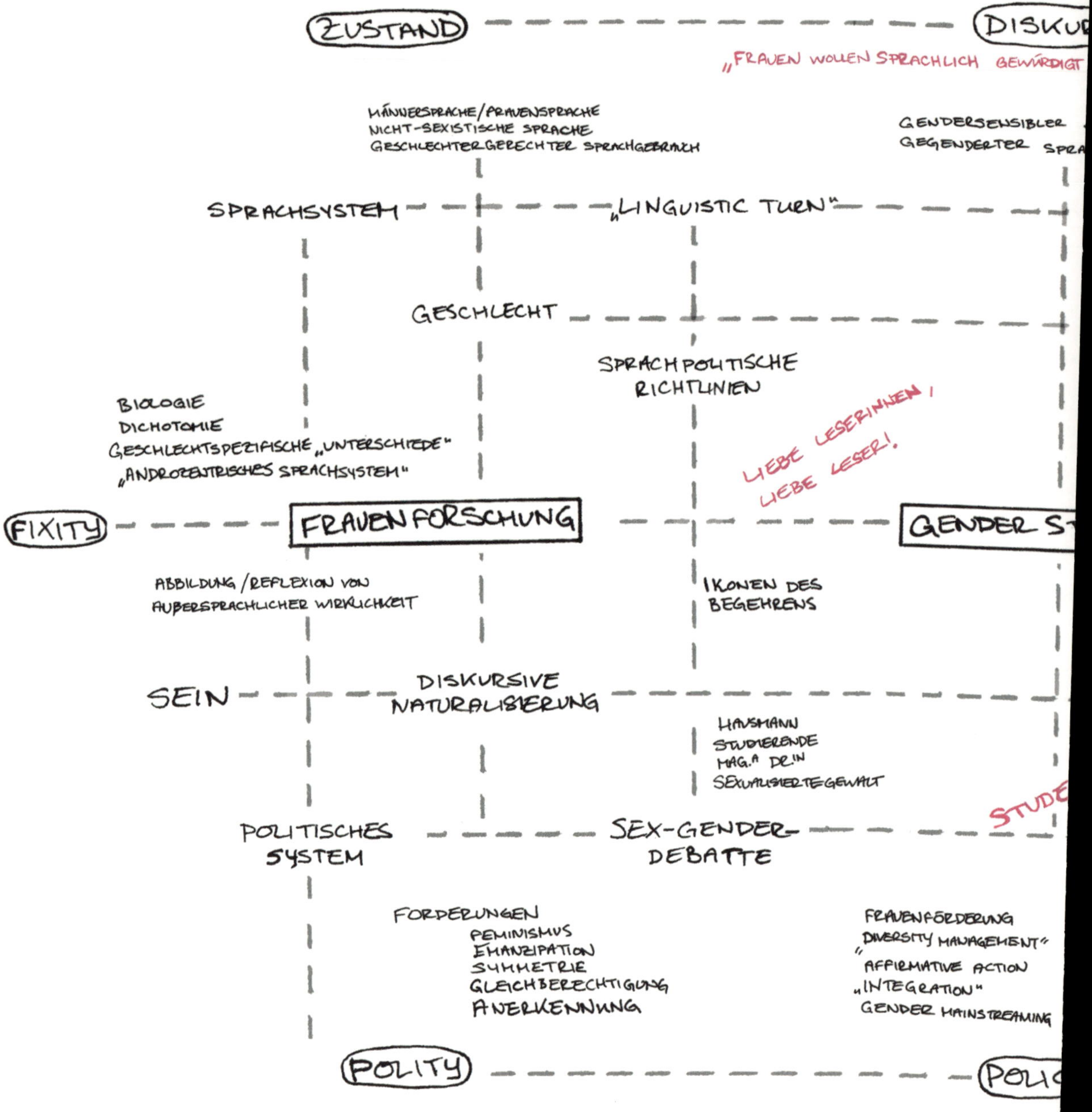
ZUSTAND
DISKU
„FRAUEN WOLLEN SPRACHLICH GEWÜRDIGT
MÄNNERSPRACHE/FRAUENSPRACHE
NICHT-SEXISTISCHE SPRACHE
GESCHLECHTERGERECHTER SPRACHGEBRAUCH
GENDERSENSIBLER
GEGENDERTER SPRA
SPRACHSYSTEM
„LINGUISTIC TURN"
GESCHLECHT
SPRACHPOLITISCHE RICHTLINIEN
BIOLOGIE
DICHOTOMIE
GESCHLECHTSPEZIFISCHE „UNTERSCHIEDE"
„ANDROZENTRISCHES SPRACHSYSTEM"
LIEBE LESERINNEN, LIEBE LESER!
FIXITY
FRAUENFORSCHUNG
GENDER S
ABBILDUNG/REFLEXION VON AUßERSPRACHLICHER WIRKLICHKEIT
IKONEN DES BEGEHRENS
SEIN
DISKURSIVE NATURALISIERUNG
HAUSMANN
STUDIERENDE
MAG.A DR.IN
SEXUALISIERTE GEWALT
STUDE
POLITISCHES SYSTEM
SEX-GENDER-DEBATTE
FORDERUNGEN
FEMINISMUS
EMANZIPATION
SYMMETRIE
GLEICHBERECHTIGUNG
ANERKENNUNG
FRAUENFÖRDERUNG
„DIVERSITY MANAGEMENT"
AFFIRMATIVE ACTION
„INTEGRATION"
GENDER MAINSTREAMING
POLITY
POLI

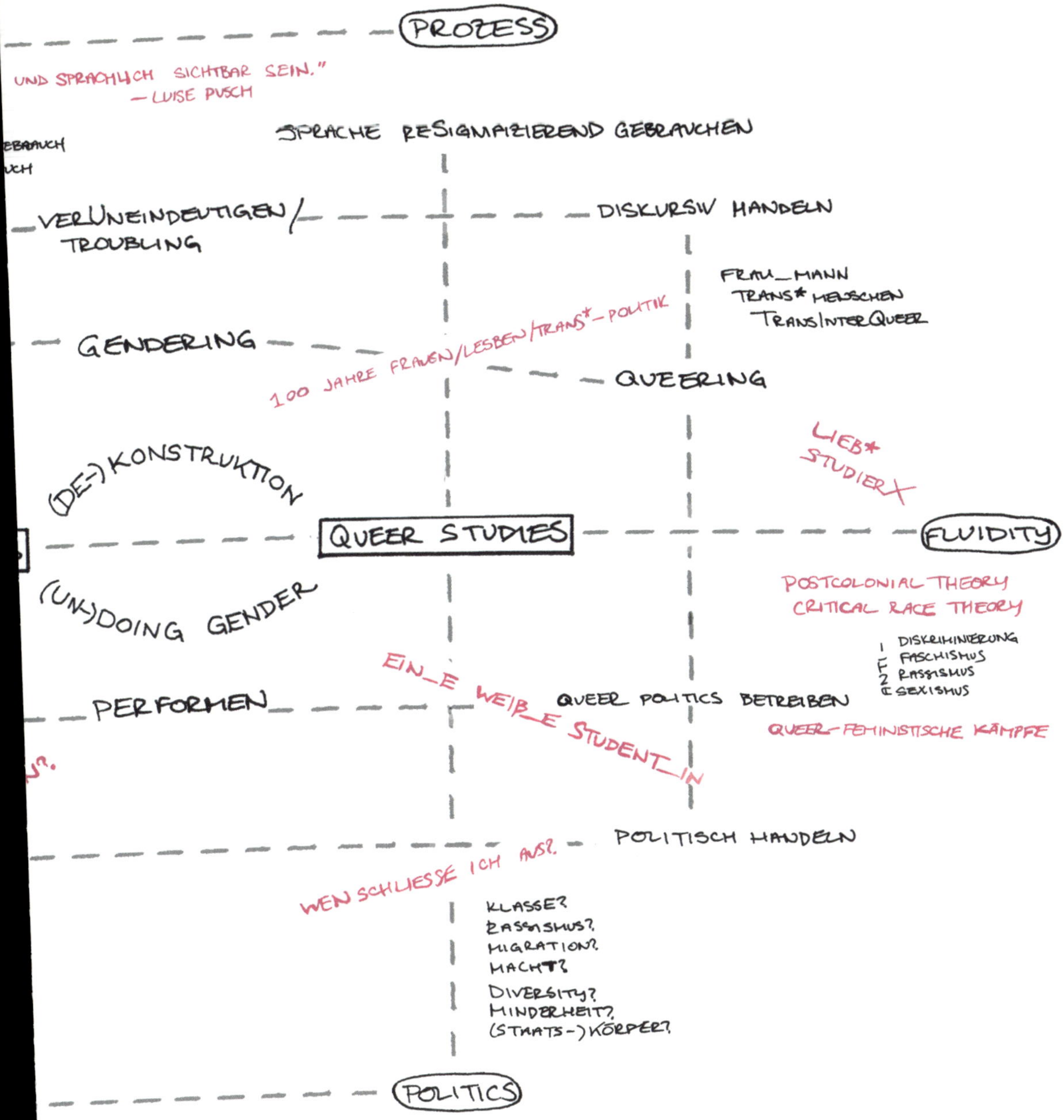
PROZESS
UND SPRACHLICH SICHTBAR SEIN."
— LUISE PUSCH
SPRACHE RESIGNIFIZIEREND GEBRAUCHEN
VERUNEINDEUTIGEN/
TROUBLING
DISKURSIV HANDELN
FRAU_MANN
TRANS* MENSCHEN
TransInterQueer
GENDERING
100 JAHRE FRAUEN/LESBEN/TRANS*-POLITIK
QUEERING
LIEB*
STUDIERX
(DE-)KONSTRUKTION
QUEER STUDIES
FLUIDITY
(UN-)DOING GENDER
POSTCOLONIAL THEORY
CRITICAL RACE THEORY
DISKRIMINIERUNG
FASCHISMUS
RASSISMUS
SEXISMUS
EIN_E WEIB_E STUDENT_IN
PERFORMEN
QUEER POLITICS BETREIBEN
QUEER-FEMINISTISCHE KÄMPFE
POLITISCH HANDELN
WEN SCHLIESSE ICH AUS?
KLASSE?
RASSISMUS?
MIGRATION?
MACHT?
DIVERSITY?
MINDERHEIT?
(STAATS-)KÖRPER?
POLITICS

Jetzt rede ich!

Repräsentation von Frauen und Frauenbewegungen in den Mainstream-Medien

Johanna Dorer

Aus unserer Gesellschaft sind Medien nicht mehr wegzudenken. Vieles, was wir heute wissen und erfahren, ist nicht unsere eigene reale Erfahrung, sondern eine durch Medien vermittelte. Dabei spielen Mainstream-Medien, allen voran das Fernsehen, eine besondere Rolle. Sie sind in unserem Lebensalltag allgegenwärtig, und sie durchdringen neben individuellen Lebenspraxen auch gesellschaftliche Institutionen. Kurz gesagt: Sie sind Institutionen der Wahrheitsproduktion und Institutionen des populären Wissens, das in einer Gesellschaft zirkuliert. Sie produzieren und vermitteln jenes gesellschaftliche Wissen, das für eine bestimmte Zeit als gesellschaftliche Wahrheit akzeptiert wird. Damit nehmen sie eine zentrale Rolle in der Stabilisierung dominanter Diskurse und in der Aufrechterhaltung hegemonialer Strukturen ein.

Dies gilt auch für den hegemonialen Geschlechterdiskurs. Als »Technologien des Geschlechts« (Teresa de Lauretis)[1] sind Medien Co-Produzentinnen eines binären Geschlechterdiskurses. Mainstream-Medien liefern nicht einfach ein Spiegelbild von gesellschaftlich vorfindbaren Geschlechterrepräsentationen, sondern sind selbst an der Konstruktion von Geschlecht beteiligt. Indem sie ständig Bilder von Männlichkeit und Weiblichkeit produzieren, bestimmen sie mit, was in einer Gesellschaft als typisch männlich und typisch weiblich gilt. Die Produktionsroutinen in den Medien sehen eine rasch produzierte und vereinfachende Darstellung von Ereignissen vor. So gilt auch für den Geschlechterdiskurs, dass gerade Mainstream-Medien eine Vereinfachung, Verdichtung und Stereotypisierung von Männlichkeit und Weiblichkeit forcieren. Im Verbund der Medienorganisationen kommt es somit zu einer Normierung von medial vermittelten Geschlechterbildern, und im breiten Medienangebot sind nur wenige Ausnahmen zu finden.[2]

Mehr Sichtbarkeit ist nicht automatisch Geschlechtergerechtigkeit

Lassen wir die letzten Jahrzehnte Medieninhaltsforschung Revue passieren, so sind unfraglich Fortschritte in der medialen Repräsentation von Frauen zu erkennen. Haben die ersten medienwissenschaftlichen Studien noch gezeigt, dass Frauen in den Medien kaum vorkommen, so hat sich ihre mediale Präsenz heute deutlich verbessert. Auch die Art der medialen Darstellung hat sich verändert. Waren Frauen in den 1970er Jahren lediglich hübscher Aufputz für männliche Selbstdarstellung, so sehen wir heute in Unterhaltungsprogrammen Frauen als Chefinnen, als Kommissarinnen, als Wissenschaftlerinnen — kurz gesagt: Frauen mit Verstand und Handlungskompetenz. Doch so erfreulich diese Fortschritte auch sind, gleichzeitig beobachten wir, dass alte Geschlechterbilder keineswegs ausgedient haben, sondern in immer neuen Variationen wiederholt werden. Noch immer soll für Frauen der richtige Mann das Wichtigste im Leben sein: Serien wie beispielsweise »Sex and the City« oder »Schnell ermittelt« geben vor, ein fortschrittliches Frauenbild zu präsentieren, führen aber jungen Frauen immer wieder vor, dass für sie Erfolg im Beruf weniger wichtig zu sein hat als eine glückliche heterosexuelle Partnerschaft.

Begleitet werden diese Serien von einer Fülle an Castingshows, Lifestyle-Sendungen und Reality-Shows, wie etwa »Austria's Next Topmodel« oder »The Swan«. Sie stellen Bilder von Männlichkeit und Weiblichkeit zur Verfügung, die oft bewusst oder unbewusst als Vorbilder fungieren. Gerade der Bedeutungsverlust von traditionellen Institutionen der Sozialisation wie Elternhaus, Schule, Parteien, Kirchen und Verbänden u. a. bringt es mit sich, dass die normierende Kraft der Medien ihre Wirksamkeit entfalten kann und diese Unterhaltungsformate jungen Menschen mehr als früher als Vorbilder dienen. Es ist daher wenig überraschend, wenn junge Mädchen medial vermittelte Schönheitsideale als gesellschaftliche Norm wahrnehmen, den Wunsch nach Schönheitsoperationen äußern und mittels »manipulativer Körpertechniken« dieses medial konstruierte Ideal nachzuahmen suchen.

*siehe Timeline MA 57: Frauen*Stadt*Talk zum Thema »Body.Bilder« (2006). Seite 296*

Denn auch in der Werbung sind traditionelle Geschlechterbilder vorherrschend. Zwar hat sich die Bandbreite der Konstruktionen von Männlichkeit und Weiblichkeit erweitert — wir sehen nun auch die »Karrierefrau« oder den »ungeschickten Antihelden« —, die alten Geschlechterstereotypen sind aber nach wie vor präsent. Dabei könnte die Werbung mit ihrem Anspruch, besonders innovativ zu sein, eine Vorreiterrolle in der Aufhebung der Geschlechtergrenzen übernehmen. Doch genau das Gegenteil ist zur Zeit zu beobachten. Es gibt wieder vermehrt sexistische Werbung.[3] Dazu kommt eine neue Errungenschaft der Werbewirtschaft, das »Gender-Marketing«, das heißt, dass Produkte, die beide Geschlechter gleichermaßen benutzen, nun geschlechterstereotyp designed und beworben werden. Da gibt es dann den rosa Nassrasierer für die Frau und den blauen für den Mann, das kleine Stadtauto für die Frau, den Familienwagen für den Mann. Nicht die Funktion des Produkts, sondern das Geschlecht wird inszeniert.

siehe Timeline MA 57: Kampagne zu sexistischer Werbung (2010). Seite 301

Frauen sind in den Medien sichtbarer geworden, sie sind heute medial präsenter denn je. Das heißt aber nicht, dass sie auch gleichberechtigt vorkommen. So gibt es zwar heute viele Nachrichtensprecherinnen, auch politische Talkshows und Diskussionsrunden werden von Journalistinnen moderiert, aber die traditionelle Geschlechterhierarchie, in der das Männliche stets höher bewertet wird als das Weibliche, ist nicht aufgehoben: Die eingeladenen Expert/innen sind mehrheitlich männlich, und je wichtiger das politische Thema eingeschätzt wird, desto eher sehen wir dann wieder eine reine Männerrunde diskutieren. Gerade im Bereich der politischen Kommunikation gibt es noch erheblichen Nachholbedarf.[4] Denn mit der medialen Sichtbarkeit von Frauen ist es nicht getan. Viel wichtiger erscheint nun die Frage, wie Medien Geschlecht und Geschlechterfragen inszenieren. Und hier zeigt sich, dass die alten Dualismen von Öffentlichkeit und Privatheit, Information und Unterhaltung, Expert/innen und Betroffenen u. a. noch immer geschlechtlich konnotiert und eindeutig dem Bereich Männlichkeit oder Weiblichkeit, mit der entsprechenden Auf- bzw. Abwertung, zugeordnet werden.

Frauenbewegung und sogenannte Frauenthemen in den Medien

Es ist ein Verdienst der Zweiten Frauenbewegung, eine breite Öffentlichkeit erreicht zu haben. Viele Themen, die heute selbstverständlich von den Mainstream-Medien aufgegriffen werden, gehen auf Initiativen der Frauenbewegung zurück. Medien haben mit ihrer Thematisierungsfunktion am Prozess der Bewusstwerdung für Gleichstellung der Geschlechter mitgewirkt, sodass viele Anliegen, die den politischen und privaten Bereich betreffen, in der Gesellschaft angekommen sind. Themen wie häusliche Gewalt und Missbrauch an Frauen und Mädchen, Doppel- und Dreifachbelastung, ungleiche Bezahlung bei gleichwertiger Arbeit, Alleinerzieherinnen, Sexarbeit, Stalking und Cyberstalking, Migrantinnen, Homosexualität und Transsexualität u. a. finden wir heute in den Medien behandelt.

Doch auch hier haben wir es wieder mit einer ambivalenten Entwicklung zu tun: Auf der einen Seite benötigen Prozesse der gesellschaftlichen Bewusstwerdung die breite Öffentlichkeit, auf der anderen Seite berichten Mainstream-Medien aber nach ihren eigenen Regeln, also mit Personalisierung, Vereinfachung und Stereotypisierung. Das heißt: Mit der Thematisierung allein ist es noch nicht getan. Eine sensible Berichterstattung findet aber meist nur abseits des Mainstreams statt, in jenen feministischen Medien, die sich bewusst gegen die traditionellen Geschlechterklischees wenden. Sie sind es, die nicht nur neue Themen in die öffentliche Diskussion einbringen, sondern auch Geschlechterfragen in ihrer Komplexität behandeln und die Verschränkung von Gender mit weiteren Differenzkategorien wie Ethnizität, sexuelle Orientierung, Alter und Klasse aufzeigen.

Mainstream-Medien operieren nach ihren eigenen Produktionslogik: Personen, Events und kurze Geschichten lassen sich leichter verkaufen, Frauen- und gleichstellungspolitische Anliegen sind hingegen komplex und oft nicht einfach transportierbar. So sollen Journalist/innen im Falle häuslicher Gewalt das Opfer befragen und Bilder zeigen, aber nicht über männliche Gewalt als strukturelle Gewalt in einer Gesellschaft oder aber über Fremdenrechtsbestimmungen, die Gewalt an Migrantinnen begünstigen, berichten. Die Medienroutine der Personalisierung steht somit einer Auseinandersetzung mit komplexen Sachverhalten entgegen.

Für frauenpolitische Anliegen kann nun eine Medienstrategie darin liegen, sich an die Produktionsroutine der Mainstream-Medien anzupassen. Das »Unabhängige FrauenForum« hat in den Jahren 1996/97 mit dem FrauenVolksBegehren genau diese Strategie gewählt und war mit knapp 650.000 Unterschriften sehr erfolgreich. Personalisierung, Eventisierung, Prominenz,

Vereinfachung und Abstriche an inhaltlichen Forderungen waren die Bedingungen, setzten aber auch die Grenzen für erfolgreiche Medienarbeit.[5]

Eine weitere Medienstrategie besteht darin, auf einen Spill-over-Effect zu setzen. Das heißt: Hat ein Thema eine breitere Resonanz in feministischen Medien, Blogs oder Internetplatformen erreicht, so kann es zu einem Aufgreifen des Themas durch die Mainstream-Medien kommen. Allerdings kommt es im Zuge der Thematisierung wieder zu einer Simplifizierung der Inhalte.

Es bleibt also nach wie vor die konkrete Forderung an Medien und Medienpolitik aufrecht, dass es Änderungen in der Art der Berichterstattung geben muss. Die Verwendung geschlechtergerechter Sprache im öffentlich-rechtlichen Rundfunk sollte längst selbstverständlich sein, eine entsprechende Empfehlung an private Medienunternehmen ebenso. Richtlinien für eine geschlechtergerechte Sprache, für eine sensible Berichterstattung gegenüber Opfern sexueller Gewalt, für eine nicht-diskriminierende Medienberichterstattung bezüglich Geschlecht, Alter, Ethnizität, »Rasse«, Klasse und Religionszugehörigkeit sind für Medienunternehmen bereits praxisnah aufbereitet.[6] Ein stärkeres Engagement der Politik zur Umsetzung dieser Empfehlungen ist ein Gebot der Stunde.

siehe Timeline MA 57: Leitfaden »Sensible Berichterstattung zum Thema Gewalt an Frauen« (2008). Seite 298

Anmerkungen

1 Teresa de Lauretis: Technologies of Gender. Bloomington/Indianapolis 1987.

2 Vgl. Johanna Dorer: Diskurs, Medien, Identität. In: Johanna Dorer/Brigitte Geiger (Hg.): Feministische Kommunikations- und Medienwissenschaft. Opladen 2002, S. 53–78.

3 So sind beim österreichischen Werberat die Anzeigen wegen sexistischer Sujets gestiegen, wie ein Vergleich der Jahresstatistiken zeigt, vgl. http://www.werberat.or.at/beschwerdeliste.aspx?tid=3.

4 Vgl. Johanna Dorer/Brigitte Geiger/Regine Köpl (Hg.): Medien — Politik — Geschlecht. Wiesbaden 2008.

5 Vgl. Brigitte Geiger: Geschlechterverhältnisse als Medienereignis. In: Johanna Dorer/Brigitte Geiger (Hg.): Feministische Kommunikations- und Medienwissenschaft. Opladen 2002, S. 98–123.

6 Z. B. Sabine Funk/Brigitte Geiger: Gewalt gegen Frauen. Ein Leitfaden für sensible Berichterstattung in den Printmedien. Hrsg. von MA 57 — Frauenbüro der Stadt Wien, Wien 2003; Irmtraud Voglmayr: Leitfaden für einen nicht-diskriminierenden Sprachgebrauch, Wien 2008 (http://www.uibk.ac.at/gleichbehandlung/sprache/leitfaden_nicht_diskr_sprachgebrauch.pdf); Irmtraud Voglmayr: Leitfaden für diskriminierungsfreie Sprache, Handlungen und Bilddarstellungen. Wien 2011 (http://www.chancen-gleichheit.at/NR/rdonlyres/0AA7AF79-CDB8-40DB-A259-990344587502/0/leitfaden_diskrim_2010_web01.pdf).

Wir haben unsere Frauen schon überall! Sechs feministische Medienmacherinnen im Gespräch

Beate Hausbichler, Lea Susemichel

2010 feierte »AUF — Eine Frauenzeitschrift« im Wiener Rathaus ihr 35-jähriges Bestehen. Ein Jahr später musste Österreichs älteste feministische Zeitschrift bekannt geben, dass die Ressourcen für eine weitere Herausgabe fehlen und dass das 130. Heft die letzte AUF sein wird. »Die Arbeits- oder Studiensituationen sind heute anders. Wenn ständig das Damokles-Schwert der Existenzfrage über dir schwebt, ist es schwer, sich in ein Zeitungsprojekt richtig reinzuschmeißen«, so erklärte sich Eva Geber, die 35 Jahre AUF-Mitherausgeberin war, den Mangel an Nachwuchs bei der AUF. Aus Anlass der Einstellung der AUF trafen sich feministische Medienmacherinnen und Fachfrauen zu einem Round-Table-Gespräch über die Lage feministischer Medien in Österreich.
Der Einfluss neuer Medien, aber auch mögliche Barrieren im Zugang zu feministischen Medien waren unter anderem Thema im Gespräch zwischen Lea Susemichel (an.schläge. Das feministische Magazin), Gabi Horak (an.schläge), Ina Freudenschuß (*die*Standard.at), Rosa Reitsamer (Soziologin), Leonie Kapfer (Bloggerin beim Mädchenblog) und Eva Geber (AUF).[1] Bearbeitet und gekürzt von Beate Hausbichler und Lea Susemichel.

Lea Susemichel Rosa, du warst Mitarbeiterin am Forschungsprojekt »Feministische Medienproduktion in Europa«[2], im Zuge dessen die interaktive Webseite www.grassrootsfeminism.net für die Dokumentation feministischer Medien gegründet wurde. Wie ist das Verhältnis zwischen professionellen und »Liebhaberinnen«-Medien, bei denen unentgeltlich gearbeitet wird? Und gibt es eine Verlagerung von Print- zu Online-Medien?

Rosa Reitsamer Feministische »Graswurzel«-Medien sind — wie soziale Bewegungen generell — selten bezahlt. Es sind viele Fanzine-Produzentinnen dabei, aber auch Bloggerinnen oder Frauen, die digitale Archive führen. Bei den feministischen Magazinen ist Österreich eher eine Ausnahme, weil hier, gemessen an der Größe des Landes, eine relativ hohe Anzahl an feministischen Printmedien publiziert wird. Eine ähnlich hohe Anzahl finden wir beispielsweise in Schweden, aber auch in Großbritannien gibt es seit Beginn der Zweiten Frauenbewegungen eine starke Tradition, die in den 1990er Jahren leider eingebrochen ist, weil viele Zeitschriften aufgrund von Geldmangel eingestellt werden mussten und die wenigsten auf Weblogs oder E-Zines umgestiegen sind. Erst ab der Jahrtausendwende, mit der verstärkten Verbreitung des Internets, gibt es einen merklichen Anstieg an Neugründungen bei feministischen Blogs, Mailinglisten und E-Zines, die tendenziell von einer jüngeren Generation publiziert werden. Diese Medienproduzent/innen, unter ihnen auch einige wenige jüngere Männer, publizieren ihre Medien alleine oder im Kollektiv. Das heißt, durch die Nutzung des Internets lässt sich einerseits eine Pluralisierung hinsichtlich feministischer Medien feststellen, andererseits aber auch eine Individualisierung.

Ina Freudenschuß Ich finde es erstaunlich, wie groß die Bereitschaft ist, feministische Blogs zu betreiben und sich unbezahlt zu engagieren! Allerdings stellt sich für mich die Frage, ob es daneben weiterhin auch eine kritische Begleitung des politischen Geschehens gibt, wie das eben z. B. feministische Magazine leisten. Ich bin mir nicht sicher, ob Blogs das ersetzen können.

Susemichel Leonie, war das eine bewusste Entscheidung, ins Netz vorzudringen — angesichts der männlichen Dominanz, die es auch dort gibt?

Leonie Kapfer Die Frage nach einem Print-Magazin hat sich wegen fehlender Ressourcen gar nicht gestellt. Aber es war dennoch auch eine bewusste Entscheidung für eine Gegenbewegung mit einem Empowerment-Gedanken.

Durch Blogs erhalten viele Frauen die Möglichkeit, überhaupt zu publizieren und sich zu engagieren. Auch eine internationale Vernetzung ist durch Blogs möglich.

Freudenschuß Diese Vernetzung ist natürlich brillant, Stichwort digitaler Feminismus, da passiert derzeit im Sinne einer Kollektivbildung einiges. Denken wir z. B. an die Michael-Moore-Kampagne »#Mooreandme«, bei der Feministinnen über Twitter Michael Moore zur Rede gestellt haben, warum er Julian Assange verteidigt hat.[3]

Reitsamer Ich bin bezüglich neuer Medien- und Kommunikationstechnologien weniger optimistisch, weil sich auch hier nach wie vor die Zugangsfrage stellt: Wer hat Zugang zu Internet, Computern und Bildung? Historisch betrachtet hat die Erfindung neuer Technologien wohl kaum soziale Ungleichheiten minimiert, aber die Nutzung neuer Technologien kann bei spezifischen Gesellschaftsgruppen zu emanzipatorischen Effekten führen. Was die Frage der Vernetzung durch Internetnutzung angeht, hat unsere Forschung zu feministischer Medienproduktion gezeigt, dass es bei der Vernetzung zu unterschiedlichen Stärken und diversen Klusterbildungen kommt. Beispielsweise haben viele feministische Blogs im deutschsprachigen Raum, die von Kollektiven geführt werden, eine beachtliche Linksammlung zu anderen feministischen Medien. In den Interviews mit diesen Medienproduzent/innen stellte sich dann heraus, dass es auch in der »realen Welt« mit einzelnen Gruppen Kontakt gibt, und zwar vor allem mit jenen, die auch deutsch als Muttersprache haben, die eine sehr ähnliche feministische Einstellung teilen und sich für mehr oder weniger dieselben Themen interessieren. Zwischen diesen Gruppen entwickelt sich zusätzlich zur digitalen Vernetzung auch ein feministischer »Offline-Aktivismus«, der hinsichtlich Sprache, sozialer Herkunft der Medienproduzent/innen und der Themenwahl ziemlich homogen ist. Das heißt, das Internet hat sicherlich das Potenzial, um über Zeit und Ort hinweg soziale Netzwerke aufzubauen, aber das eben genannte Beispiel zeigt, dass der Transfer dieser digitalen Netzwerke in den realen Raum kaum stattfindet. Aber gerade dieser On- und Offline-Aktivismus, der möglichst pluralistisch sein sollte, ist meines Erachtens sehr wichtig, um gesellschaftliche Veränderungen zu bewirken. Das Internet kann

siehe Timeline MA 57: Einstiegshilfe »frauen-online« (1997). Seite 284 dabei sicherlich ein wichtiges Instrument sein, aber ich würde es vor allem hinsichtlich der Vernetzungsfrage nicht überschätzen.

> Susemichel Aber dass Medienpartizipation elitär ist, das trifft nicht nur auf die neuen Medien zu, sondern insbesondere auch auf Magazine und Zeitschriften …

Kapfer Und zur Frage der sozialen Ungleichheit aufseiten der KonsumentInnen: Das Internet ermöglicht es, viele verschiedene Medien zu konsumieren. Die wenigsten können sich jeden Tag fünf Zeitungen leisten.

Gabi Horak Die Medientheorie geht längst davon aus, dass ein Medium das andere nicht ersetzen kann. Die Diskussion gibt es immer wieder: Als der Fernseher kam, dachte man auch erst, die Kinos verschwinden.

Freudenschuß In netzaffinen Kreisen gibt es heute ein Bewusstsein dafür, dass die Bildung von sogenannten Echo-Kammern problematisch ist: Viele nehmen nur mehr das wahr, was sie persönlich interessiert oder betrifft. Deshalb sind Tageszeitungen mit Qualitätsjournalismus weiterhin wichtig. Zur Frage, ob das Internet etwas zur Demokratisierung beiträgt: Frauen betreiben zwar zwei Drittel der deutschsprachigen Blogs, sie bloggen aber meist zu höchst privaten Themen, die gar nicht die Öffentlichkeit suchen. Männer hingegen kommentieren sofort das Weltgeschehen und wetteifern darin, verlinkt zu werden oder auf die Top-Blog-Listen zu kommen. Da setzt sofort eine Hierarchisierung ein — das Internet spiegelt also auch nur die gesellschaftliche Realität wider.

Horak Wir haben jetzt zwei Feststellungen getroffen: Die eine ist, dass es eine junge Generation gibt, die mit dem Netz aufgewachsen ist und dessen Vorteile nutzt. Andererseits kann und soll das Netz andere Medien nicht ersetzen. Da stellt sich aber die Frage, ob es künftig noch Frauen geben wird, die auch die Zeitschriften übernehmen, nicht nur die Blogs.

Freudenschuß Die Erfolgsgeschichte des »Missy Magazine« stimmt in dieser Hinsicht ja optimistisch: eine neue feministische Zeitschrift, die sich mitten in der Wirtschaftskrise gegründet hat und sich etablieren konnte.

Susemichel An diesem Beispiel zeigt sich, dass die Generationenfrage auch mit neuen inhaltlichen Positionierungen zu tun hat und nicht nur mit neuen medialen Formen.

Kapfer Leute in meinem Alter sind sehr auf diese Pop-Ästhetik à la »Neon« festgelegt. Diesen Stil haben andere feministische Medien kaum aufgegriffen, und auch thematisch hat das »Missy Magazine« Popkultur und Feminismus vereint. Das kommt wahnsinnig gut an.

Horak Es braucht viele Voraussetzungen für eine gelungene Generationenübergabe in einem Medium, nicht nur finanzielle. Die vorangegangene Generation muss loslassen können, was nicht so einfach ist, denn das heißt auch, zu akzeptieren, dass das Projekt vielleicht in eine andere Richtung geht. Meiner Erfahrung nach ist es weniger ein Generationenproblem, sondern eine Frage von: Wo komme ich her? Inzwischen sind bei den »an.schlägen« fast ausschließlich Akademikerinnen und Studentinnen als Praktikantinnen aktiv. Das war bei der Gründung anders: Die Macherinnen kamen aus der Frauenbewegung und beruflich aus ganz unterschiedlichen Bereichen. Inzwischen sind die »an.schläge« auch insofern homogen — und das ist für uns seit vielen Jahren Thema —, dass wir ein Weißes Projekt sind mit relativ privilegierten Redakteurinnen. Das macht auch etwas mit den Inhalten der Zeitung. Viele Praktikantinnen kommen heute nicht mehr primär als Feministinnen zu uns, die sich in einem feministischen Projekt engagieren wollen, sondern sie wollen vor allem auch journalistisch arbeiten. Da sind die »an.schläge« quasi die Lehrredaktion, und irgendwann landen sie dann bei anderen Medien — wir haben unsere Frauen schon überall!

Geber Einen Generationenkonflikt in dem Sinne gab es bei der »AUF« überhaupt nicht. Es haben immer sehr viele junge Frauen mitgearbeitet, die konnten auch immer sofort alles übernehmen, und das ist auch immer wieder geschehen. Und ich habe immer sehr gerne — am liebsten sogar — mit den ganz jungen Frauen gearbeitet.

Reitsamer Ich finde es interessant, dass bei den »an.schlägen« ein Homogenisierungsprozess hinsichtlich Herkunft stattfindet. In Italien gibt es einige feministische Blogs wie etwa »Femminismo A Sud«, für die — ähnlich wie für »migrazine.at« in Österreich — Intersektionalität ein zentraler Ansatz ist. Ihre Blogs repräsentieren unterschiedliche Perspektiven, weil sie sich selbst als feministisch, queer, antisexistisch und antifaschistisch beschreiben und jede Art von Homo- und Transphobie ablehnen — also ein ausdifferenzierter feministischer Ansatz, der sich in den Inhalten der Blogs widerspiegelt.

> Susemichel Diese inhaltlichen Ansprüche treffen auch für die »an.schläge« zu. Die Tendenz zu einer personellen Homogenisierung erklärt sich meiner Meinung nach auch dadurch, dass grundsätzlich eine Akademisierung von Feminismus stattgefunden hat. Feminismus findet zunehmend vor allem an der Uni statt. Die meisten jungen Frauen werden heute an der Uni zum ersten Mal mit feministischen Inhalten konfrontiert und nicht über den Aktivismus.

Kapfer Bei den »an.schlägen« kommen immer wieder Junge nach, oder?

> Susemichel Wir hatten bei den an.schlägen immer schon eine große Fluktuation, was natürlich mit der schlechten Bezahlung zusammenhängt, von der keine lange leben kann. Daher war auch nie eine große Zäsur notwendig, sondern das Heft hat sich kontinuierlich verändert. Es war nie so wie bei der »Emma«, dass eine Zeitung vor allem mit einer Person verknüpft ist.

Geber Dass das keine Generationenfrage ist, zeigt sich z. B. auch daran, dass bei Alice Schwarzers Vorträgen in Wien der Saal voll war mit jungen Frauen, die ganz begeistert waren.

Horak Das Problem an Schwarzer ist, dass sie als »die« Feministin rezipiert wird, die die ganze Bewegung repräsentiert.

Geber Wir müssen aufpassen, dass es nicht nur eine Galionsfrau gibt, sondern viele. Aber es gibt immer noch diese gefährliche und zu allen Zeiten angewandte Strategie, den Frauen weiszumachen, sie hätten ihre Ziele doch erreicht und es gäbe keine Diskriminierung mehr. Das hat schon nach der

Einführung des Frauenwahlrechts begonnen: »Jetzt habt ihr bekommen, was ihr wolltet, jetzt könnt ihr aufhören …«.

Reitsamer Ich glaube, die gesellschaftliche Erwartungshaltung an jüngere Frauen, sich vom Feminismus zu distanzieren, steht vor dem Hintergrund neoliberaler Politik, die Feminismen und Antirassismen eine brutale Absage erteilt. Die feministische Terminologie der Selbstermächtigung, Selbstbestimmung und Wahlfreiheit wird von dieser Politik übernommen, um sie gegen junge Frauen zu kehren und ihnen zu suggerieren: Ihr seid gleichberechtigt. Ich denke, dass die Absage an den Feminismus als eine soziale Bewegung unter neoliberalen Verhältnissen eine neue Ausformung bekommen hat.

Freudenschuß Dass diese Einpassung von feministischen Werten in eine neoliberale Gesellschaft eine Gefahr ist, gegen die wir uns wehren müssen, dem pflichte ich absolut bei. Aber ich habe das Gefühl, dass Feministinnen sich wehren! Es gibt sehr viel feministische Kritik am kapitalistischen System, und es gibt starke linke feministische Positionen. Die Frage der Rezeption ist aber natürlich wieder eine andere, in die Medien kommt nur, was innerhalb des bestehenden Systems verhandelbar ist.

Ina Freudenschuß ist Ressortleiterin von »*die*Standard.at« (http://diestandard.at).

Eva Geber war 35 Jahre Redakteurin der »AUF — Eine Frauenzeitschrift«.

Gabi Horak ist seit 1998 Mitarbeiterin und Weggefährtin der »an.schläge. Das feministische Magazin«.

Leonie Kapfer bloggt für das »Mädchenblog« (http://maedchenblog.blogsport.de) sowie das European ProChoice-Network (http://europeanprochoicenetwork.wordpress.com).

Rosa Reitsamer forscht zu Musik-, Jugend- und Geschlechtersoziologie und ist Assistentin am Institut für Musiksoziologie an der Universität für Musik und Darstellende Kunst in Wien.

Lea Susemichel ist Redakteurin der »an.schläge. Das feministische Magazin«.

Anmerkungen

[1] Das Gespräch wurde von der Zeitschrift »an.schläge. Das feministische Magazin« organisiert und erschien in einer längeren Version in der Ausgabe Juni/2011.

[2] Das Projekt »Feministische Medienproduktion in Europa« wurde vom FWF gefördert, war bis Ende April 2011 an der Universität Salzburg im Fachbereich Kommunikationswissenschaft angesiedelt und wurde von Elke Zobl geleitet.

[3] Der Wikileaks-Gründer Assange wurde Ende 2010 von zwei Frauen der sexuellen Nötigung beschuldigt.

Feministische (Print-)Medien in Österreich 1991—2010

Brigitte Geiger, Renate Höllwart

Bereits in den 1970er Jahren entstehen in Österreich erste autonome feministische Medien, aber erst ab den 1980ern beginnt mit der Verbreiterung und Diffundierung der feministischen Bewegung und der Gründung der ersten Frauenprojekte der kontinuierliche Ausbau einer feministischen (Print-)Medienlandschaft, welcher um die Jahrtausendwende seinen Höhepunkt erreicht.

Die umfangreiche Zeitschriften-Datenbank von »STICHWORT. Archiv der Frauen- und Lesbenbewegung« erlaubt einen detailreichen Einblick in Strukturen und Entwicklungen der feministischen Zeitschriftenlandschaft Österreichs. In der Datenbank sind 198 österreichische Zeitschriftentitel erfasst, die nach 1970, dem Beginn der Neuen Frauenbewegung in Österreich, gegründet wurden. Entstanden als Printmedien-Sammlung umfasst die Datenbank heute auch elektronische Newsletter, nicht allerdings Webportale wie »ceiberweiber.at« oder »*die*Standard.at«.

Mit Ende 2010 sind 46 aktuelle Titel erfasst, deutlich weniger als zum Höchststand 1997 mit 76 Titeln. Von diesen erscheinen 32 in Wien, wie auch insgesamt die feministische Medienproduktion mit rund zwei Drittel der Titel sehr stark auf Wien konzentriert ist. Eine Auswahl der aktuellen, vorwiegend Wiener Zeitschriften und Informationsblätter ist in der Grafik beim jeweiligen Gründungsjahr angeführt. Die Daten wurden von Brigitte Geiger zusammengestellt und von Renate Höllwart visualisiert.

Allgemein-feministische Zeitschriften

wie AUF, an.schläge, [sic!] oder fiber richten sich thematisch breit an »alle« feministisch/ lesbisch Interessierten. Hier ist die Titelentwicklung relativ stabil: Nach ersten noch bescheidenen Anfängen in den 1970ern schwankt ihre Zahl zwischen 6 und 12 Titeln.

Frauenzentrums-Infos,

die zwischen Informationsblatt und allgemein-feministischer Zeitschrift changierenden Zeitungen der Frauenkultur- und Kommunikationszentren in den Landeshauptstädten (z. B. Zyklotron in Innsbruck, Infam in Linz oder Zahra lustra in Salzburg) waren für feministische Informationsvermittlung auf regionaler Ebene in den 1980er und 1990er Jahren von großer Bedeutung.

Fachzeitschriften,

also feministische Special-Interest-Titel zu Kunst, Literatur, Technik, Geschichte oder Theologie, entstehen in Verbindung mit der thematischen Spezialisierung und Differenzierung frauenbewegter Aktivitäten ab den 1980er Jahren, seit den 1990er Jahren ist dieser Zeitschriftentyp mit durchschnittlich 9 Titeln vertreten.

Informationsblätter

sind die am stärksten wachsenden Gruppe. Sie begleiten seit den 1980er Jahren den Aufbau einer breiten Infrastruktur an Frauenprojekten und Einrichtungen der Frauen- und Geschlechterforschung. Ihre Anzahl steigt von durchschnittlich 7 in den 1980ern auf rund 30 in den 1990ern und 2000er Jahren.

Elektronische Newsletter

ergänzen seit den 2000er Jahren die Informationstätigkeit der Frauenprojekte, zum Teil ersetzen sie auch die gedruckten Informationsblätter. Ihre Anzahl liegt derzeit bei knapp 10 Titeln — mit vermutlich weiter steigender Tendenz.

Sonstige

sind Mischformen bzw. in der Datenbank nicht zugeordnet.

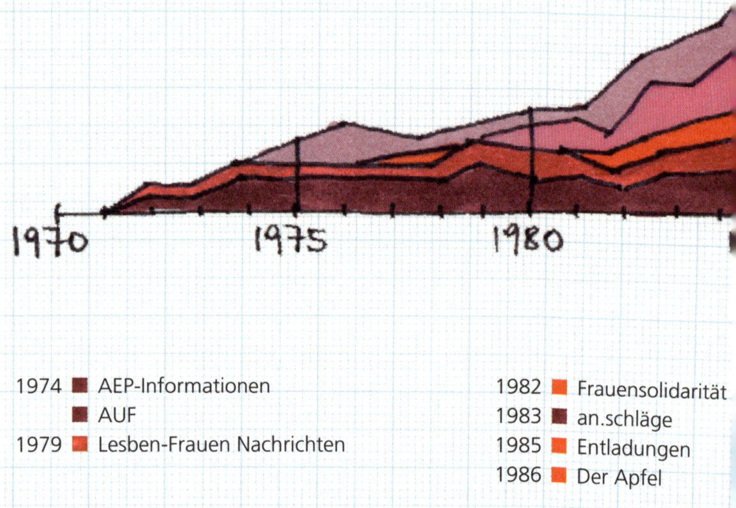

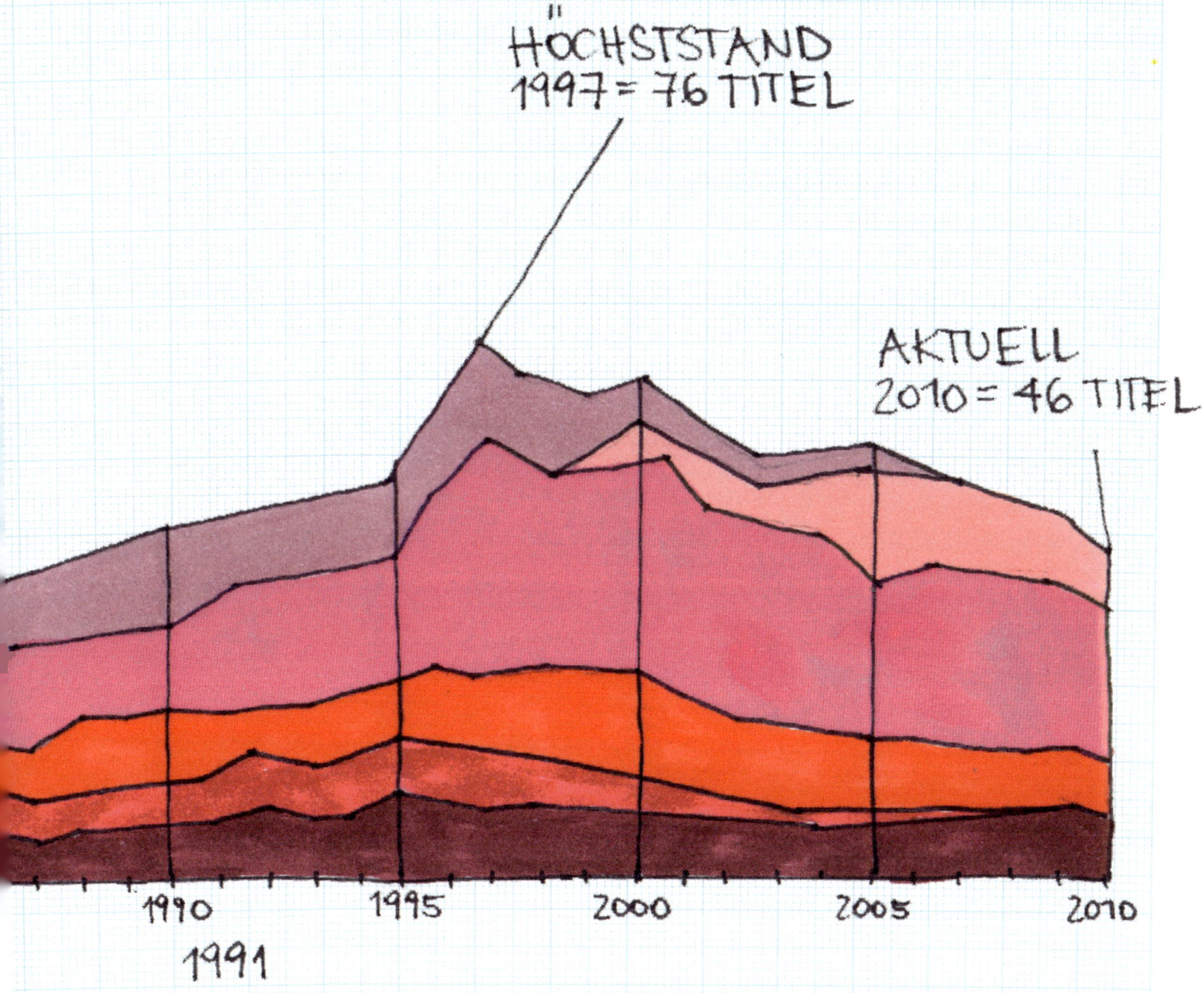

1990 L´Homme
1993 [sic!]
1995 Gewaltlos
WeiberDiwan
1996 STICHWORT-Newsletter
2002 fiber
2005 identities-Newsletter
FZ-Bar-Newsletter
2009 Decent Work for All!
MiGay
Kehrseiten

AEP
AUF
FRAUENNACHRICHTEN
EINLADUNG ZUM INFORMATIONS-FEST
FRAUENSOLIDARITÄT
an.schläge
Entladungen
AGA 1986
Arbeitsgemeinschaft Autorinnen
L'HOMME
Religion
[sic!]
GEWALTLOS 1/95
Editorial
WeiberDiwan
fiber
STICHWORT
kehr seiten

Seite 210/211, Zeichnung: Thomas Kuscher
Seite 212/213, STICHWORT-Archiv, Fotos: Werner Prokop

Platz da!

Öffentlicher Raum als Raum der Aushandlung und Inszenierung geschlechtlicher Ordnungen

Elke Krasny

»Was und wer wird uns wie und wo mit welchem Geschlecht zu sehen gegeben? Nicht sichtbar oder unsichtbar gemacht?« (Irene Nierhaus, 2002)[1]

Sie verlässt das Haus. Es ist ihr Elternhaus, von dem sie aufbricht. Entschlossen macht sie sich auf den Weg. Sie hat etwas vor. Es ist das Jahr 1904. Ihr Kopf ist bedeckt, so wie es die Konvention verlangt. Der Hut, den sie aufhat, ist nicht klein. Ihr Körper ist geschnürt. Sie befolgt gehorsam die Spielregeln, was die kleidenden Vorschriften für die bürgerlichen Frauenkörper anbelangt. Ihre Jacke hat sie fest zugeknöpft. Ihr Rock ist geziemend lang. Sie weiß, was sich gehört, sie hat es noch vor sich, ihre Stadt zu durchqueren, um an ihr Ziel zu gelangen. Sie bewegt sich entschlossen. Eiligen Schrittes geht sie voran. Sie hält ein Stück Freiheit in der Hand. Sie trägt eine Tasche. In der Tasche ist das Versprechen des Abenteuers, das ein öffentliches werden wird. Sie gelangt an ihr Ziel. Sie trifft die vier anderen, mit denen sie sich verabredet hat. Sie öffnet die Tasche. Sie montiert das Mitgebrachte an die Füße. Auch ihre Freundinnen sind bereit. Gemeinsam kann es losgehen. Sie bewegen sich rasch vorwärts. Die Straße gehört ihnen. Sie sind Rollschuhläuferinnen. Schnell und sicher gleiten sie dahin. Nichts kann sie aufhalten. Vor den Bäumen sind die männlichen Beobachter. Sie stehen Spalier.

Beide Gruppen, die rollschuhlaufenden Frauen und die stehenden Männer, demonstrieren. Es handelt sich um eine Demonstration der Verhältnisse. Die einen führen ihre Außergewöhnlichkeit vor. Die anderen führen

Foto: ÖNB/Wien, KO 2828-C

ihre Blicke vor. Sie starren. Sie trauen ihren Blicken kaum. Sie sind zur Seite getreten, um ihren Vorurteilen freien Lauf zu lassen. Sie sehen dem zu, was einer Überschreitung aller herrschenden Vorstellungen gleichkommt. Eigenständig, schnell, selbstbewusst, sportlich und wie mühelos bewegen sich diese fünf Frauen durch den öffentlichen Raum. Sie werden sich diesen erobern, Zug um Zug.

Bedeutungsebenen des öffentlichen Raums

Wenn wir bei dieser Schwarz-Weiß-Aufnahme[2] aus der ersten Dekade des 20. Jahrhunderts verweilen, dann lässt sich an Hand dieser Fotografie entfalten, welch verschiedene Bedeutungsebenen mit dem Begriff des öffentlichen Raums verbunden werden müssen, um diesen in seiner Vielschichtigkeit zu erhellen und zu verdeutlichen. Zugleich lässt sich mit den Raumvorstellungen darlegen, wie soziale und kulturelle Vorstellungen von Geschlechterbeziehungen, Geschlechterkonventionen und Geschlechtergeschichten diesen öffentlichen Raum beherrschen, prägen, strukturieren, queren, von diesem öffentlichen Raum mitbestimmt werden, diesen aber auch dynamisch verändern.

siehe Timeline MA 57: Ausstellung »Wem gehört der öffentliche Raum – Frauenalltag in der Stadt« (1991). Seite 279

Im engeren Sinne versteht man unter dem öffentlichen Raum jenen Raum, der im Eigentum der öffentlichen Hand ist. Verkehrsräume, Aufenthaltsräume oder Außenräume wie Parkanlagen, Friedhöfe oder botanische Gärten, aber auch öffentliche Bauten wie Rathäuser, Parlamente, Museen oder Freibäder gelten gemeinhin als öffentliche Räume. Diese Räume zeichnen sich durch ihre starke Beziehung zum Allgemeinwohl aus. Privatbesitz oder Firmenbesitz wird als Gegensatz zum öffentlichen Raum verstanden.

Öffentlicher Raum zeichnet sich durch Zugänglichkeit aus. Für diese Zugänglichkeit gelten Gesetze und Regeln. Wie diese öffentlichen Räume genutzt werden können und dürfen, unterliegt historischen Veränderungen und wird immer wieder neu verhandelt. Die Bestimmung der Zugänglichkeit und Bewegung in diesen genannten Räumen ist für die Definition, Verhandlung und Erzeugung von Öffentlichkeit von höchster Relevanz.

Im Kontext des Stadtplanungsverständnisses wird öffentlicher Raum oft sehr allgemein, fast umgangssprachlich, als jener Raum begriffen, der nicht bebaut ist, und damit auf das reduziert, was übrig bleibt, wenn man das Bebaute abzieht, also Straßen oder Plätze. Zum einen lässt sich so zeigen, dass es sich beim öffentlichen Raum um physischen Raum handelt, um Raum im engeren architektonischen und planerischen Sinne, der entworfen, gestaltet, verwaltet, verändert und benutzt wird. Zum anderen führt das umgangssprachliche Planungs-Alltagsverständnis des öffentlichen Raums der Straßen und Plätze unmittelbar zu jener nächsten Dimension des öffentlichen Raums, die weit über die Physis der Stadtgestalt hinaus geht. Straßen und Plätze sind, historisch wie gegenwärtig betrachtet, Terrain des Politischen, des Sozialen und des Kulturellen. Auf Straßen und Plätzen wird Öffentlichkeit hergestellt. Auf Straßen und Plätzen wird demonstriert und manifestiert, protestiert und konferiert, aber auch gefeiert und zelebriert.

Öffentlicher Raum als Terrain des Politischen

Um im lokalen Wiener Kontext zu bleiben, sei an die Revolution des Jahres 1848, bei der Männer und Frauen auf dem Michaelerplatz Barrikaden errichteten, erinnert oder an das Lichtermeer, die Demonstration gegen Fremdenfeindlichkeit, die am 23. Jänner 1993 ihren Treffpunkt am Heldenplatz hatte und an der an die 300.000 Menschen teilnahmen. Mit dem Heldenplatz als gewähltem Demonstrationsort war eine bewusste, geschichtspolitische Entscheidung getroffen, war doch der Heldenplatz jener Ort, an dem Adolf Hitler anlässlich des Anschlusses Österreichs an das Deutsche Reich empfangen worden war.

Auch die Frauendemonstrationen auf der Wiener Ringstraße zeugen von geschichtspolitischem Bewusstsein und versuchen — anders als im Falle des Lichtermeeres, das einen Ort kritisch neu besetzen und dabei eine Erinnerung wachhalten will —, eine kontinuierliche Traditionslinie herzustellen, die sich spezifisch mit dem Ort über die Jahrhunderte verbindet, wiewohl die Tradition eine behauptete und gerade wegen des Naziregimes eine von Vertreibung, Mord, Wunden und Diskontinuitäten gekennzeichnete ist. Am 19. März des Jahres 1911 fand eine erste Frauendemonstration auf der Wiener Ringstraße statt, an der 20.000 Menschen, vorwiegend Frauen, teilgenommen hatten. Genau 100 Jahre nach dieser Demonstration entlang der Ringstraße, dem historischen Repräsentationsboulevard von Adel, Großbürgertum und Hochfinanz, die heute zum Weltkulturerbe Historisches Zentrum von Wien gezählt wird, fand am 19. März 2011 hier wieder eine Demonstration für Frauenrechte statt — in Erinnerung an die historischen

siehe Timeline MA 57: Ausstellung »FESTE.KÄMPFE« und Demonstration »20.000 Frauen« (2011). Seite 303

Kämpfe, aber auch in eindringlicher Bewusstmachung der Notwendigkeit zeitgenössischer Manifestationen von Frauenanliegen — »AUS! Aktion Umsetzung. Sofort«. Die Demonstration diente dazu, die Ziele und Forderungen an die Öffentlichkeit zu tragen. Auszugshaft seien folgende genannt: »Wir wollen in einer Welt leben, in der Frauen selbstverständlich und in allen Bereichen von Gesellschaft und Politik mitentscheiden. [...] Mädchen und Frauen ihre Geschichte kennen und über die Leistungen anderer Frauen Bescheid wissen. Alle Menschen uneingeschränkten Zugang zu Bildung haben und Lebens- und Arbeitsverhältnisse bestehen, die dies ermöglichen.«[3] Organisiert wurde diese erinnerungspolitisch aktivierende wie zeitgenössisch handelnde Demonstration von der Plattform 20000frauen, einer überparteilichen, interkulturellen und interkonfessionellen Plattform von Einzelpersonen und Initiativen.[4] Historisch wurde das Mittel der Demonstration, aber auch andere Mittel wie Shouting Outs im Parlament, im Kontext der ersten Frauenbewegung in vielen Städten von Frauen verwendet, um das Wahlrecht zu erkämpfen.

Auf-die-Straße-Gehen hat die Bedeutung angenommen, für Anliegen öffentlich einzutreten, zu kämpfen, zu demonstieren, Widerstand zu leisten. Unter dem Pflaster der Strand, lautete die Devise der Demonstrationen im Paris des Jahres 1968. Unter dem Pflaster der Wald, liest man auf einem Agit-Prop-Poster der radikalen UmweltschützerInnen, die in den 1990er Jahren in London im Rahmen der Reclaim-the-Streets-Bewegung eine illegale Massenparty abhielten. Ikonisches Bild der Bewegung war eine Riesin mit einem Reifrock, unter dem sich ein Bohrer befand, der das Loch für den zu pflanzenden Baum vorbereitete. Gerade jüngste zeithistorische Ereignisse wie die Antiglobalisierungsbewegung und die G8-Demonstrationen, der Arabische Frühling 2010, wo der Tahrir Square in Kairo zu einem Synonym der Bewegung wurde, oder die Massenproteste in den Straßen Athens 2011 führen die ebenso umkämpfte wie zentrale Bedeutung der Verbindung von Öffentlichkeit und Raum deutlich vor Augen.

Zwei Gründe scheinen dafür ausschlaggebend. Zum einen sind es genau jene sozialen Netzwerke und virtuellen Verknüpfungen, die zu neuen Organisationsformen öffentlicher Manifestionen beitragen, die die physische Präsenz immer bedeutsamer machen. Zum anderen haben Entwicklungen der neoliberalen Stadt seit den 1980er Jahren mit ihren investorengetriebenen Logiken in Verbindung mit dem steigenden paranoiden Kontrollparadigma seit 9/11 den öffentlichen Raum in einer Weise okkupiert, die es notwendig macht, diesen in seiner öffentlichen und politischen Dimension wieder zu besetzen.

Dabei spielt die Wahl des Ortes, der mit den Anliegen einer Demonstration, einer öffentlichen Kundgebung besetzt wird, eine strategische Rolle. In der zumindest temporären Umdeutung eines Ortes, in der Einschreibung gegenhegemonialer Forderungen, wird die repräsentative historische Logik sichtbar gemacht. Am Beispiel der Ringstraße ist es die historische Bedeutungsebene der Macht dieses Repräsentationsboulevards, der im Jahr 1911 von den demonstrierenden Frauen eingenommen wurde. Dies führt zu einer weiteren Ebene innerhalb der Wirkungsweisen des öffentlichen Raums. In diesen öffentlichen Räumen besteht eine Wahrnehmungs- und Bedeutungshierarchie. Die Frauen des Jahres 1911 besetzten mit ihren Anliegen den repräsentativen, hegemonialen Boulevard der patriarchalen Gesellschaftsordnung. Diese Strategie der bewussten Umdeutung ist zentral für die Verhandlung von Gesellschaftsordnungen und Geschlechterverhältnissen und verweist auf die Potenzialität von Umdeutungen.

Öffentlicher Raum im Diskursiven

Kehren wir noch einmal an den Anfang zurück, zu der Fotografie aus dem Jahr 1904, die von einer Raumnutzung visuelles Zeugnis ablegt, die in der hegemonialen Erinnerung an Bewegungen in der Stadt keine Karriere gemacht hat. Dies bringt uns zu jener Ebene des öffentlichen Raums, die sich mit dem Veröffentlichen, Berichterstatten, Tradieren und dem Diskursiven verbindet. Weil diese Fotografie Teil einer öffentlichen Sammlung ist, im Bildarchiv der Österreichischen Nationalbibliothek aufbewahrt wird, ist sie uns heute zugänglich, lässt sich mit ihr ein anderer Blick auf den öffentlichen Raum des Jahres 1904 werfen. Öffentlicher Raum wird hergestellt und ausgehandelt, über physisch Gebautes, über kulturelle und soziale Ordnungen und normative Gesetze, über Handlungen und Aktionen, aber auch über die Bildproduktion, die diesen Raum darstellt und tradiert.

Im Sinne der kritischen Auseinandersetzung mit geschlechtlichen Ordnungen, die durch diese öffentlichen Räume vorgeschrieben wurden, und im Sinne einer kritischen Auseinandersetzung mit der Beschreibung und Darstellung dieser öffentlichen Räume im medialen, aber auch im wissenschaftlichen Kontext sind Interventionen auf allen Ebenen notwendig, als Sichtbarmachung einer politischen Forderung nach Geschlechtergerechtigkeit ebenso wie als Sichtbarmachung der kritischen Dekonstruktion des Vergeschlechtlichten. Was, wer, wie, wo? Was wird uns zu sehen gegeben? Wer sieht wie? Wo wird wer gesehen? Was ist erlaubt? Die Geschichte des Verhandelns der Öffentlichkeit im öffentlichen Raum geht weiter.

Anmerkungen

[1] Irene Nierhaus: Einleitung. In: Irene Nierhaus, Felicitas Konecny (Hg.): räumen. Baupläne zwischen Raum, Visualität, Geschlecht und Architektur. Wien 2002.

[2] Diese Aufnahme von rollschuhlaufenden Frauen im Wiener Prater befindet sich im Bildarchiv der Österreichischen Nationalbibliothek. Sie wurde anlässlich der Ausstellung »Aufbruch in das Jahrhundert der Frau? Rosa Mayreder und der Feminismus in Wien um 1900« im Historischen Museum der Stadt Wien (heute Wien Museum) im Jahr 1989 ausgestellt. Für die Covergestaltung meines im metro Verlag erschienenen Buchs »Stadt und Frauen. Eine andere Topographie von Wien« wurde ein Ausschnitt aus dieser Fotografie verwendet.

[3] Selbstdarstellung unter www.20000frauen.at/.

[4] Vgl. die Vernetzungsplattform unter www.20000frauen.at.

»Gemeindebau«

Carola Dertnig

In die Namen von Straßen, Plätzen und Gebäuden schreiben sich gesellschaftliche Verhältnisse ein. Carola Dertnig nimmt in ihrem Video »Gemeindebau« aus dem Jahr 2005 Bezug auf die problematische Benennungspraxis bei einem Wiener Wohnhaus. Sie schreibt: »Trotz des erwiesenen Nahverhältnisses von Wagner-Jauregg zum nationalsozialistischen Regime ist nach wie vor ein Gemeindebau in Wien 9 nach ihm benannt, ohne dass dies auf einer Gedenktafel zusätzlich vermerkt wurde.« Um dieser fragwürdigen geschichtspolitischen Manifestation etwas entgegenzusetzen und zugleich auf die männlich dominierten Namensgebungen hinzuweisen, macht Carola Dertnig in ihrem Video 32 Vorschläge zur Umbenennung nach politisch aktiven und zum Teil unterrepräsentierten KünstlerInnen und Gruppen: »Die Damen« sind zum Beispiel eine 1987 gegründete Künstlerinnengruppe, in der Ona B., Ingeborg Strobl, Birgit Jürgenssen und Evelyn Egerer gemeinsam an prozessorientierten Performances arbeiteten. Eine Generation jünger waren die Künstlerinnen Katrina Daschner, Stefanie Seibold und Johanna Kirsch, die Anfang der 2000er Jahre den »Salon Lady Chutney« gründeten — einen Raum für Performancekunst in Wien. Die »HOSI« wiederum ist der erste und somit älteste Lesben- und Schwulenverein Österreichs.

Folgeseiten
Videostills: »Gemeindebau« 2005

Die Damen

Salon Lady Chutney

Hosi Wien

Wem gehört der öffentliche Raum?

Irmtraud Voglmayr im Gespräch mit Elke Gaugele und Gabu Heindl

Die Kulturwissenschaftlerin Elke Gaugele und die Architektin Gabu Heindl trafen sich mit der Soziologin Irmtraud Voglmayr zum Gespräch über geschlechtlich-räumliche Ordnungen im öffentlichen Raum. In der Diskussion, die hier in bearbeiteter und gekürzter Form wiedergegeben wird, ging es u. a. um »Angsträume«, geschlechtlich codierte Räume und feministische Raumaneignungsstrategien. Die Fragen wurden von Irmtraud Voglmayr gestellt.

Irmtraud Voglmayr Ausgehend vom Diskurs »Öffentlicher Raum und Geschlecht« möchte ich an die Angstraumdebatte anknüpfen, die in den 1980er Jahren sehr ausgeprägt war, getragen von Planerinnen und Architektinnen. Der Gegendiskurs dazu war der Gewaltraumdiskurs, gegenwärtig sprechen wir aber von Kontrolle und Überwachung, Unsicherheiten des öffentlichen Raumes — es hat also eine Diskursverschiebung stattgefunden. In der Stadtplanung fanden/finden Ortsbegehungen statt mit Blick auf Beleuchtung, Gefahrenzonen wie Gebüsche etc.

Gabu Heindl In der konkreten Stadtplanung und Stadtgestaltung wird das immer noch gemacht. Ich kenne auch jene Gegenargumente, die besagen, dass man mit dem Auslöschen jeder Nische, jeder unsichtbaren Stelle vieles

unmöglich macht, was im öffentlichen Raum wichtig ist. Stichwort Betteln oder Obdachlosigkeit. Der Diskurs »totale Sichtbarkeit bzw. Einsehbarkeit« steht dem radikal entgegen, was man eine Differenzierung des öffentlichen Raumes nennt. In Bezug auf Angsträume kenne ich aber viele gute ArchitektInnen, die sich differenziert mit diesem Thema auseinandersetzen.
Ich finde es auch wichtig, und es ist in der Zwischenzeit Standard in der Stadtplanung und da gerade im Wohnbau, darauf zu achten, ob es lange Wände ohne Fenster gibt etc. Wichtig ist auch, dass die Erdgeschosszone belebt ist, dass hier Leute wohnen und arbeiten, das macht ja auch den öffentlichen Raum aus.

siehe Timeline MA 57: Ausstellung »Stadtgerechte Frauen. Frauengerechte Stadt« (1995). Seite 282

Elke Gaugele Ich finde, dass Angsträume immer auch in Verbindung mit dem Sozialen zu sehen sind. Wer schreitet ein in Gewaltsituationen im öffentlichen Raum, in der U-Bahn zum Beispiel? Wer greift ein und wer schaut zu? Ich habe selber in den 1980er Jahren ein Wen-Do-Training gemacht — das war ja damals in feministischen Kreisen sehr verbreitet —, und es war sehr gut, so einen »inneren angstfreien Raum« durch dieses Kampftraining zu haben. Ich habe mich dann auch überall hingetraut, und es hat mir auch die Kraft gegeben, wenn ich mal beim Joggen einem Exhibitionisten im Wald begegnet bin, den ins Schienbein zu treten und danach bei einer Nummer der Frauennetzwerke anzurufen, die in den 1980er Jahren geschaffen worden sind, also diese zu nutzen, um Gewaltsituationen aktiv begegnen zu können bzw. erst gar nicht aufkommen zu lassen.

Heindl Angstraumdebatte macht ja auch Angst.

Voglmayr Der Begriff muss überhaupt in Frage gestellt werden, denn hier handelt es sich um eine Bezeichnungspraxis, die Gefahren im öffentlichen Raum betont mit weitreichenden Folgen für die Mobilität von Frauen. Das bedeutet, dass wir Frauen uns schön bescheiden, wenig bewegen im öffentlichen Raum, wenig raumgreifend agieren. Die Gewalt gegen Frauen findet aber im privaten Raum statt, und wider besseren Wissens fühlen wir uns doch unsicher bzw. sicherer an ausgeleuchteten Orten, mit Kampftrainingserfahrungen. Welche Tricks wenden wir an? Ich finde zum Beispiel das Handy hilfreich, wenn ich nachts allein unterwegs bin.

siehe Timeline MA 57: Broschüre »Sicherheitstipps für Frauen in Wien« (1996). Seite 283

Heindl Wenn zu spät, zu allein, die Situation nicht abschätzen könnend, dann stecke ich die Schlüssel zwischen meine Finger (der Klassiker), das ist aber sehr selten. Trotzdem ist Ausleuchtung zweifellos sehr wichtig für die Stadt.

Voglmayr Wem gehört der öffentliche Raum, ist gegenwärtig eine aktuelle Fragestellung. Wie definieren wir den öffentlichen Raum? Öffentliche Orte sind ja immer auch umkämpfte Orte.

Heindl Die Frage »wem gehört der öffentliche Raum« hat insofern etwas fast Absurdes, als es ja den öffentlichen Raum als beschreibbare fixe Größe nicht gibt. Und kann er jemanden gehören? Ich mache einen Unterschied zwischen öffentlich zugänglichem Raum und öffentlichem Raum. Öffentlich zugänglicher Raum ist ein Raum, den wir jetzt aufsuchen können, sofern kein Eintrittsverbotsschild dasteht. Öffentlicher Raum ist potenziell auch ein Diskursraum.

Gaugele Öffentlichkeit setzt einen Diskurs voraus.

Heindl Es impliziert die Anderen. Das potenzielle Treffen auf den Anderen. Der Schanigarten kann das, der Privatgarten möglicherweise nicht.

Voglmayr Also die Begegnung mit dem Anderen stellt Öffentlichkeit her.

Heindl Im öffentlichen Raum werden Konflikte ausgetragen, es wird agiert und Politik gemacht.

Voglmayr Ist der öffentliche Raum ein geschlechtlich codierter Raum? Existiert dieses dualistische Modell von Öffentlichkeit und Privatheit, das sich in entsprechenden Räumen materialisiert, oder sind diese geschlechtlich codierten Räume in Auflösung begriffen?

Gaugele Innerhalb der Genderdebatten geht es nicht nur um weiblich/männlich, es hat sich durch die Queer Studies ja schon erweitert. Geschlechtermodelle sind differenzierter, vielstimmiger als diese reine Männlich-weiblich-Debatte der 1970er und 80er Jahre. Wir brauchen Räume, wo diese Vielstimmigkeit ihren Platz findet, um andere, alternative Lebensformen

Playing the City 3. Kommando Agnes Richter Börsenplatz, Frankfurt 2011.
Schirn Kunsthalle Frankfurt, Foto: Sascha Rheker

auszuprobieren. Ein Problem liegt auch in der Gentrifizierung von Räumen, die Situation ist insgesamt sehr repressiv.

Heindl Richard Florida z. B. meint, eine coole Stadt ist dann cool, wenn es möglichst viele queere BewohnerInnen und Lebensformen gibt. Das Label »queer«, »Queering the city«, setzt sich immer mehr im Urbanen durch.

Voglmayr In der Soziologie, vor allem aber in der Planung, werden nach wie vor viele Bewegungsskizzen und Nutzungsstudien durchgeführt. Ich habe damit meine Probleme, weil ich finde, dass im Prinzip damit geschlechtlich codierte Raumaneignungsmuster und Nutzungsweisen reproduziert werden — Männer halten sich hier auf, Frauen dort. Hier werden Geschlechterdualismen fortgeschrieben.

Heindl Ich habe auch ein Problem damit, aber es ist ein interessantes Thema. Auch wenn ArchitekturstudentInnen rausgehen und Befragungen machen, ist es oft problematisch, aus einer kurzen Analyse Fakten zu machen. Das kann eine Fortschreibung dieser Dualismen sein.

Voglmayr Brauchen wir überhaupt noch Frauenräume?

Heindl Wir hatten eine sehr intensive Diskussion über das Frauenwohnprojekt »Rosa Kalypso« im Kabelwerk. Das ist ein öffentlich geförderter Wohnbau, ein bestimmter Anteil an Wohnungen kann an »Bedürftige« vergeben werden, und so sind Männer eingezogen. Frauen suchen sich gegenseitig aus und sind dann entsetzt, dass da Männer einziehen, die sie sich nicht ausgesucht haben. Es handelt sich hier aber auch um kein feministisches Projekt.

Voglmayr Ich finde das auch schwierig, weil diese Debatten rund um explizite Frauen- und Lesbenräume stattfinden, um feministische Projekte, die vor 20, 30 Jahren gegründet wurden. Ich denke schon, dass es eine Qualität hat, einen Raum zu haben, in dem sich nur Frauen treffen, aber dieses Festhalten an der starren Geschlechtertrennung halte ich auch für problematisch.

Heindl Räume für explizit feministische Politik ja, je mehr desto besser …

Klaus Thien/Irmtraud Voglmayr/Reinhard Zuba: Nutzung öffentlicher Räume im Ziel-2-Gebiet durch jugendliche Migrantinnen und Migranten. Projekt im Auftrag der MA 18 — Stadtentwicklung und Stadtplanung. Wien 2003, Foto: Verein Echo.

Gaugele Und wenn Männer an dieser feministischen Politik partizipieren auch. Und man sollte diese Räume nicht Frauenräume, sondern »queere Räume« nennen. Feministisch ja, im Sinne, dass ich mein Begehren leben kann, mit wem ich leben kann und will.

Heindl Frauenhäuser jedoch sind ganz wichtig und brauchen auch keinen anderen Namen. Das ist etwas anderes als die Homogenisierung von Lifestyles.

Voglmayr Zurück zum öffentlichen Raum: Die Dominanz der Ballspielkäfige in den Parks, in denen die Jungs Fußball spielen, ist nicht zu übersehen. Als Reaktion wurden geschlechtersensible Parks konzipiert verbunden mit der Demontage des Fußballkäfigs. Wir haben in diesem Zusammenhang vor einigen Jahren im Rahmen eines Forschungsprojekts die Aktion »Mädchentage im Käfig« — Käfig-Nutzung an bestimmten Tagen zu einer bestimmten Zeit — durchgeführt.

Heindl Die Ausnahme bestätigt dann aber noch expliziter die Regel, wenn sie den Käfig nur für zwei Stunden nutzen dürfen. Das wäre meine Sorge. Aber es ist eigentlich schon zu sehen, wie der öffentliche Raum von Buben und Männern selbstverständlich angeeignet und dominiert wird. Dieser Dominanz etwas entgegenzusetzen, ist wahrscheinlich schon ein interessanter Versuch.

Voglmayr Als feministische Praktiken im öffentlichen Raum können auch Frauen-Stadtspaziergänge und Aktivitäten wie »urban knitting« gesehen werden. Feministinnen begeben sich auf Spurensuche nach der Sichtbarkeit von Frauen im öffentlichen Raum. Wo finden sich Zeichen und Spuren über das Wirken von Frauen in Wien? Neuerdings werden auch private Tätigkeiten wie Stricken in der Öffentlichkeit zu einer politischen Aktion.

siehe Timeline MA 57: Ausstellung »Stadt und Frauen – Eine andere Topografie von Wien« (2008). Seite 298

Gaugele Das »urban knitting« ist schon eine interventionistische Praxis im öffentlichen Raum, ähnlich wie Graffiti. Obwohl, wenn Graffitis wie am Donaukanal mit Genehmigung passieren, dann ist das auch schon wieder etwas Inszeniertes und hat nichts mit einer interventionistischen Praxis zu tun.

Voglmayr Räume anzueignen, zu besetzen, die Stadt als kollektiven Raum wahrzunehmen, hat auch in Wien Tradition. Es gibt viele interessante Raumaneignungsstrategien, ich denke da auch an die letzten großen StudentInnenproteste.

Gaugele Im achten Bezirk, in der Lange Gasse, gibt es schöne Raumaneignungsfeste, indem Sofas, Tische und Stühle auf die Straße gestellt werden und aus der Straße das Wohnzimmer gemacht wird. Das unterscheidet sich sehr schön von den kommerzialisierten, inszenierten Straßen- und Stadtfesten.

Heindl Aber solche Aktivitäten passieren halt im 7. und 8. Bezirk. Die Frage ist, was passiert, wenn das MigrantInnen im 15. Bezirk machen? Da gibt es einen Riesenunterschied in der Akzeptanz. Das ist eine Frage des Lifestyles, die im 8. Bezirk dazugehört, aber im 15. Bezirk nicht.

Gaugele Ich habe in Köln in einem Stadtteil gelebt, der ist vergleichbar mit dem 15. und dort gab es auch das türkische Wohnzimmer.

Voglmayr Generell ist ja zu beobachten, dass immer mehr Verhaltensweisen im öffentlichen Raum kriminalisiert werden. Es wird wichtiger, wer bewegt sich wo und was wird als gefährlicher Ort definiert.

Heindl Wir haben es mit einer Kontrollarchitektur zu tun: Gegen die Aneignung von Stadt wird designed. Jede Designinnovation muss man sofort hinterfragen im Hinblick auf Auswirkungen auf Raumkontrolle. Einzelsitze, damit man nicht mehr liegen und schlafen kann. Anti-Skateboard-Stopper, wie z. B. in der Hamburger Hafenstadt, die ist gespickt voll damit.

Voglmayr Dürfen wir die Städte den PlanerInnen und ArchitektInnen allein überlassen? Dabei stellt sich weiters die Frage, welche Bedeutung Partizipationsprozesse für die ExpertInnen haben?

Gaugele Es gibt ja auch PlanerInnen mit Visionen, die können wirklich viel verändern und denken partizipativ. Ich habe das an den Beispielen Tübingen und Freiburg erlebt.

Heindl Also den patriarchalen Planern kann man sie nicht überlassen. Aber auch bei Partizipationsprojekten macht es Sinn, die Expertise von ArchitektInnen einzubringen. Es geht um andere Planungsformen.

*siehe Timeline MA 57: Tagung und Bauprojekt »FrauenWerkStadt« (1993), Seite 181, Frauenwohnprojekt [ro*sa] (2009), Seite 299*

Voglmayr Andere Planungsformen, das bedeutet für mich, dass die veränderten Geschlechterbeziehungen, also die veränderten Wohn- und Lebensmodelle in die Stadtplanung eingehen müssen und dass diese Geschlechterbeziehungen immer im Zusammenhang mit Strukturkategorien wie Klasse, Ethnie etc. zu denken sind.

Elke Gaugele ist empirische Kulturwissenschaftlerin, Autorin und Kuratorin sowie Professorin an der Akademie der bildenden Künste in Wien. Hier leitet sie das Ordinariat »Moden und Styles« im künstlerischen Lehramt (IKL).

Gabu Heindl ist Architektin und staatlich befugte und beeidete Ziviltechnikerin. Realisierungen öffentlicher Kultur- und Sozialbauten sowie Forschungen und Publikationen zu Arbeit, Urbanität und Alltag. Publikationen in Fachzeitschriften wie JAE, Umbau, Volume, dérive u. a.

Irmtraud Voglmayr ist freie Soziologin und Kommunikationswissenschafterin und Lehrbeauftragte. Sie arbeitet u. a. zu medialen Diskursen zu Alter und Geschlecht, Stadt- und Freizeitforschung und Prekarisierung.

»Und so sangen wir nach den Regeln der Straße«

Annegang

Es geschah ganz plötzlich, obgleich die *gangs bereits auf eine lange Geschichte von Kämpfen um die Macht der Zeichen zurückblicken konnten. Die Namen der Straßen und Plätze waren das Raster der gültigen Matrix. Wie viel Zeit war damit verbracht worden, hier einzuschreiben, an was oder wen es sich zu erinnern gehört. Nahezu unsichtbar war es in Augenwinkeln und Adresszeilen Teil des hingenommenen Alltags geworden.

Es war der Schatten dieser Sicherheit, in der die Veränderungen ihren Anfang nahmen. Erst war von Einzelfällen die Rede, doch diese These musste bald verworfen werden. Sie waren viele. Und zu geschickt, um die Verfolgung aufzunehmen. Mit jedem neuen Morgen war ein Teil des Rasters rekonfiguriert, eine weitere tragende Säule des schwankenden Konstrukts liebevoll zertrümmert worden. Diejenigen Wenigen, die nicht bald selbst darin aktiv waren, horteten die noch unberührten Namen und Geschichten in ihren Wohnzimmern, gleich Erinnerungen an eine lang vergessene Zeit. Von ihnen war bald in der ganzen Stadt nichts mehr zu hören oder zu sehen.

Annegang bedankt sich bei Anna, Assimina, Bine und Shmati.

8 ., Märzstraße

14
Karl-Lueg
LISA-FITTKO-RING
5
Jahre Kompetenz!
4033
VERSTRICKT IN
ANTISEMITISMUS

rum-wien.at
Kostenlose Ho
0800augenla
0800 284 36

23., Quergas

22., Letzte weißer-Typ-
Straße

Wie tun?

Deja vu ist die frauenpolitische Begleiterin! Frauenpolitische Perspektiven und Herausforderungen

Sieglinde Rosenberger

Wien gilt als äußerst lebenswerte Stadt. Wie aus diversen Studien hervorgeht, kommt globalen Städten eine große Verantwortung für das gute Gelingen des alltäglichen Lebens zu. Nicht dass europäische oder nationale Gesetze und Maßnahmen keine Rolle spielten, das Gegenteil trifft selbstverständlich zu. Infrastrukturen aber, die für ein selbst bestimmtes Leben wesentliche Voraussetzung sind, werden zu einem gehörigen Maß vor Ort, in den global cities entwickelt und angeboten. Die Frauenpolitikerinnen und die MA 57 leisten für diese hohe Lebensqualität einen wesentlichen Beitrag. 20 Jahre institutionalisierte Frauenpolitik in Wien sind nun Anlass, Bilanz zu ziehen, aber auch Herausforderungen für eine geschlechterdemokratische Zukunft zu formulieren. Was steht unter massiv geänderten Rahmenbedingungen frauenpolitisch an?

Das Erreichte sozial sichern

Wien ist in frauenpolitischen Entwicklungen Avantgarde für andere Bundesländer und, zumindest phasenweise, auch für die Bundespolitik gewesen. Die gleichstellungspolitischen und frauenfördernden Aktivitäten der Wiener kommunalen Frauenpolitik sind vielfältig angelegt und an den vielfältigen Formen und Bedingungen, unter denen Frauen leben, orientiert. Nicht zufällig haben in Wien die Gewaltschutz- sowie die Frauengesundheitseinrichtungen ihren Ausgang genommen, sind (wenn auch bescheiden) Unterstützungen für diverse Frauenprojekte vergleichsweise gesichert, wird

siehe Timeline MA 57: Erstes Frauenhaus wird eingerichtet (1978). Seite 278 in für berufstätige Eltern freundliche Kinderbetreuungseinrichtungen seit Jahren investiert, ist die politische Vertretung von Frauen im Landtag und in der Landesregierung vergleichsweise sehr hoch. Die Liste der besseren Rahmenbedingungen für ein eigenständiges Leben von Frauen ließe sich fortsetzen.

Gegenwärtig sind die gesellschaftlichen und wirtschaftlichen Bedingungen für frauenpolitisches Handeln starken Veränderungen unterworfen — was an sich nichts Neues ist. Neu hingegen dürfte sein, dass aufgrund dieser Veränderungen besondere Anstrengungen erforderlich sein werden, um in bestimmten Bereichen selbst das Niveau, sprich die bestehenden Ressourcen und Ergebnisse, auch weiterhin zu halten. Frauenpolitik — die per se auf Veränderung ausgerichtet ist — wird nun ein Stück weit gezwungen sein, sich als strukturkonservativ zu verstehen und zu verhalten. Dies ist notwendig vor dem Hintergrund von mindestens drei Kontextfaktoren: a) dem massiven Druck, Ausmaß und Intensität (sozial-)staatlichen Handelns zu reduzieren; b) der Tatsache, dass Gleichheit nicht im mainstream liegt, dass politische Kräfte, die für Umverteilung und sozio-ökonomisch definierte Gerechtigkeit einstehen, derzeit nicht unbedingt auf der politischen Gewinnerstrecke verortet werden; und c) dem Bröckeln der autonomen Frauenbewegung, sprich des Drucks der Straße für feministische Politik durch politisch-administrative Institutionen. Vor dem Hintergrund dieser Entwicklungen braucht es neue Instrumente und Maßnahmen, aber auch neue kommunizierbare Begründungen für frauenpolitisches Handeln und geschlechterdemokratische Politik.

Neue (alte) Herausforderungen bzw. Chancen

Die neuen, teilweise ohnehin alten Themen und Herausforderungen, denen sich jene praktische Frauenpolitik, die sich zur gesellschaftlichen Reformierung wesentlich an der ideologischen Säule der Gleichheit orientiert, können wie folgt skizziert werden:

Herausforderung 1: Es wird soziale, materielle, aber auch symbolische Gleichheit zwischen den Geschlechtern zu gestalten sein, obwohl insgesamt die Ungleichheit europaweit auf verschiedenen Ebenen rasant zunimmt. Faktisch steigen die Einkommens- und Vermögensdisparitäten; die Einkommensdifferenzen zwischen Frauen und Männer sind ohnehin bereits sehr hoch, und die Unterschiede zwischen den verschiedenen sozialen, demographischen Gruppen von Frauen wachsen ebenfalls — die Managerin verdient deutlich weniger als der Manager, sie hat aber ein Mehrfaches im Vergleich zur prekär Arbeitenden. Diese Entwicklung impliziert, dass der Frauenpolitik ihr »Subjekt« abhanden kommt, nämlich die Idee einer Kategorie »die Frauen«. Mit Blick auf konkrete gesellschaftliche Verhältnisse, auf Individualisierung und Differenzen kann immer weniger für »die Frauen« Politik gemacht werden bzw. können diese immer weniger diskursiv angesprochen werden.

Gruppenspezifische Frauenpolitik, die ihrerseits in einige Widersprüche verstrickt ist, ist verlangt. Einerseits sind die frauenfördernden Instrumente für hoch qualifizierte Frauen zu halten und natürlich zu verbessern, obwohl diese gleichzeitig von den Adressatinnen nicht immer goutiert werden. Für die an der Mittelschicht ausgerichtete Politikformulierung bedeutet dies, eine Balance zu finden zwischen Maßnahmen, die sich sowohl an Gleichheits- als auch an Freiheitsüberlegungen orientieren — Stichwort Individualisierung. Beruflich erfolgreiche, junge Frauen sind nicht per se dankbar für die Errungenschaften der Frauenbewegung und -politik der vergangenen Jahrzehnte, denn ihnen wird gesagt, dass sich ihre Aufstiegsmobilität und das Durchdringen der Gläsernen Decke — die es nach wie vor gibt — individueller Leistung verdankt. Nicht die Strukturen würden dies ermöglichen, sondern die individuelle Leistungsbereitschaft. Mit dieser Wahrnehmung geht die Ideologie der Freiheit, der Wunsch, immer wieder zwischen unterschiedlichen Möglichkeiten entscheiden zu können, einher. In dieser Perspektivierung kommt einer breitenwirksamen Frauenpolitik nun die Aufgabe zu, neben verbindlichen Maßnahmen der Frauenförderung für hoch Qualifizierte und an beruflichen Karrieren Orientierte (Quoten in Top-Positionen) auch einfach nur Möglichkeitsräume zu schaffen und sie als Ergebnisse politischen Handelns zu kommunizieren.

Gleichzeitig aber liegt die frauenpolitische Herausforderung darin, auch für jene wachsende Gruppe von Frauen, die gar keine Möglichkeiten vorfinden, die am Rand der Gesellschaft leben, ein auf Erwerbsarbeit basierendes eigenständiges Leben zu ermöglichen.

Kommunale Frauenpolitik wird diese unterschiedlichen Rahmenbedingungen für unterschiedliche Gruppen von Frauen allein nicht schaffen können, dafür braucht es Aktivitäten auf allen politischen Ebenen und in allen politischen Sachbereichen. Gender Mainstreaming ist dafür gut, aber keineswegs ausreichend. Kommunale Frauenpolitik aber kann über einzelne Projekte initiativ wirken — Projekte, mit denen gezeigt wird, dass es Wege und Perspektiven auch für Ressourcenschwache gibt. Verstärkte Kooperationen mit Schulen werden dazu aufzunehmen sein, mit jenen Einrichtungen also, bei denen staatliche Politik direkt junge Menschen über einen längeren Zeitraum erreichen und soziale Chancen eröffnen kann.

siehe Timeline MA 57: Verankerung Gender Mainstreaming im Magistrat (2005). Seite 295

Herausforderung/Chance 2: Eine weitere Herausforderung bzw. Chance ist, Diversität geschlechterdemokratisch zu gestalten. Das Leben in der Diversität kann bedeuten, dass Formen der Geschlechterordnung und -abhängigkeit virulent sind, die abermals nach sehr konkreten frauenpolitischen Angeboten hinsichtlich gleichberechtigter Teilnahme verlangen. Deja vu ist die frauenpolitische Begleiterin! Dabei geht es sowohl um politische Maßnahmen als auch um Kommunikation, wie im öffentlich-politischen Raum über Geschlechterverhältnisse und Frauenrechte in unserer Gesellschaft, in autochthonen und migrantischen Lebenswelten, gesprochen wird. Kommunale Frauenpolitik wird hier gefordert sein, das hohe Gut der Frauenrechte nicht primär im Zusammenhang mit Migration debattieren zu lassen, sondern als Problem traditionell verfestigter männlicher Herrschaft und von Sexismus zu begreifen. Und kommunale Frauenpolitik wird auch aufzuzeigen haben, inwiefern fehlende Frauenrechte und -chancen ihre Ursache in rechtlichen Defiziten haben, wie z. B. in abgeleiteten Aufenthaltstiteln.

Herausforderung/Chance 3: Schließlich wird die Auseinandersetzung mit der Männerrechtsbewegung aufzunehmen sein. Mit dieser Auseinandersetzung kann einerseits wieder ein Mehr an Politisierung der Geschlechterpolitik gelingen, was unter dem Blickwinkel, dass Frauen eher nicht mehr in großer Zahl auf die Straße gehen, um für mehr Rechte und Möglichkeiten zu demonstrieren, eine unterstützende Bedeutung hat. Die Männerrechtsbewegung macht jenen Teil der Gesellschaft sicht- und hörbar, der feministische Gesellschaftspolitik ablehnt; sie zeigt indirekt, dass es sich in der Geschlechterpolitik um Verteilungs-Konflikte handelt, um die es sich lohnt, zu streiten. Gleichzeitig bedarf dieser Konflikt aber einer inhaltlichen Positionierung zu Männer- und Väterrechten unter der Prämisse von Gleichstellung der Frauen mit Männern. Wie ist Frauenpolitik zu formulieren, die davon ausgeht, dass ihre Kämpferinnen seit den 1970er Jahren tatsächlich Erfolge hinsichtlich einer geschlechtergerechteren Arbeitsteilung erreichen konnten? Hier wird es mehr systematisches Wissen und Analysen brauchen, um eine an den Bedürfnissen der heutigen jungen Frauengeneration ausgerichtete Politik zu entwickeln.

Zusammenfassend bleibt zu sagen, dass allein ob der wachsenden Bedeutung der Kommunalpolitik für das Zusammenleben die Relevanz von kommunaler Frauenpolitik steigen wird. Für die unmittelbare Zukunft bedeutet dies, dass die Gleichbehandlungs- und Gleichstellungsanliegen aktiv weiterzuführen sind, da die männliche Dividende nach wie vor in vielen gesellschaftlichen und wirtschaftlichen Segmenten bedeutsam ist. Auf dieser Ebene aber wird die Idee der Freiheit und Individualisierung in die Parameter der Politikgestaltung einfließen müssen. Zusätzlich wird kommunale Frauenpolitik verstärkt gruppenspezifisch agieren müssen, und hier insbesondere für sozial benachteiligte, in prekären Verhältnissen oder am gesellschaftlichen Rande lebenden Frauen; sie wird für Gruppen, die derzeit kaum eine Stimme haben, sich folglich für frauenpolitische Maßnahmen nicht artikulieren können oder wollen, frauenpolitische Angebote im sozialen Bereich, aber auch gegen Gewalt zu machen haben. Dies läuft auf eine eminent gesellschaftspolitische Anstrengung kommunaler Frauenpolitik hinaus. Diese schichtspezifischen Anstrengungen werden auch im Interesse von Frauen erfolgen, die bereits gleichgestellt sind bzw. die der Meinung sind, Frauenpolitik ob der eigenen Erfolge nicht mehr zu brauchen. Darüber aber muss laut gesprochen werden!

Frauenpreise.

Marlene Streeruwitz

In den 60er Jahren war ich gegen alle Preise. Es schien mir notwendig zu sein, auch in der Wahrnehmung eine Gleichberechtigung herzustellen. Die Praxis der Preisverleihung erinnerte zu deutlich an die Praxis der Rassenlehre. Nazis und Austrofaschisten übergaben diese Preise nach 1948 und mussten sich nichts mehr fragen lassen. Der Kalte Krieg hatte sie als Antikommunisten in ihre alten Rechte eingesetzt. Bis weit in die 70er Jahre machte die landesübliche geschichtliche Erbschaft jeden Preis unwürdig und war auszuschlagen. Einen Preis anzunehmen war Komplizenschaft. Die Rolle Thomas Bernhards ist darin weiter fragwürdig und verweist gleichzeitig auf das Problem der Geschlechterdemokratie. Einem widerspenstigen Mann waren solche Preise durchaus zudenkbar, wenn er nicht ganz unkonservativ war.

Frauen kamen bei den Preisen bis in die 70er Jahre nur über ihre Komplizenschaft mit der Männerpolitik einer rechten Hegemonie vor. Diese rechte Hegemonie war in allen Parteien zu finden und drückte sich in der Einstellung der Frauenfrage gegenüber aus. Frauenpolitik war in Österreich in spezifischem Maß die Darstellung des gewünschten Männlichkeitsbilds.

Die 70er Jahre brachten mit der Politik von Bruno Kreisky eine Zäsur, die der ungebrochenen Geschichtlichkeit eines faschistischen Frauenbilds ein Ende setzte. Johanna Dohnal kämpfte nicht nur für die Frauen. Sie musste gegen die gesamte faschistische Erbschaft des Austrofaschismus und des Nationalsozialismus ankämpfen, in der die Ableitung der Frauen als zweitrangig hinter den Männern wiederum das Erbe der katholischen Kultur Österreichs weiter entwickelt hatte. An der Frage, wie Frauen in der Politik zur Erscheinung kommen, entschied sich damals die Möglichkeit überhaupt eine parlamentarische Demokratie leben zu können, in der Frauen Repräsentanz übernehmen und nicht nur als »Strohmänner« rechter Männerideologien — wiederum gilt das für alle Parteien — auftreten müssen.

Der Kampf, der damals begonnen wurde. Dieser Kampf ist noch lange nicht zu Ende. Dieser Kampf muss wahrgenommen werden können. Darin sind Preise ein Mittel des Hinweises, dass dieser Kampf weitergeführt wird. Dieser Kampf muss ertragen werden können. Preisverleihungen ermöglichen einen Überblick des Gewonnenen und bieten die Versicherung der Mitkämpferinnen. Das sind kleine Kampfpausen. Preise sind sanfte Mittel der positiven Verstärkung. So wie der Wiener Frauenpreis vergeben wird, wird eine Kultur beschrieben, die eine Absage an die militarisierten Hetzreden der heutigen Rechten deutlich macht.

siehe Timeline MA 57: Erster Wiener Frauenpreis (2002). Seite 292

Das ist wichtig. Das wird noch wichtiger werden. In diesem langen Ringen um Demokratie wird die Kultur der Preise Auskunft darüber geben, wie erfolgreich dieses Ringen für die Demokratie gelungen ist. Irgendwann dann. Irgendwann sollten Preise nicht mehr notwendig sein. Nicht für eine Leistung. Nicht für ein Geschlecht. Und keine Hierarchien mehr. Aber bis dahin. Bis dahin werden Preise für Frauen eine geschlechterdemokratische Umverteilung ausdrücken müssen.

Marlene Streeruwitz ist Schriftstellerin
und Wiener Frauenpreisträgerin 2010.

»Jedes Wort, das mit ›F‹ anfängt, landet bei uns«

(Frühere) Leiterinnen der MA 57 im Gespräch mit Lea Susemichel

Zum zwanzigjährigen Jubiläum der Frauenabteilung der Stadt Wien trafen sich zwei ehemalige und die amtierende Leiterin der MA 57 zum Gespräch. Die an.schläge-Redakteurin Lea Susemichel sprach mit Eva Kail (1992 bis 1998), Daniela Urschitz (1998 bis 2006) und Marion Gebhart (seit 2008) über die Anfänge der Frauenabteilung, woran sich die kommunale Frauenpolitik die Zähne ausbeißt und über die frauenpolitischen Themen der Zukunft.

> Les Susemichel Wie sieht für Sie jeweils die Bilanz der letzten zwanzig Jahre Wiener Frauenpolitik aus? Was waren die wichtigsten Erfolge, und wie haben sich die inhaltlichen Schwerpunkte im Lauf der Zeit verändert?

Eva Kail Meine Zeit als Leiterin fiel in die Gründungsphase der MA 57. Damals wurde zunächst noch die Diskussion darüber geführt, ob das Frauenbüro überhaupt eine Magistratsabteilung oder eine externe Institution werden soll. Und ich denke, dass es sehr gut war, dass wir uns für eine Abteilung entschieden haben.
Die große Herausforderung bestand in dieser ersten Zeit darin, Frauenthemen zu etablieren und Akzeptanz zu erzeugen und gleichzeitig mit einer damals noch winzigen Abteilung soziale Institutionen wie die Frauenhäuser — für die vorher das Jugendamt zuständig war — zu reformieren und

Von oben nach unten
Eva Kail, Marion Gebhart, Daniela Urschitz

auszubauen bzw. den Frauennotruf neu zu installieren. Dessen Einrichtung war ja ein großer Erfolg.
Für mich als Stadtplanerin war zudem das Thema Stadtplanung besonders wichtig. Das Pilotprojekt »Frauen-Werk-Stadt« war hier ein wichtiges Zeichen, bis heute ist es das größte nach frauengerechten Kriterien gestaltete Wohnbauprojekt in Europa. Es war auch anschlussfähig für die Politik, da ist es gelungen, Identifikation zu erzeugen. Und zum ersten Mal traten dabei Frauen nicht mehr als Opfer, sondern auch als Akteurinnen auf, die Anforderungen an die Stadt haben und die strukturell mitreden wollen.

Marion Gebhart Als wir angefangen haben — ich habe 1992 hier angefangen —, hat ja niemand gewusst, was das eigentlich sein soll — eine Frauenabteilung. Und wir haben uns natürlich allerlei — ich sage mal — »Scherzlein« anhören dürfen … Aber wenn man sich anschaut, wie klein wir damals waren und wie bescheiden in der Aufgabenstellung, dann ist die Geschichte der Frauenabteilung schon ein sehr großer Erfolg. Wir haben inzwischen viermal mehr Personal als am Anfang, und auch unsere Aufgaben haben stetig zugenommen. Was ich außerdem als wichtigen Erfolg betrachte, ist, dass es nicht allein bei uns geblieben ist: Wir haben inzwischen eigene Zuständigkeiten für Gender Mainstreaming, für Gender Budgeting, wir haben die Frauengesundheitsbeauftragte, die ganzen Gleichbehandlungseinrichtungen, die Antidiskriminierungsstelle usw. Das ist ganz wesentlich, denn alleine hätten wir das alles niemals schaffen können. Am Anfang hing ja wirklich alles an uns.

Daniela Urschitz Wir haben immer gesagt, dass jedes Wort, das mit »F« anfängt, bei uns landet …

Susemichel Gab es spürbare Widerstände gegen eine Frauenabteilung?

Urschitz Am Anfang war schon ein sehr großes Misstrauen spürbar, viele hatten Angst vor einer Invasion von Frauen in lila Latzhosen mit Henna gefärbten Haaren. Aber wir haben uns dann relativ schnell Respekt verschaffen können, und diese ersten Zeichen der Wertschätzung waren schon ein sehr gutes Gefühl. Die MA 57 war auch immer on Top und in ihrer Verwaltung und Organisation sehr fortschrittlich. Wobei die Anerkennung natürlich auch sehr personenabhängig ist, es gibt Leute, die das nie geschafft haben.

Susemichel Frauenpolitik ist bekanntlich Querschnittspolitik und muss in allen Ressorts stattfinden. Wie gut ist in den vergangenen beiden Jahrzehnten die Vernetzung gelungen bzw. auch eine Institutionalisierung von Vernetzung?

Gebhart Es ist uns immer wieder zugute gekommen, wenn bisherige Frauenstadträtinnen ein anderes Ressort übernommen und frauenpolitische Inhalte dann auch dort eingebracht haben, was uns dann auch bei der Vernetzung wieder geholfen hat.

Urschitz Ich habe die Frauenabteilung gern mit einer Baumschule verglichen. Wir hatten immer einen relativ hohen Turnover, das heißt, viele Frauen haben nach ihrer Arbeit bei uns recht schnell anderswo Posten übernommen und Positionen eingenommen — und zwar feministische Positionen. Und dadurch ist es in vielen Bereichen immer schwerer geworden, Frauenpolitik weiter zu ignorieren.
Auch mit der Namensänderung in »Frauen Stadt Wien« — das man ja auch anders aussprechen kann: »Frauenstadt Wien« — wollten wir den Anspruch zum Ausdruck bringen, die Politiken dieser Stadt Stück für Stück zu durchdringen. Wir wollten nicht mehr das kleine »Frauenbüro« sein, sondern immer weiter vordringen. Allerdings bin ich dabei recht bald an Grenzen gestoßen. Nicht nur an organisatorische, sondern auch an politische.

Susemichel Wo sind diese Grenzen? In welchen Bereichen beißt sich kommunale Frauenpolitik die Zähne aus, solange auf Bundesebene nichts passiert?

Gebhart Beim Fremdenrecht beißen wir uns zum Beispiel die Zähne aus. Aber es gibt auch noch jede Menge andere Bereiche, in denen der Bund gefragt wäre: Stichwort Quotenregelung, Einkommensgerechtigkeit, Ganztagsschulen etc. Unlängst hat der Gemeinderat vom Bund die Abschaffung der Sittenwidrigkeit der Prostitution gefordert. Denn Wien kann zwar in seinem Prostitutionsgesetz bestimmte Dinge regeln, aber solange der Bund die Sittenwidrigkeit nicht aufhebt, sind das alles nur halbe Lösungen. Es bräuchte auf Bundesebene einige Grundsatzentscheidungen, auf kommunaler Ebene können sonst häufig nur Reparaturmaßnahmen gesetzt werden.

Kail Neben der formalen Zuständigkeit für Gesetzgebung ist natürlich auch das Bundesbudget ein zentrales Thema, auch das kommunale. Ich halte Gender Budgeting, wenn man es ernsthaft betreibt, für ganz wichtig.

Susemichel Wie deutlich schlägt sich die Bundespolitik kommunal nieder? Ließen sich unter Johanna Dohnal auch kommunalpolitisch Dinge leichter durchsetzen als unter Herbert Haupt?

Urschitz In meine Zeit ist ja Schwarz-Blau gefallen. Was aber in Wirklichkeit für die Frauenabteilung ein Glücksfall war, weil der Lernprozess der Stadt Wien dadurch viel schneller vonstatten gegangen ist. Man kann sich ja heute kaum noch vorstellen, was da für ein Irrsinn gelaufen ist unter dem Frauenminister Herbert Haupt und den anderen schwarz-blauen Figuren — eine Männerabteilung wurde eingerichtet usw. Wien hat sich damals in vielen Bereichen als die Antithese dargestellt, Renate Brauner hatte quasi als Gegenpart zu Maria Rauch-Kallat den Ehrgeiz, dass sie hier in Wien vieles vormacht und weiterbringt. So sind Dinge möglich geworden, von denen ich glaube, dass sie ohne diesen Antagonisten im Bund sehr viel länger gebraucht hätten.

Kail Damals wurden zum Beispiel auch die dreijährigen Förderverträge durchgesetzt, was für die kontinuierliche Arbeit der Vereine sehr wichtig war und strukturell einen großen Fortschritt für die Projektarbeit bedeutet hat.

Susemichel Im letzten Jahrzehnt fördert die Frauenabteilung vermehrt auch Vereine für Migrantinnen, während insgesamt im gleichen Zeitraum die Gesetzgebung für Migrantinnen immer restriktiver wird. Was lässt sich da auf kommunaler Ebene überhaupt ausrichten?

Gebhart Für die Frauen, die bereits hier sind, können wir ja durchaus etwas tun. Und da gibt es zum Teil auch deutliche Erfolge. Beispielsweise für Migrantinnen, die von Gewalt betroffen sind und deren Aufenthaltstitel bislang vom Mann abhing — mittlerweile gibt es für sie auch Möglichkeiten.

Susemichel Welchen Stellenwert hat Öffentlichkeitsarbeit? Nicht nur im engen Sinne, sondern auch als politische Bildung und Beteiligung an öffentlichen Debatten und Diskursen?

Urschitz Ich habe in meiner Zeit die Kommunikation nach außen sehr vorangetrieben. Anders als heute war es damals unüblich, dass Magistratsabteilungen jemand nur für die Öffentlichkeitsarbeit hatten. Ich habe sehr darum gerungen, dass sich das ändert, weil ich der Überzeugung bin, dass es essentiell ist, Frauenpolitik auch zu vermitteln.

Gebhart Öffentlichkeitsarbeit bedeutet für uns heute einerseits, dass wir unsere Arbeit präsentieren, darüber hinaus aber auch, dass wir zu den Themen selbst etwas machen. Ich wüsste nicht, welche andere Abteilung so viele thematische Publikationen hat wie wir. Aber bei tagespolitischen Debatten ist klar, dass wir Teil der Wiener Stadtverwaltung sind und der Außenauftritt die Aufgabe von PolitikerInnen ist. Die Arbeit einer Magistratsabteilung muss meiner Meinung nach auf der inhaltlichen Ebene liegen, indem wir Forschung in Auftrag geben und publizieren, indem wir den Austausch pflegen und Expertisen bereitstellen. Aber die politische Äußerung ist Sache der jeweiligen Frauenstadträtin.

Kail Das ist eben die schwierige Definition, was Politik ist und was Verwaltung. Und Politikberatung durch die Verwaltung findet letztlich ja auch auf zwei Ebenen statt, es gibt bei bestimmten Gesetzesentwürfen die formale Stellungnahme durch das Frauenbüro, daneben gibt es aber auch die eher informelle Beratung. Und inwieweit die möglich ist, inwieweit Expertisen angenommen werden, das hängt eben oft stark von den spezifischen politischen und persönlichen Konstellationen ab.
Generell ist eher eine Entpolitisierung zu beobachten ist. Ich habe den Eindruck, dass heutzutage nicht mehr nach strukturellen Gründen für

Missstände gesucht wird. Der Trend zur Individualisierung schlägt sich auch hier nieder.

Urschitz Den jungen Frauen ist der Kommunismus abhanden gekommen. Wir haben noch nach Strukturen gefragt, weil viele von uns eine marxistisch geprägte Denkschule hatten. Unabhängig davon, ob wir uns als Marxistinnen bezeichnet haben oder nicht. Die Individualisierung arbeitet immer gegen die Frauen. Heute ist es dein eigenes Problem, ob du einen Krippenplatz findest oder dich mit deinem Partner arrangierst.
Und mit dem Aufkommen des Begriffs Gender war zwar einerseits die Chance verbunden, Dinge wieder strukturell zu betrachten, andererseits wurde dadurch auch leichter viel verwässert.

Susemichel Wie positioniert sich die Frauenabteilung zum Konzept Gender Mainstreaming, an dem es von feministischer Seite ja auch viel Kritik gibt?

Gebhart Die Stadt Wien verfolgt beides. Wir haben Zuständige für Gender Mainstreaming, aber es braucht daneben weiterhin auch Frauenförderung. Das eine kann und soll das andere nicht ersetzen.

Urschitz Dazu fällt mir die Anekdote ein, als wir um eine Geschäftsordnungsänderung angesucht haben, weil wir »Gender Mainstreaming« drinstehen haben wollten. Es wurde uns beschieden, dass englische Ausdrücke nicht erlaubt sind. Die deutsche Umschreibung ging aber auch nicht, die war zu lang … Es hat etwa ein Jahr gedauert, bis Gender Mainstreaming endlich in der Geschäfteinteilung stand.

Susemichel Was sind für Sie die wichtigsten frauenpolitischen Herausforderungen der Zukunft?

Kail Wien wächst ständig weiter. Und wie überall wird das Leistungsangebot der Stadt zurückgefahren werden müssen, die Kuchenstücke werden einfach kleiner. Die zentrale Herausforderung wird meiner Meinung nach darin bestehen, aufzupassen, dass das nicht zulasten von Frauen geht.

Gebhart Wir müssen uns weiterhin nach der Decke strecken, gleichzeitig aber die Qualität sichern.
Eine weitere wichtige Aufgabe besteht darin, die Nachfolge zu sichern — über die Mitarbeiterinnen der MA 57 hinaus. Sorgen macht mir etwa das gegenwärtige Erstarken der Männerrechtsbewegung, da kommt sicher noch einiges auf uns zu. Und eine wichtige Erkenntnis dabei ist: Wir dürfen nicht davon ausgehen, dass gewisse Sachen ein für alle Mal abgehakt sind, manche Kämpfe müssen immer wieder neu ausgefochten werden.

Urschitz Für mich ist die Nachwuchspflege und Staffelübergabe auch ein ganz zentraler Punkt: An wen übergeben wir? Wir sind ja quasi die zweite Generation von Feministinnen, wir sind nach den autonomen Feministinnen diejenigen, die in die Institutionen gegangen sind. Und die allererste Riege geht jetzt schon langsam in Pension. Wie sieht es mit den Frauen der nächsten Generation aus? Das wird eine entscheidende Frage sein.

Marion Gebhart (Dr.in iur.) ist seit 1992 mit einer fünfjährigen Unterbrechung — 1994 bis 1999 war sie Kinder- und Jugendanwältin der Stadt Wien — Mitarbeiterin der Frauenabteilung der Stadt Wien, darunter mehrere Jahre als stellvertretende Leiterin und seit 2008 als Leiterin. Im Nebenberuf ist sie eingetragene Mediatorin.

Eva Kail (Dipl.-Ing.in) ist Stadtplanerin, 1992 bis 1998 war sie erste Leiterin der MA 57, 1998 bis 2009 Führung der Leitstelle Alltags- und Frauengerechtes Planen und Bauen in der Stadtbaudirektion, seit der Restrukturierung der Stadtbaudirektion Gender Planning Expertin in der dortigen Gruppe Planung.

Daniela Urschitz (Mag.a phil., DEA, MA) ist Politologin und Historikerin. Ab 1981 im Bundesministerium für Arbeit und Soziales tätig, von 1998 bis 2006 Leiterin der Frauenabteilung der Stadt Wien, seit 2006 Leiterin des Dezernats für grundsätzliche Angelegenheiten der Europäischen Union.

»Gesundheit hat ein Geschlecht — Wien hat ein Programm!«

Beate Wimmer-Puchinger

Frauengesundheit versteht sich als Vorreiterin eines geschlechtsspezifischen, ganzheitlichen, multidisziplinären Zugangs zu Gesundheit und Krankheit. Gesundheit und Krankheit werden von der gesellschaftlichen Rolle der Frauen in unterschiedlichen Lebenssituationen mitbedingt, in diesen Kontexten interpretiert und behandelt. Frauengesundheit ist mit zentralen Anliegen der Frauenbewegung verknüpft. Pionierinnen der Frauengesundheit reagierten auf die historische Tradition einer männlich dominierten Medizin, in welcher der männliche Körper als »inhärente Norm« gilt. Für Frauen relevante gesundheitliche Risikobedingungen oder Herausforderungen wurden nicht wahrgenommen oder bagatellisiert. In vielen europäischen Ländern (England, Irland, Norwegen, Dänemark Schweden, Spanien) sowie in USA, Kanada, Australien, Neuseeland sind die Agenden der Frauengesundheit in eigenen Abteilungen in den jeweiligen Gesundheitsministerien als Schnittstelle zwischen Sozial-, Frauen- und Gesundheitspolitik verankert.

Mit dem »Wiener Programm für Frauengesundheit« wurde ein innovatives Instrument etabliert, das den Fokus speziell auf gesundheitliche Anliegen und Problemstellungen von Mädchen und Frauen in unterschiedlichen Lebensabschnitten und sozialen Bedingungen richtet. Dabei war die Frauenabteilung von Anfang an eine zentrale Kooperationspartnerin.

siehe Timeline MA 57: Wiener Frauengesundheitsprogramm (1998). Seite 287

»Das Private ist politisch« gilt vor allem auch für Mädchen- und Frauengesundheit. So spiegeln sich zum Beispiel in Fragen der Sexualität, der Empfängnisverhütung, der Schwangerschaft/Elternschaft, der Menstruation und des Klimakteriums oder der Psychosozialen Gesundheits-Über-/Unterversorgung deutlich gesellschaftliche Positionen der Frauen wider.

»Krankheit Frau« im Sinne eines Defizitmodells zeigt sich insbesondere in der Pathologisierung des Klimakteriums und Alters oder in der Unterversorgung von weiblichen Herzinfarkten. Auch die Medikation wurde bis dato am Normkörper Mann gemessen. Deutlich sichtbar wird der Zusammenhang mit der gesellschaftlichen Rolle von Frauen am Beispiel der psychosozialen Gesundheit (zwei Drittel der psychischen Erkrankungen betreffen Frauen): »Depression ist weiblich«.

Die 11-jährige Tätigkeit des Wiener Programms für Frauengesundheit lässt sich in den folgenden vier Handlungsgruppen zusammenfassen:

* Maßnahmen für sozial benachteiligte Frauen (Migrantinnengesundheit, Frauen mit Behinderungen, Seniorinnen, Alleinerzieherinnen)
* Body Politics (weibliche Genitalverstümmelung/FGM, sexuelle Gesundheit, Essstörungen, Körperbild, Schönheits- und Schlankeitswahn)
* Maßnahmen zur Qualitäts- und Behandlungsverbesserung
* Strukturelle Vernetzung

Die Zunahme von diversen Essstörungen, Körperunzufriedenheit und Schönheitsoperationen bereits bei Jugendlichen führt die Verquickung von sexistischen Darstellungen und normierten Frauenkörpern mit Körperbild und psychischer Gesundheit besonders deutlich vor Augen. Ein artifizieller Frauenkörper wird zur Verkaufsfläche einer globalen Schönheits-, Mode- und Werbeindustrie. Dieser über verschiedene mediale Kommunikationskanäle aggressiv verbreitete »Idealtypus Frau« schädigt die Entwicklung eines positiven Körperbildes bereits bei Volksschulmädchen nachhaltig und führt bei jedem zweiten 13-jährigen Mädchen zu Diätversuchen und als Folge zu Essstörungen. International renommierte WissenschafterInnen warnen vor den desaströsen Folgen dieses global vernetzten krankmachenden Trends. Das Wiener Programm für Frauengesundheit hat sich daher in den letzten Jahren besonders der Bekämpfung dieser frauenfeindlichen Entwicklung gewidmet. Das komplexe Thema »Körperbild und Essstörungen« wird in einem 3-Stufen-Modell bearbeitet:

* Auf der gesellschaftlichen Ebene durch Bewusstmachung und Öffentlichkeitsarbeit (Plattform S-O-Ess gegen ungesunde Körperideale)
* MultiplikatorInnenebene: Vernetzungsforum aller mit Jugendlichen befassten Einrichtungen (Schulungen von ÄrztInnen und LehrerInnen etc., Informationsbroschüren, Schulworkshops)
* KlientInnenebene: anonyme kostenlose ExpertInnen-Hotline für an Essstörungen Erkrankte bzw. deren Angehörige

Wir verstehen uns daher als parteiliche Lobby für gesundheitliche Anliegen und Problemstellungen von Frauen, die wir im höchsten Maße gesellschaftlich und somit frauenpolitisch verstehen. Frauengesundheit reflektiert in besonderer Weise die Position, die Frauen in unserer Gesellschaft haben, und ist somit ein sensibler Gradmesser.

»Titel ohne Mittel« — wie es so schön heißt

Christine Schirmer, die erste Wiener Frauenstadträtin, im Gespräch mit Stephanie Kiessling

Christine Schirmer prägte als erste Wiener Frauenstadträtin die Anfänge der institutionellen Frauenpolitik in Wien und die Gründung der MA 57 mit. Das Gespräch mit ihr führte Stephanie Kiessling im August 2011.

Stephanie Kiessling Wie ist es zur ersten Wiener Frauenstadträtin gekommen?

Christine Schirmer Leider ist meine Vorgängerin, die Fritzi Seidl, die ja auch Wiener SPÖ-Frauenvorsitzende war, kurz vor der Wahl 1987 schwer erkrankt, und man wusste, dass sie ihr Amt — sie war amtsführende Stadträtin für Personal, Rechtsangelegenheiten und Konsumentenschutz — nicht mehr ausüben kann. Und da hieß es, wegen der Quote, da brauchen wir wieder eine Frau. Das war ziemlich klar, da hat niemand etwas dagegen gehabt. Und das bin halt ich geworden — weil ich »so schöne Fesseln«[1] gehabt habe … (lacht), aber es gab schon auch welche, die haben gesagt, das ist eine gescheite, gestandene Frau. Ich wollte es zuerst gar nicht werden. Ich hatte einen sehr schönen Job und das Gemeinderatsmandat, das hat mich eigentlich voll ausgefüllt. Ich war im Sozialdienst Geschäftsführerin bei einem Verein, dessen Mitarbeiterinnen alte und hilfsbedürftige Menschen zu Hause in deren Wohnungen betreut haben. Dort habe ich mir eingebildet, ich kann relativ rasch alles, was mir an Verbesserung notwendig erscheint, umsetzen. Durch die

Sozialarbeiter kamen aber auch Arbeitslose und Drogensüchtige. Denn ich war nicht in den Seitenblicken bekannt, sondern in der Szene, wo Menschen Hilfe und Unterstützung brauchten. Aber es hat mir gefallen, weil ich aktiv und sehr schnell etwas tun konnte. Ja, und dann, in letzter Minute, bevor die neue Regierung nach der Wahl bekannt gegeben wurde, sind die Genossen auf mich zugekommen. Sie hatten mich zwar schon vorher gefragt, aber ich habe immer gesagt: »Nein danke, ich möchte nicht, fragt jemand anderen, ich bin glücklich mit dem, was ich habe, ich möchte mich eigentlich nicht verändern.« Und an dem Tag, an dem ein paar Stunden später die neue Stadtregierung vorgestellt wurde, sind sie auf mich zugekommen und haben gesagt: »Du kannst nicht nein sagen, du musst.«

Kiessling So wird man Stadträtin?

Schirmer So wird man Stadträtin.

Kiessling Das heißt, das Ressort war schon vorgegeben.

Schirmer Das Ressort war zum Teil schon vorgegeben, nur — die Fritzi Seidl hatte in ihrem Titel nichts mit »Frauen« stehen. Da habe ich aber gesagt: Gut, wenn ich das schon sein muss, dann möchte ich aber die Frauen im Titel verankert haben, dann will ich auch etwas für die Frauen tun. Dazu haben alle ja gesagt, und dann habe ich es auch bekommen: keine Abteilung, kein Geld, dafür aber — wenigstens — den Titel! »Titel ohne Mittel«, wie es so schön heißt. Dann ist gleich Bürgermeister Zilk zu mir gekommen: »Und jetzt kannst du eine Frauenservicestelle in deinem Büro aufmachen!« Das hat er unterstützt, und so habe ich eine Mitarbeiterin bekommen.

Kiessling Gab es da einen Zusammenhang mit der Bundesebene? 1979 wurde Johanna Dohnal Frauenstaatssekretärin, 1990 Ministerin. War das in dieser Zeit kein Signal — die Anerkennung der Frauenfragen?

Schirmer Nein, das hat mir eigentlich eher geschadet, wie dann einige draufgekommen sind, dass ich eine Freundin von der Johanna Dohnal bin. Sie war ja für fast alle ein rotes Tuch. Und wie es dann bekannt war, die Schirmer, die kennt die Dohnal gut — was wir ja auch überall, wo es notwendig war, erzählt haben — wir kennen uns aus der Schulzeit —, haben einige gesagt: »Na, dann dürfen wir vor der über die Dohnal nix sagen, weil die erzählt es ihr weiter.« Ich war für manche Genossen — und das hieß es über viele Unterstützerinnen der Johanna Dohnal — eine »Dohnal-Geschädigte« (lacht). Die Freundschaft zu ihr und das Vertreten ihrer Ideen, unserer gemeinsamen Ideen, das hat ja nicht überall Freude und Eierkuchen hervorgerufen.

Kiessling Das Ressort war an die Frauen in Wien gerichtet, aber es gab auch einen Auftrag für die Frauenförderung innerhalb des Magistrats?

Schirmer Natürlich! Aber Auftrag war das keiner, den haben wir uns selber gegeben! (lacht) Aufgetragen hat uns das niemand, bitte! Wer glauben Sie denn, wer uns das damals aufgetragen hätte oder hätte sollen: Frauenförderung im Magistrat! (lacht)

Kiessling Sie haben sich sehr beliebt gemacht?

Schirmer Es war nicht so arg — zumindest mir gegenüber nicht. Ich schau ja nicht aus wie eine Feministin oder so ein peitschenschwingendes Weib! (lacht) Ich war ja auch zusätzlich mit anderen Sachen beschäftigt: der Bauordnung, den ganzen Rechtsangelegenheiten, den Wiener Märkten, der Marktordnung und auch mit den Hundehaltegesetzen. Und ich bin draufgekommen, wenn ich irgendwo zu einer Diskussion in der Sektion oder zu irgendeinem Verein eingeladen war — über die Hunde haben wir viel länger diskutiert und über die Hundstrümmerl als über Frauenpolitik. Das hat mich sehr tief getroffen, musste ich aber zur Kenntnis nehmen.

Kiessling Die bereits erwähnte Frauenservicestelle ist dann, 1991, mehr oder weniger direkt in die frisch gegründete Frauenabteilung, die MA 57, gewandert.

Schirmer Das war die Kompensation, dass ich als Frauenstadträtin »rausgeflogen« bin. Wir [die SPÖ, Anmerk. Kiessling] hatten ja damals bei der Wahl

1991 weniger Stimmen bekommen und daher statt neun nur noch acht StadträtInnen. Und wer muss gehen bzw. tritt zurück? Oder wessen Abteilung ist nicht so wichtig? Meine! Ich war ja auch am relativ kürzesten — relativ sage ich jetzt einmal — Stadträtin. Die Rechtsabteilungen sind alle aufgeteilt worden, und dann hat mir der damalige SPÖ-Vorsitzende und Finanzstadtrat und mächtiger Mann im Wiener Rathaus, Hans Mayr, gesagt: »Und dafür machen wir jetzt eine Frauenabteilung!«

Kiessling Dass die Frauenstadträtin damals gehen musste — ist das ihrer Einschätzung nach symptomatisch: Wenn gespart werden muss, dann auf Kosten der Frauen?

Schirmer Es musste damals nicht gespart werden, wir mussten ein Mandat abgeben. Das war so, das war der Wille der Wiener Bevölkerung. Auch im Gemeinderat mussten etliche ausscheiden, die dann kein Mandat hatten, das hat sich auch bei den StadträtInnen ausgewirkt. Das war uns schon allen klar.

Kiessling Aber dass es die Frauen sind?

Schirmer Hm, wie soll ich sagen? Die ganze Abteilung — wir hatten ja kein eigenes Budget, wir waren keine »geldmächtige« Abteilung. Die ganzen Rechtsabteilungen hatte kein eigenes Budget, denn die brauchen ja nur juristisch etwas tun. Daher war das am leichtesten aufzuteilen, man hat niemandem ein Geld wegnehmen müssen, sondern es ist faktisch ohne Mittel aufgeteilt worden. Ich habe es allerdings in den vier Jahren geschafft — da haben sich ja viele Fraueninitiativen bei mir gemeldet —, dass die alle finanzielle Unterstützung bekommen haben. Das musste allerdings immer über den Finanzausschuss gehen. Erst in den letzten Jahren habe ich dem Finanzstadtrat Mayr ein paar Hunderttausend Schilling »herausgerissen«, die wir für Frauenprojekte selber vergeben konnten. Ich habe dann die Initiativen gebeten, uns einen Jahresbericht zu schicken, und die haben wir dann in einem Wiener Frauenprojektebericht zusammengefasst. Interessiert hat das eigentlich — bis auf zwei, drei Frauen — niemand. Wie viel Arbeit da dahinter gesteckt ist, die Versuche, Meinungen zu bilden … Ich habe diese Berichte bei einer Budgetsitzung verteilt — aber aus der Hand gerissen hat mir das niemand. Eine andere Errungenschaft in meiner Zeit als Frauenstadträtin war, dass die männlichen Bezeichnungen für weibliche Politikerinnen geändert wurden. Bei den Stadträtinnen stand damals ja noch, wenn sie ein Gesetz unterschreiben mussten, »der amtsführende Stadtrat«. Das konnten wir relativ rasch ausbessern.

Kiessling Ich denke, was das Bewusstsein für Frauenfragen betrifft, da hat sich in den letzten 20 Jahren auch im Magistrat einiges geändert. Vieles wäre heute so nicht mehr möglich.

Schirmer Das ist ja, was wir uns als letztes Ziel unserer Anstrengungen immer gewünscht haben — dass es keine spezielle Frage mehr sein soll, sondern ein ganz normaler Vorgang in der Politik. So weit sind wir noch lange nicht — das weiß ich schon, und ich werde es auch nicht mehr erleben. Aber das war eigentlich unser Ziel, dorthin zu kommen, dass wir keine Johanna Dohnal mehr brauchen. Wir haben leider keine Johanna Dohnal mehr, und ihre Nachfolgerinnen hatten alle nicht die Kraft, die sie gehabt hat. Dafür hat sie sich aber auch gesundheitlich ruiniert, sie hat auf ihre Gesundheit keine Rücksicht genommen. Es hängt die ganze Frauenpolitik, egal in welchem Bundesland oder welcher Stadt, nach wie vor an der Person.

Kiessling Und was sind aus ihrer heutigen Sicht die großen frauenpolitischen Herausforderungen für die Zukunft?

Schirmer Immer noch gleicher Lohn für gleiche Arbeit! Immer noch, immer noch! Im Magistrat ist das kein Thema, außer dass Frauen schwerer in die gut bezahlten Positionen kommen, aber wenn sie einmal dort sind, ist das kein Thema, auch beim Bund nicht. Bei Firmen, in denen Frauen und Männer beschäftigt sind, kann man auch schon schön langsam nachforschen, nachstoßen und Ungleichheiten aufzeigen. Aber was mir auffällt — und das war schon die ganzen Jahre so und das wird auch noch längere Zeit so sein —, ist, dass die sogenannten »typischen Frauenberufe« immer noch am schlechtesten bezahlt sind. Und da kann man nicht sagen »Gleicher Lohn für gleiche Arbeit« — weil dort kriegen eh alle das Niedrigste gezahlt!

Foto: Rudolf Semotan, VGA/AZ-Bildarchiv

Christine Schirmer war von 1976 bis 1987 Geschäftsführerin des Vereins Wiener Sozialdienste. Von 1973 bis 1979 war sie SPÖ-Bezirksrätin in Penzing und folgte 1979 Johanna Dohnal in den Wiener Gemeinderat. 1987 bis 1991 war sie erste Wiener Frauenstadträtin. 1991 wurde sie erste Wiener Landtagspräsidentin und zog sich 1994 aus der Wiener Stadtpolitik zurück.

Anmerkungen

1 Der damalige Bürgermeister Helmut Zilk stellte Christine Schirmer der Presse als erste Frauenstadträtin mit den launigen Worten vor: »Die Frau mit den schönsten Fesseln in Wien«.

»Keine Atempause. Geschichte wird gemacht. Es geht voran«* Timeline zu 20 Jahre Frauenabteilung der Stadt Wien

Stephanie Kiessling, Renate Höllwart

Der Versuch, die 20-jährige Geschichte einer ganzen Abteilung in Form einer »Zeitleiste« sichtbar zu machen, ist eine Herausforderung: Welche der unzähligen Aktivitäten und Ereignisse sollen hervorgehoben werden? Welche Initiativen und Tätigkeitsfelder erscheinen relevant für eine dokumentarische Darstellung? Die Auswahl für die Timeline basiert demnach auf sehr unterschiedlichen Fragestellungen und Kriterien: Die Erstmaligkeit, wie auch Aspekte der Originalität oder Fragen politischer Relevanz sowie Aktualität und Beharrlichkeit spielten eine Rolle. Sie beinhaltet Publikationen, Einladungsfolder, Plakate, Zeitungsartikel, verstreute Fotos, Erinnerungen einzelner Akteurinnen. Die Timeline bemüht sich um Repräsentation der zentralen Tätigkeitsfelder sowie um das Sichtbarmachen von Konjunkturen. Gleichzeitig schummeln sich Aspekte in die Darstellung, die aus einer persönlichen Perspektive als herausragend beurteilt wurden. Offensichtlich wurde, dass Frauengschichte, wie jede andere auch, im Versuch ihrer »Fixierung« einem selektiven Verfahren der Konstruktion und Re-Konstruktion unterworfen ist. Und die Dichte an Aktivitäten in den letzten 20 Jahren macht es deutlich: Keine Atempause. Geschichte wird gemacht. Es geht voran.
Die Auswahl wurde von Stephanie Kiessling zusammengestellt und von Renate Höllwart visualisiert. Unser Dank für die Unterstützung gilt Ursula Bauer, Marion Gebhart, Eva Kail, Wolfgang Krischke, Danila Neuwirth, Barbara Steininger und Daniela Urschitz.

* Der Titel ist einem Song der NDW-Band »Fehlfarben« entliehen.

1978 Gründung des ersten österreichischen Frauenhauses in Wien.

1979 Johanna Dohnal wird als Staatssekretärin für allgemeine Frauenfragen in die Bundesregierung geholt. 1990–1995 wird sie die erste österreichische Bundesministerin für Frauenangelegenheiten.

Foto: Johanna Dohnal Archiv

1989 Vergewaltigung in der Ehe wird unter Strafe gestellt. Gewalttätige Männer können aus der Wohnung verwiesen werden.

Frauenpolitischer Kontext

Erste Frauenstadträtin Christine Schirmer 9.12.1987–9.12.1991

1979 Das Gleichbehandlungsgesetz (GlBG), welches die Gleichbehandlung von Frau und Mann in der Privatwirtschaft regelt, tritt am 23. Februar in Kraft. Kern des Gesetzes ist das Gleichbehandlungsgebot an Arbeitgeber wie Arbeitnehmer, die geforderte Gleichbehandlung in seinem Wirkungsbereich sicherzustellen. Die Entgeltfestsetzung richtet sich nach dem Grundsatz »Gleicher Lohn für gleiche Arbeit«.

1987 Das Thema »Frauenfragen« wird in der Wiener Landesregierung mit einem neu geschaffenen Ressort sichtbar gemacht. Erste Frauenstadträtin wird Christine Schirmer, in ihrem Büro wird auch die »Servicestelle für Frauen« eingerichtet.

Christine Schirmer, Ingrid Smejkal, Ursula Pasterk. Wien aktuell, 19.11.1987

Quelle Zeitungsartikel: Kommunalpolitische Zeitschriftenausschnittssammlung (MA 08). Besonderer Dank gilt Wolfgang Krischke von der MA 08 für die Unterstützung bei der Recherche.

September 1991 Die von Eva Kail und Jutta Kleedorfer gestaltete Ausstellung »Wem gehört der öffentliche Raum – Frauenalltag in der Stadt« findet vom 10. September bis 18. Oktober in Wien statt.

November 1991 Bei den Gemeinderatswahlen am 10. November verliert die SPÖ die absolute Mehrheit, behält aber die Mandatsmehrheit im Gemeinderat. Im 14-köpfigen Stadtsenat gibt es nur noch acht statt neun amtsführende StadträtInnen (alle SPÖ), sowie sechs nicht-amtsführende StadträtInnen (ÖVP: 2, FPÖ: 3, Grüne: 1). Die Agenden der Frauenstadträtin werden der bisherigen Stadträtin für Bildung, Jugend, Familie und Soziales, Ingrid Smejkal, zugeordnet, der Bürgerdienst wandert ins Ressort »Inneres und Personal«.

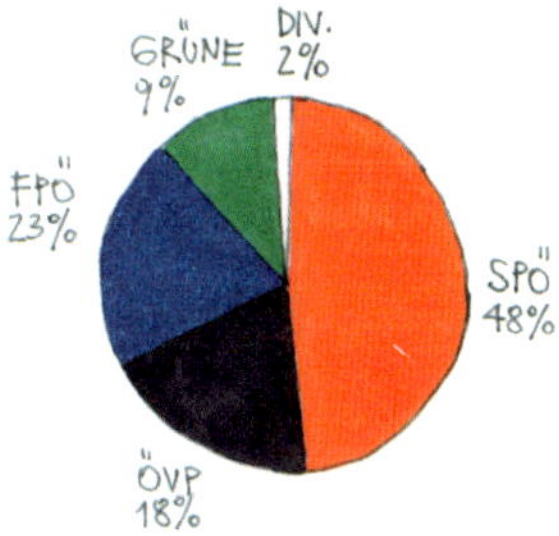

1991

Frauenstadträtin Ingrid Smejkal 9.12.1991–7.11.1994

Juni 1991 Der erste Frauenbericht wird dem Wiener Gemeinderat von Christine Schirmer vorgelegt.

SP-Schirmer fordert Frauenbeiräte

Die Schaffung von Frauenbeiräten, einer eigenen Frauenabteilung im Bereich der Stadt Wien, Frauenparkplätze sowie als „Extremforderung" einen Frauenwaggon in der U-Bahn verlangte Freitag Stadträtin Christine Schirmer in einer Pressekonferenz. Mit den Beiräten soll es eine weit stärkere Mitsprache von Frauen in allen Bereichen des öffentlichen Lebens, vor allem bei Planungs- und Bauangelegenheiten, geben. Weitere Vorhaben seien die Errichtung eines Frauengesundheitszentrums.

Wiener Zeitung, 19.10.1991

Dezember 1991 Am 9. Dezember wird im Wiener Gemeinderat die Gründung der Magistratsabteilung 57 beschlossen. Die Aufgaben der MA 57 umfassen lt. Geschäftseinteilung des Magistrats unter anderem die Förderung von Fraueninitiativen und Betreuung von Modellprojekten, die Abwicklung der finanziellen Zuwendungen an die Trägereinrichtungen von Frauenhäusern in Wien sowie Informations- und Öffentlichkeitsarbeit in allen Fragen der Gleichbehandlung von Frau und Mann sowie sonstigen frauenrelevanten Themen.

Alte Frauen-Forderung wird in Liesing erfüllt

Drittes Frauenhaus ist für Wien geplant

Eher „zufällig", so Vize-Bürgermeisterin Ingrid Smejkal, landete das heikle Thema Frauenhäuser diese Woche im Gemeinderat. „Im Ausschuß wurde der Antrag Liesings, ein drittes Frauenhaus im Süden Wiens zu errichten, sehr positiv besprochen", erzählt Smejkal. Sichtlich erfreut, daß Liesing sich aus eigenen Stücken als Standort für ein – von Wiens Frauenorganisationen schon lange gefordertes – drittes Frauenhaus in den südlichen Bezirken angeboten hat, räumt Smejkal allerdings ein: „Ich fürchte, daß eine Entscheidung noch einige Zeit dauern wird." Denn die Problematik „Frauen und Gewalt" ist noch immer ein Tabuthema. Obwohl die Zahlen eine deutliche Sprache sprechen: 1991 haben 454 Frauen und 382 Kinder in den beiden Frauenhäuser vorübergehend Schutz gefunden.

„Dabei", ist die Obfrau der österreichischen Frauenhäuser, Rosa Logar, überzeugt, „zeigen die Heime ja nur die Spitze eines Eisberges. Deshalb dürfen wir uns nicht mit deren Existenz zufriedengeben, sondern müssen viel Informations- und Präventionsarbeit leisten, auch auf dem Gebiet der Rechtsprechung."

BRITTA BLUMENCRON

Kurier, 19.9.1992

Dezember 1992 Der Nationalrat beschließt am 1. Dezember das »Gleichbehandlungspaket« sowie ein Verfassungsgesetz, in dem das unterschiedliche Pensionsantrittsalter für Frauen und Männer bis zum Jahr 2018 festgeschrieben ist. Das Paket umfasst auch eine verbesserte gesetzliche Regelung von Teilzeitarbeitsverhältnissen, Verlängerung der Pflegefreistellung für Berufstätige zur Betreuung eines im gemeinsamen Haushalt lebenden Angehörigen sowie die Einbeziehung von Kinderbetreuungszeiten in die Pensionsversicherung.

1992

Erste Abteilungsleiterin Eva Kail 30.4.1992–30.6.1998

20 Jahre MA 57

FRAUEN BÜRO
MAGISTRAT DER STADT WIEN

April 1992 Am 30. April nimmt die MA 57 als »Frauenbüro« die Arbeit auf. Sie übernimmt die von Stadträtin Schirmer eingeführte Frauenservicestelle, die bis heute unter dem Namen »Frauentelefon« ratsuchenden Frauen kostenlos rechtliche und soziale Beratung bietet.

MA 57

Der kleine Unterschied

Zehn Frauen für alle Wienerinnen

WIEN (lui). Wien soll frauenfreundlicher werden, erreichen will man das vor allem durch Reden und Denken. „Aktiver Dialog mit allem Beteiligten" ist die Devise der kürzlich gegründeten zehnköpfigen Magistratsabteilung für Frauenangelegenheiten, die Vizebürgermeisterin Ingrid Smejkal und Eva Kail, die Leiterin der neuen Stelle, gestern vorstellten. Der Bedarf für verstärkte weibliche Mitsprache begründet sich für Smejkal allein schon rechnerisch: „In Wien leben 844.581 Frauen und 746.817 Männer." Die Mehrheit werde trotzdem behandelt wie eine Minderheit.

Fehlende Kinderwagenrampen, verplanter Straßenraum, schlechte Beleuchtung in Stationen öffentlicher Verkehrsmittel und dadurch ausgelöstes Unbehagen oder das auf Männer zugeschnittene Fortbildungsangebot sind nur einige Beispiele der Vizebürgermeisterin für die Benachteiligung der Wienerinnen. Die neue Frauenstelle soll das ändern – unter anderem durch Mitsprache in der Stadt- und Verkehrsplanung. Den ersten Schritt will man für Gemeinde-Mitarbeiterinnen setzten, die – was Führungspositionen betrifft – hinter den Männern nachhinken.

Die Presse, 8.5.1992

März 1993 Das Bundes-Gleichbehandlungsgesetz tritt am 1. März in Kraft. Dieses beinhaltet ein explizites Frauenfördergebot sowie Bestimmungen und Einrichtungen, die eine tatsächliche Gleichbehandlung sichern sollen.

Juni 1993 Die Menschenrechtskonferenz der UNO findet in Wien statt. Gewalt gegen Frauen wird als Menschenrechtsverletzung anerkannt.

1993

März 1993 Am 3. März findet die Fachtagung »FrauenWerkStadt« mit internationalem Erfahrungsaustausch zum Thema »frauengerechter Wohnungs- und Städtebau« statt. Ende des Jahres werden erstmals nur Architektinnen zu einem städtebaulichen Wettbewerb eingeladen und damit das europaweit größte frauengrechte Wohnbauprojekt gestartet. Ehrenvorsitzende der Jury war die Architektin Margarete Schütte-Lihotzky, die Entscheidung für das städtebauliche Leitprojekt fällt zugunsten der Architektin Franziska Ullmann.

Frauenbericht deckt in Beamten-Chefetage auf:

Rathaus ohne Chefinnen

Die Wiener Stadtverwaltung beschäftigt zwar sehr sehr viele Beamtinnen, bis in die obersten Beamten-Chef-Etagen läßt sie ihre Damen aber offensichtlich nicht oder nur höchst ungern aufsteigen. Der jüngste Frauenbericht, der am Dienstag dem Wiener Gemeinderat vorgestellt wurde, ortete in der ranghöchsten Beamten-Dienstklasse A IX (Obersenatsräte) einen eindrucksvollen Frauenanteil von „0,00 Prozent".

In anderen Worten: Im Wiener Rathaus gibt es keine einzige Obersenatsrätin.

Etwas (aber auch nicht beeindruckend) besser sieht es in der Dienstklasse VIII (Abteilungsleiter) aus. Dort fand man einen Frauenanteil von 6,53 Prozent.

Jedenfalls nahm die Grün-Gemeinderätin Jutta Aouas Sander den Bericht zum Anlaß, die Einführung einer verpflichtenden Frauenquote in der Beamtenhierarchie vorzuschlagen.

Kurier, 30.6.1993

November 1993 Der Situationsbericht »Frauen in Wien« wird von der MA 57 veröffentlicht.

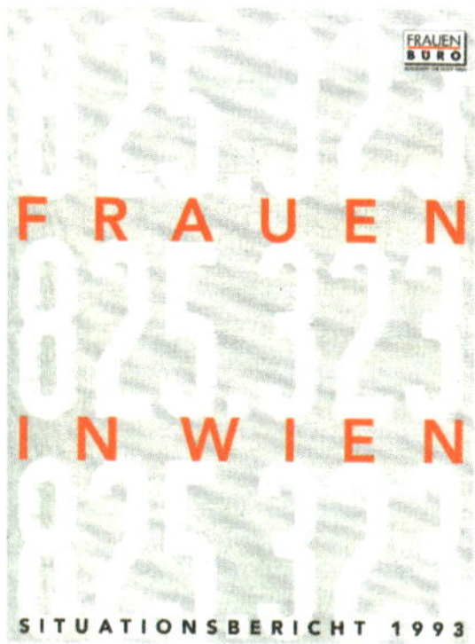

Juni 1994 Die Volksabstimmung am 12. Juni über den Beitritt Österreichs zur EU fällt mit 66,6% positiv aus. Damit treten die EU-Antidiskriminierungsrichtlinien auch für Österreich in Kraft.

November 1994 Nach dem Rücktritt von Bürgermeister Helmut Zilk wird Michael Häupl neuer Wiener Bürgermeister, die Regierungsumbildung findet am 7. November statt. Grete Laska löst Ingrid Smejkal als Frauenstadträtin ab, in ihr Ressort fallen die Agenden »Bildung, Jugend, Familie, Soziales, Frauenfragen und Sport«.

Bei Heirat können Frauen Namen behalten

Wien – Das Namensrecht, das den Frauen das Recht einräumt, nach der Eheschließung den Geburtsnamen weiter zu führen, tritt am 1. Mai in Kraft. Folgende Möglichkeiton sind vorgesehen:

- Beide Ehepartner einigen sich auf einen gemeinsamen Namen, entweder auf den Geburtsnamen der Frau oder auf jenen des Mannes.
- Jeder behält seinen Namen.
- Auch Doppelnamen sind möglich: Nimmt die Frau beispielsweise den Namen des Mannes an, kann sie ihren Geburtsnamen voranstellen oder hinten anfügen. Ist der Geburtsname bereits ein Doppelname, hat der künftige Name zwei Bindestriche.
- Auf den Nachnamen der Kinder müssen sich die Eheleute bereits bei der Heirat einigen. Ist das nicht der Fall, tragen die künftigen Kinder automatisch den Namen des Vaters. (red)

Der Standard, 26.4.1995

1994 1995

Frauenstadträtin Grete Laska 7.11.1994–21.11.1996

FRAUEN UND SICHERHEIT

Die Stadtplanung fürs schwache Geschlecht

Eva Kail: Büro für Frauen

Es ist spät geworden. Normalerweise ist die Fünfzigjährige um diese Uhrzeit längst zu Hause – in Sicherheit. Während der Fahrt denkt sie an den netten Abend mit der Freundin und an deren Worte: „Durch den Selbstverteidigungskurs fühle ich mich stärker und mutiger."

Sie plant, sich gleich nächste Woche dafür anzumelden.

„Angsträume sind zwar in der Regel keine Tatorte", sagt Dipl.-Ing. Eva Kail, Leiterin des Frauenbüros der Stadt Wien. „Trotzdem haben die Frauen Angst, dunkle, einsame Straßen zu benutzen, in Tiefgaragen zu parken oder an abgelegenen Haltestellen auf den Bus zu warten."

Allein der Gedanke an eine menschenleere Unterführung macht ihnen Angst.

Um die Stadtkarte der Frauen zu erweitern, haben die Diplomingenieurinnen Eva Kail und Jutta Kleedorfer in Zusammenarbeit mit dem Ökologie-Institut „Kose-Licka" ein Konzept erstellt, das konstruktive Vorschläge zum Thema „Frauen und Sicherheit" liefert.

Unter dem Titel „Draußen einfach sicher", behandelt die Studie zunächst zwei Orte im 10. Bezirk der österreichischen Hauptstadt: den Reumann-Platz und die Ankerbrotgründe (eine Wohnanlage und deren Umgebung).

„Favoriten wurde nicht etwa wegen seiner hohen Kriminalitätsquote ausgewählt, es liegt sogar unter dem Durchschnitt von Wien", erzählt die Expertin. Sondern weil der Bezirk Geld zur Verfügung stellte, um frauenfreundlicher zu werden. So sind die bewachsenen Lampen am Reumann-Platz freigelegt worden, damit ihr Licht wieder kräftiger strahlt.

„Frauen sollen sich in ganz Wien sicher fühlen", erklärt die Stadtplanerin ihr Ziel. Übersichtliche Wegführungen, ausreichende Beleuchtung, mindestens zwei Meter breite Gehsteige, Videoüberwachungen von U-Bahn-Stationen und gläserne Aufzüge (z. B. U 3) haben die Planer schon ins Programm genommen.

Sehen und gesehen werden heißt die Devise. „Auch wenn die persönliche und die soziale Kontrolle oft zu wünschen übrigläßt", wie Eva Kail meint.

Stadtplanung hin, soziale Kontrolle her – die Frauen sollen auch selbst aktiv werden. Das Frauenbüro bietet Selbstverteidigungskurse an, in denen Tips und Tricks für heikle Situationen gegeben werden. Information unter Telefon: 408 70 66.

Daniela Mastalerczyk

Kurier, 2.4.1994

September 1995 Band 1 der Schriftenreihe »Frauen in Wien« zum Schwerpunktthema Richtlinien für eine sichere Stadt wird von der MA 57 veröffentlicht.

Oktober 1995 Die MA 57 organisiert die Ausstellung und Vortragsreihe »Stadtgerechte Frauen. Frauengerechte Stadt«. Forderungen nach einer frauengerechten Stadtplanung wurden oftmals belächelt: »Wollt ihr den Asphalt rosarot anstreichen?«

Jänner 1996 Das Wiener Gleichbehandlungsgesetz wird am 26. Jänner im Wiener Landtag beschlossen und tritt mit 1. Mai 1996 in Kraft. Bei gleicher Qualifikation sollen weibliche Bewerberinnen bei der Stadt Wien bevorzugt werden.

Februar 1996 In der Mitteilung der Europäischen Kommission vom 21. Februar verpflichtet sich die EU zur Strategie des Gender Mainstreaming zur Einbindung der Chancengleichheit in sämtliche politische Konzepte und Maßnahmen der Gemeinschaft. Gender Mainstreaming soll langfristig als Instrument zur Verwirklichung der Gleichberechtigung von Frauen und Männern in allen gesellschaftlichen Bereichen wirken.

Oktober 1996 Bei den Landtags- und Gemeinderatswahlen verliert die SPÖ die absolute Mehrheit und bildet gemeinsam mit der ÖVP eine Koalitionsregierung. Die ÖVP stellt zwei der acht amtsführenden Stadträte. Renate Brauner übernimmt das neu geschaffene Integrationsressort, dem auch die Agenden »Frauenfragen, Konsumentschutz und Personal« zugeordnet sind.

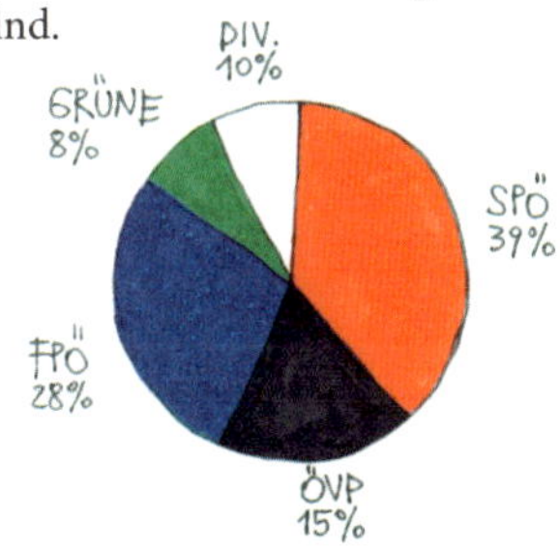

1996

Frauenstadträtin Renate Brauner 21.11.1996–1.7.2004

Jänner 1996 Der 24-Stunden-Frauennotruf der MA 57 nimmt seine Arbeit auf.

frauen notruf 71 71 9

frauen MA57 71 71 9 notruf StaDt Wien

1996 Die Broschüre »FrauenWerkStadt« erscheint.

1996 Geschlechtergerechte Sprache wird im Magistrat eingeführt. Die MA 57 ist hierbei federführend und stellt auf www.wien.gv/ma57/sprache/ Informationen und Beispiele zur Verfügung.

1996 Die Broschüre »Sicherheitstipps für Frauen« erscheint erstmals.

Die Frauenabteilung hat in den letzten 20 Jahren tolle Arbeit geleistet, und wir können die Erfolge heute deutlich sehen: eine bessere Frauenerwerbsquote, ein höheres Fraueneinkommen, ein deutlicher Ausbau der Kinderbetreuung, eine 35%-Quote bei den LeiterInnen der Magistratsabteilungen und eine 61%-Quote bei den LeiterInnen der Bezirksämter. Darauf kann Wien stolz sein, aber darauf gilt es auch aufzubauen, bis überall eine Gleichstellung von Frauen und Männern herrscht. Ich gratuliere allen Mitarbeiterinnen und Mitarbeitern zu 20 Jahren Frauenabteilung und wünsche weiterhin alles Gute!

Mag.ª **Renate Brauner**
Vizebürgermeisterin
zu 20 Jahre MA 57

April 1997 Vom 7.–14. April findet das erste österreichische FrauenVolksBegehren statt, das von 644.665 Personen unterstützt wird. Die 11 Forderungen zielen auf die Gleichstellung von Frauen und Männern ab.

1997

1997 Die MA 57 gründet das grenzüberschreitende Ost-West-Frauen-Netzwerk »milena«. Das Netzwerk bildet eine traditionelle Zusammenarbeit mit Städten im Vierländereck Österreich, Tschechien, Slowakei und Ungarn. 2005 wurde das Netzwerk in »FemCities« unbenannt.

[milena]

[FemCities]

1997 Die Einstiegshilfe für Frauen in das Internet »frauenonline« wird vom der MA 57 veröffentlicht.

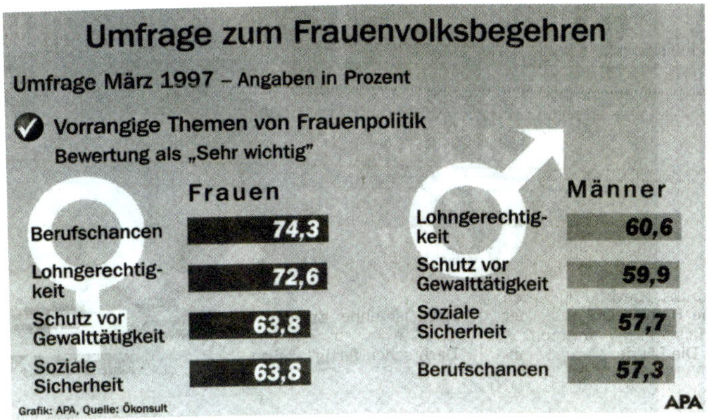

Kurier/APA, 8.3.1997

Mai 1997 Das »Gewaltschutzgesetz« tritt mit 1. Mai in Kraft. Mit diesem Gesetz wurden rechtliche Voraussetzungen für einen raschen und effizienten Schutz von Opfern häuslicher Gewalt geschaffen. Es beinhaltet die Wegweisung und das Betretungsverbot durch die Polizei für 10 bzw. 20 Tage. Weiters umfasst es die einstweilige Schutzverfügung des Zivilgerichtes für drei Monate und länger und regelt die Einrichtung von Interventionsstellen zur Unterstützung der Opfer und zur Koordinierung der Maßnahmen.

Brauner lobt das „multiprofessionelle Team"

Wichtiger Wiener Frauennotruf

Immer häufiger suchen Frauen Rat und Hilfe beim Wiener Frauennotruf. 1.938 Beratungsgespräche zählte man im Vorjahr.

„Heuer hatten wir schon von Jänner bis Mai fast so viele Anrufe", berichtete Mittwoch abend bei einem Hintergrundgespräch die Psychotherapeutin und Medizinerin Karin Spacek.

Sie ist eine von acht angestellten Mitarbeiterinnen, die zu jeder Tages- und Nachtzeit erreichbar sind.

„Das multiprofessionelle Team hat sich bewährt", erklärte Frauenstadträtin Renate Brauner (S).

Mit diesem Frauennotruf habe man eine Lücke im vorhandenen System geschlossen, sagte Brauner weiter. Polizei und Medizin seien zwar zwei wichtige und gut funktionierende Standbeine. Der Frauennotruf als Akuteinrichtung bilde aber das dritte Standbein, das bisher gefehlt hat.

Am häufigsten rufen Frauen an, die unmittelbar von sexueller Gewalt betroffen sind. Der Täter ist in den meisten Fällen der Frau bekannt, er kommt also aus dem Bekanntenkreis, der Familie oder aus dem sozialen Umfeld des Opfers.

„In einem Erstgespräch vermitteln wir Sicherheit, die Frau kann auch sofort zu uns kommen, wenn sie sich bedroht fühlt", schilderte die Karin Spacek. In weiterer Folge versuche man, das soziale Netz des Opfer wieder zu aktivieren. Denn Frauen, die jahrelang von ihren Männern mißhandelt wurden, hätten oft kaum mehr Außenkontakte.

„Schließlich bemühen wir uns um eine längerfristige Lösung und vermitteln zu einschlägigen Einrichtungen", so Spacek.

Zu einem persönlichen Beratungsgespräch kamen im Jahr 1996 am häufigsten Frauen, die vergewaltigt worden waren, zeigt die Statistik des Frauennotrufes.

Zu erreichen sind die Mitarbeiterinnen des Frauennotrufes von 00.00 bis 24.00 Uhr unter der Wiener Telefonnummer 71 71 9.

Wiener Zeitung, 20.6.1997

1997 Die »Frauen-Werk-Stadt I« in Floridsdorf wird fertig gestellt.

Oktober 1997 Am 24. Oktober findet die von der MA 57 organisierte Fachtagung zum Thema »Geschlechtersensible Pädagogik. Mädchen und Bubenarbeit in Wien« statt.

Die Frauenabteilung war für die Wiener Antidiskriminierungsstelle für gleichgeschlechtliche Lebensweisen (WASt) seit Beginn an eine natürliche Verbündete innerhalb der Wiener Stadtverwaltung. Seit 1998 kooperiert die Frauenabteilung mit der WASt und unterstützt sie in ihrem Einsatz für Lesben, Schwule und Transgender-Personen. In diesem Sinne hoffen wir, dass die Frauenabteilung auch weiterhin die Situation von lesbischen Frauen in ihren Projekten und Publikationen berücksichtigt und damit wesentlich zur Sichtbarkeit und Akzeptanz von Lesben beiträgt.

Oktober 1998 Die Wiener Antidiskriminierungsstelle für gleichgeschlechtliche Lebensweisen wird am 5. Oktober eröffnet.

Angela Schwarz
Wiener Antidiskriminierungsstelle für gleichgeschlechtliche Lebensweisen zu 20 Jahre MA 57

1998

November 1998 Die Kampagne »Sicher fühle ich mich wohl in Wien« startet. Ein aktives, selbstbewusstes Frauenbild soll in der Kampagne gestärkt und die Sensibilität für das Thema Gewalt und Sicherheit erhöht werden.

1998 Eine Enquete zu den gesetzlichen Rahmenbedingungen im Bereich Prostitution wird von der MA 57 organisiert.

Gespielte Gewalt: „Wie reagieren Sie?"

Schauspieler attackiert Frau in U-Bahn-Station – Kampagne gegen verborgene Gewalt

Eva Linsinger

Wien – Er steigt ungeduldig von einem Fuß auf den anderen. Endlich kommt sie in die volle U-Bahn- und Straßenbahnstation Jonasreindl, zeigt stolz ihre kurzen hellblonden Haare. „Spinnst Du? So eine Scheißfrisur!", schreit er. Die ersten Passanten schauen weg. „Wieviel hat das gekostet?", rempelt er sie lautstark an. Immer mehr Passanten schauen weg, steigen in die Straßenbahn, schauen aus dem Fenster zu. Wie er sie stößt. Einmal. Und noch einmal. Dann mischt sich eine Passantin ein, versucht ihn zurechtzuweisen. „Mit meiner Frau kann ich machen was ich will", schreit er nun die Passantin an.

Schauspieler schreit und rempelt Schauspielerin in belebter Straßenbahn- und U-Bahnstation an, danach werden die Passanten nach ihrer (Nicht-) Reaktion befragt: Sicherheitskampagne in Wien. *Foto: Semotan*

Verborgenes Theater

Dann geht ein Kameralicht an, gepflegtes Burgtheaterdeutsch löst die Spannung: „Wie geht es Ihnen, wenn Sie so eine Szene sehen? Wie reagieren Sie", fragt der Mann neben der Kamera. Und erklärt, daß die Szene nicht echt war, sondern verborgenes Theater gegen verborgene Gewalt.

Der gefährlichste Platz für Frauen ist daheim, der eigene Mann, die eigene Verwandtschaft – dieses Sicherheitsthema versucht Wiens Frauenstadträtin Renate Brauner zu kampagnisieren. Mit Infoständen, mit Plakaten – und eben zu Stoßzeiten an Knotenpunkten der Öffis mit den Theaterszenen.

Die manchmal mehr, manchmal weniger gut funktionieren. – „Normalerweise würde ich viel schärfer reagieren, aber der Mann hat sich durch seine Schauspielersprache verraten", erzählt ein Passant, der sich ein bißchen eingemischt hat – und, zumindest seiner Stimme nach, ein Berufskollege des scheinbaren Gewalttäters sein dürfte. Ein anderer Versuch, mit der Gewaltszene zum Nachdenken anzuregen, scheitert daran, daß plötzlich mit drei Pressefotografen und dem Kameramann zu viele professionelle Beobachter allzu sichtbar da sind. „Wird ein Film werden", murmelt ein Passant.

Manchmal aber geht die Szene wirklich auf. Und die Leute, die danach befragt werden, versuchen mehr oder weniger verschämt ihr Wegschauen zu rechtfertigen: „Also, wenn das mein Freund wäre, würde ich mich einmischen. Aber jetzt wollte ich mich nicht dafür interessieren", sagt eine junge Frau. Und ein Mann ergänzt: „Naja, so eine Szene ist heutzutage normal."

Polizei geholt

Ganz normal ist das Wegschauen aber nicht. So berichten die Polizisten, die wie zufällig dort waren und sich möglichst unauffällig nur für ihren Kaffee interessierten, daß etliche Passanten sie aufgefordert hätten, doch endlich was zu tun. Immerhin.

Der Standard, 17.12.1998

a.o. Univ.-Prof.[in] Dr.[in]
Beate Wimmer-Puchinger
Wiener Frauengesundheitsbeauftragte zu 20 Jahre MA 57

»Gesundheit hat ein Geschlecht« ist das Motto des Wiener Programms für Frauengesundheit. Denn: Die gesellschaftliche Rolle der FRAU ist eng mit ihren gesundheitlichen Belangen verwoben. Gewalterfahrungen, Körperbild, Schönheits- und Schlankheitsdruck, Sexualisierung sind ebenso unsere Anliegen wie ein gerechter und niederschwelliger Zugang zu unserem Gesundheitssystem, insbesondere für sozial benachteiligte Frauen. Meine Tätigkeit als Wiener Frauengesundheitsbeauftragte wäre ohne die hervorragende und langjährige Kooperation mit der MA 57 nicht denkbar! Mehr denn je bedarf es des parteilichen Einsatzes für Frauen, für den die MA 57 erfolgreich und stets engagiert steht!

November 1998 Das Frauengesundheitsprogramm der Stadt Wien wird am 9. November eingerichtet. Erste Frauengesundheitsbeauftragte wird Beate Wimmer-Puchinger.

Abteilungsleiterin Daniela Urschitz (vormals Lessing) 23.12.1998–31.1.2006

Frauen-Motor im Wiener Rathaus

Früher wäre sie schlicht Abteilungsleiterin geworden, Wiens neue Rathaus-Frauenchefin. Heutzutage bedient sie den „Motor für das Mainstreaming bei der Gemeinde Wien".

Von Walter Schwarz, SN-Redaktion Wien

WIEN. Diese Kraftmaschinen-Funktion hat die Wiener Frauenstadträtin Renate Brauner (SP) der Magistratsabteilung 57 (Frauenförderung und Koordinierung von Frauenangelegenheiten) zugedacht. Als neue Leiterin der MA 57 wurde Mittwoch die 41jährige Daniela Lessing „in ihr Amt eingeführt", wie sich das magistratische Wien auszudrücken pflegt.

Lessing studierte in Paris und Wien Politikwissenschaften, Wirtschafts- und Sozialgeschichte und trat 1981 als Mitarbeiterin des Bundesministeriums für Arbeit und Soziales in den öffentlichen Dienst ein. Ihre Arbeitsschwerpunkte waren Arbeitsmarktpolitik, Fragen der europäischen Integration und Gleichbehandlung. 1996 wechselte Lessing, die vier Fremdsprachen (Englisch, Französisch, Italienisch, Bulgarisch) spricht, zur Gemeinde Wien und war im Rahmen der Magistratsdirektion für EU-Förderungen zuständig. Der prekären Arbeitsmarktsituation für Frauen in Wien, dem Ausbau der „geschlechtsspezifischen Pädagogik" zwecks gefälliger Anwendung in den Amtsstuben und Dienstleistungsbereichen sowie den Problemen der Migrantinnen will Lessing ihr besonderes Augenmerk widmen. Viel Öffentlichkeits- und Bewußtseinsarbeit wird auch im kommenden Jahr, das von der UNO zum „Internationalen Jahr der älteren Menschen" ausgerufen wurde, zu leisten sein. Rund 45 Prozent der Jobsuchenden auf dem Wiener Arbeitsmarkt sind Frauen, die Frauenarbeitslosigkeit steigt überproportional. Bei den über 50jährigen Frauen liegt die Arbeitslosenrate bei rund 13 Prozent. In enger Zusammenarbeit mit dem Wiener Arbeitnehmerinnen-Förderungsfonds wird versucht, Frauen Zugang zu moderner und zeitgemäßer Qualifizierung zu ermöglichen. Wiedereinsteigerinnen-Programme und eine Frauenarbeitsstiftung wurden initiiert.

Fast die Hälfte des MA-57-Budgets von rund 60 Mill. S wird für die Finanzierung der derzeit drei Wiener Frauenhäuser bzw. einer Beratungsstelle verwendet.

Salzburger Nachrichten, 23.12.1998

Oktober 1999 Am 3. Oktober finden die Nationalratswahlen statt. Die FPÖ wird mit 26,91% zweitstärkste Partei nach der SPÖ mit 33,15%. Die Koalitionsverhandlungen zwischen SPÖ und ÖVP scheitern. In der Folge nimmt die ÖVP Verhandlungen mit der FPÖ auf.

November 1999 Die Errichtung eines 4. Wiener Frauenhauses wird am 23. November im Wiener Gemeinderat beschlossen. Damit soll der Empfehlung des Ausschusses des Europäischen Parlaments für die Rechte der Frau aus dem Jahre 1987 entsprochen werden, das pro 10.000 EinwohnerInnen ein Platz für eine misshandelte Frau in einem Frauenhaus zur Verfügung stehen soll. Die Fertigstellung des Hauses ist für 2002 geplant.

1999

Februar 1999 Das erste »Wiener Frauenbarometer – Arbeitswelt« wird von Stadträtin Brauner am 16. Februar präsentiert. Bei der Umfrage wurden 2.300 Wienerinnen zu den Themenfeldern Berufstätigkeit, Eigenständigkeit und Vereinbarkeit befragt.

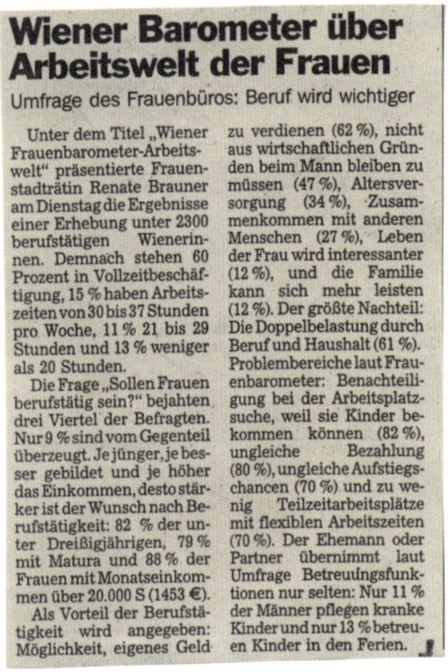

Wiener Barometer über Arbeitswelt der Frauen

Umfrage des Frauenbüros: Beruf wird wichtiger

Unter dem Titel „Wiener Frauenbarometer-Arbeitswelt“ präsentierte Frauenstadträtin Renate Brauner am Dienstag die Ergebnisse einer Erhebung unter 2300 berufstätigen Wienerinnen. Demnach stehen 60 Prozent in Vollzeitbeschäftigung, 15 % haben Arbeitszeiten von 30 bis 37 Stunden pro Woche, 11 % 21 bis 29 Stunden und 13 % weniger als 20 Stunden.

Die Frage „Sollen Frauen berufstätig sein?“ bejahten drei Viertel der Befragten. Nur 9 % sind vom Gegenteil überzeugt. Je jünger, je besser gebildet und je höher das Einkommen, desto stärker ist der Wunsch nach Berufstätigkeit: 82 % der unter Dreißigjährigen, 79 % mit Matura und 88 % der Frauen mit Monatseinkommen über 20.000 S (1453 €).

Als Vorteil der Berufstätigkeit wird angegeben: Möglichkeit, eigenes Geld zu verdienen (62 %), nicht aus wirtschaftlichen Gründen beim Mann bleiben zu müssen (47 %), Altersversorgung (34 %), Zusammenkommen mit anderen Menschen (27 %), Leben der Frau wird interessanter (12 %), und die Familie kann sich mehr leisten (12 %). Der größte Nachteil: Die Doppelbelastung durch Beruf und Haushalt (61 %). Problembereiche laut Frauenbarometer: Benachteiligung bei der Arbeitsplatzsuche, weil sie Kinder bekommen können (82 %), ungleiche Bezahlung (80 %), ungleiche Aufstiegschancen (70 %) und zu wenig Teilzeitarbeitsplätze mit flexiblen Arbeitszeiten (70 %). Der Ehemann oder Partner übernimmt laut Umfrage Betreuungsfunktionen nur selten: Nur 11 % der Männer pflegen kranke Kinder und nur 13 % betreuen Kinder in den Ferien.

Kurier, 17.2.1999

März 1999 Die Kampagne »Frauen sichtbar machen« startet. Die Kampagne soll Frauen in verschiedenen Bereichen wie Kultur, Wissenschaft, Politik, Wirtschaft, Soziales in Erinnerung und in das Bewusstsein rufen.

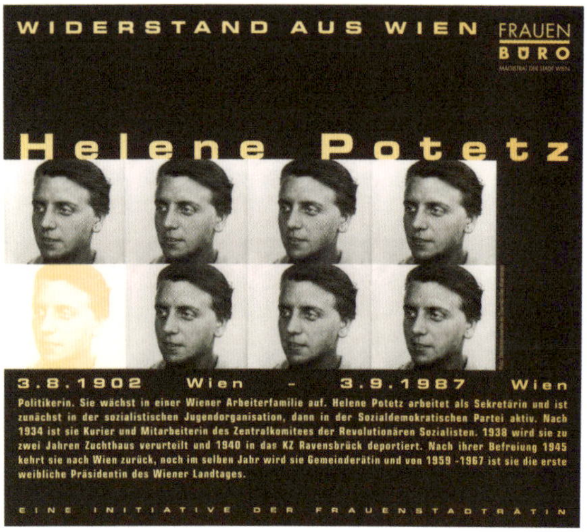

November 1999 Vom 11.–12. November findet die von der MA 57 organisierte Konferenz »Angriffe, Übergriffe. Sexuelle Gewalt gegen Frauen« im Wiener Rathaus statt.

Februar 2000 Unter heftigen öffentlichen Protesten findet am 4. Februar die Angelobung der schwarz/blauen Bundesregierung statt.

Frauenvereine zittern „ums Überleben"

Wien – „Ich mache mir sehr große Sorgen." Wiens Frauenstadträtin Renate Brauner (SP) macht sich im STANDARD-Gespräch über den Fortbestand von 20 Vereinen – von der Beratungsstelle gegen Gewalt an Frauen über die Ausbildungsstelle für Mädchen bis zu den freien Hebammen – Gedanken. Wurden doch diese 20 Vereine bisher zu 60 Prozent vom Bund und zu 40 von Wien finanziert. Für heuer gibt es vom Bund noch keinerlei Finanzierungszusage.

„Mir ist schon klar, dass man eine Einarbeitungszeit braucht. Aber für diese Vereine geht es ums Überleben – einige müssten in den nächsten Monaten zusperren, wenn keine Zusage eintrifft. Die Zeit drängt, und das Land Wien kann nicht gänzlich als Financier einspringen." 100 Mitarbeiterinnen seien betroffen.

Sozialministerin Sickl (FP) meinte, sie müsse 15 Prozent ihres Budgets einsparen, werde aber nicht „mit dem Rasenmäher drüberfahren". (eli)

Der Standard, 26/27.2.2000

2000

2000 Einrichtung des Klein-Projekte-Topfs (KPT) für eine unbürokratische Unterstützung von frauenspezifischen Projekten in Wien. Der KPT ist im Jahr 2000 mit ca. EUR 71.337,– Euro dotiert, 2010 bereits mit EUR 127.294,–.

600-mal Auskunft für Frauen in Not

Wien – Mit einer stolzen Statistik kann das Wiener Frauentelefon aufwarten: Seit Februar dieses Jahres haben rund 600 Frauen und Mädchen – aber auch 19 Männer – bei dieser Einrichtung Rat und Hilfe gesucht. Das Frauentelefon existiert seit insgesamt vier Jahren – nach einer kurzen Unterbrechung ging es im Februar wieder in Betrieb.

Drei Juristinnen beraten dort täglich und kostenlos, oder vermitteln – wenn die telefonische Vermittlung allein nicht ausreichend ist – an spezielle Institutionen weiter oder laden auch zu einem persönlichen Beratungsgespräch ein. Mit Abstand die häufigsten Fragen beschäftigen sich mit dem Themenkreis Scheidung und Trennung sowie Unterhalt oder finanzielle Probleme.

Aber auch die Bereiche Wohnen, Arbeit und Gewalt sowie Fragen zu Schwangerschaft und Karenz zählen zu den regelmäßig angesprochenen Problemen in der alltäglichen Beratungspraxis.

Das Wiener Frauentelefon ist unter der Rufnummer 408 70 66 von Montag bis Mittwoch von acht bis zwölf Uhr, dienstags von 13 bis 16 Uhr und freitags von zwölf bis 15 Uhr besetzt, kann aber auch per E-Mail (*frauentelefon @m57.magwien.gv.at*) erreicht werden. (red)

Der Standard, 8.8.2000

September 2000 Die neue Webseite der Frauenabteilung www.wien.gv.at/ma57/ geht online. Hier findet frau Informationen zur Geschichte der Frauenabteilung sowie über andere frauenspezifische Angebote im Magistrat. Auch ein umfangreiches Glossar z. B. über den Politikansatz von Gender Mainstreaming findet sich auf den neuen Webseiten der MA 57.

Oktober 2000 Die internationale Konferenz zum Thema Gender Mainstreaming im Rahmen des Milena-Netzwerk der MA 57 findet vom 9.–10. Oktober im Wiener Rathaus statt.

März 2001 Am 25. März finden die Wiener Landtags- und Gemeinderatswahlen statt. Nach dem Wahlerfolg der SPÖ – sie erricht 46,91% der Stimmen – gibt es wieder eine Alleinregierung unter Bürgermeister Michael Häupl. Der Stadtsenat umfasst 15 Mitglieder, acht amtsführende StadträtInnen (alle SPÖ) sowie sechs nicht-amtsführende (FPÖ: 3, ÖVP: 2, Grüne: 1).

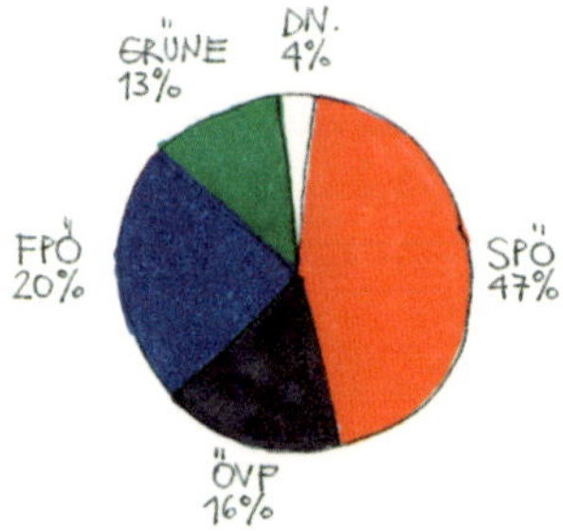

2001

Mai 2001 Am 15. Mai wird der »Kubus EXPORT – der Transparente Raum« von VALIE EXPORT unter einem Gürtelbogen Nähe Josefstädter Straße eröffnet. Er steht verschiedenen feministischen und künstlerischen Initiativen und Projekten zur Nutzung zur Verfügung.

Foto: Architekturbüro Tillner

Juli 2001 Die Publikation »Frauen in Wien 2« aus der Serie »Frauen sichtbar machen« mit dem Schwerpunkt Migrantinnen in Wien, erstellt von der Fotografin Lisl Ponger und der Autorin Sylvia Szely, erscheint.

„Ich kam mir vor wie ein Astronaut auf dem Mond"

40 Wienerinnen aus 40 Ländern – Ein Buch beschreibt das Leben von Immigrantinnen

„Das Lebenstempo in Wien ist deutlich langsamer als in Israel", meint Efrat Karlitzky, „am Anfang kam ich mir vor wie ein Astronaut auf dem Mond."

Die Organisationsberaterin Efrat Karlitzky ist eine von 40 Migrantinnen, die in Wien leben, mit der Wiener Mentalität zurechtkommen müssen und hier ihren Weg gemacht haben.

Ein neues Buch von Sylvia Szely (Fotos Lisl Ponger), „Frauen in Wien 2 – Porträts von Migrantinnen" lässt Frauen aus 40 Ländern von ihrem Leben und ihren Wahrnehmungen in Wien berichten. Ein dorniger Weg. Mentalitätsunterschiede, Klima, die „Freundlichkeit" der Wiener und auch die Fremdenfeindlichkeit machten den Frauen zu schaffen.

Eine polnische Rechnungsprüferin ist fasziniert von der „Freundlichkeit der Leute", eine amerikanische Radio-Redakteurin sieht hingegen rundum „mitteleuropäisch depressive Persönlichkeiten".

„Die Migrantinnen leben mitten unter uns", sagt SP-Integrationsstadträtin Renate Brauner, „aber wir sehen sie oft zu klischeehaft und haben Berührungsängste."

Indranie Bulathsinghalage-Cooray stammt aus Sri Lanka und lebt mit ihrer Familie in Wien. Ihr Traum ist ein eigenes Sri-Lanka-Restaurant, deshalb besucht sie eine Ausbildung am WIFI. Als sie 1989 im November nach Wien kam war das ein Schock. Sie fürchtete, dass sie niemals die Sonne zu Gesicht bekommt. Erst im Frühjahr atmete Indranie auf. „Die Mentalitäten sind komplett verschieden", meint sie, „Ich bin wirklich gern hier, aber wie zuhause wird es nie."

„Frauen in Wien 2" ist gratis unter ☎ 4000 / 83 815 zu bestellen. – JOSEF RIETVELD

STEPHAN BOROVICZENY

Efrat Karlitzky mit Jonathan „bald 12" und Tochter Yuval

Kurier, 1.7.2001

September 2001 Der freiheitliche Sozial- und Frauenminister Herbert Haupt setzt den renommierte Käthe-Leichter-Staatspreis für Frauen- und Geschlechterforschung aus. Er wird erst 2005 wieder verliehen.

Oktober 2001 Das interdisziplinäre Fortbildungsprojekt »Curriculum gegen Gewalt an Frauen und Kindern« startet an den Wiener Krankenhäusern, um das medizinische Personal im Umgang mit Gewaltopfern zu sensibilisieren und opferspezifische Versorgungsstandards zu etablieren. Diese Maßnahme des Wiener Programms für Frauengesundheit läuft erfolgreich bis 2005.

Oktober 2001 Die Frauenabteilung veranstaltet die Konferenz »Itech Women« rund um die Zukunftspotentiale der Neuen Medien für Frauen vom 22.–23. Oktober im Wiener Rathaus.

Oktober 2001 »10 Jahre Frauenbüro der Stadt Wien« werden von der Abteilung mit einer Ausstellung, einer Broschüre und einem Film zur Geschichte der Frauenabteilung gefeiert.

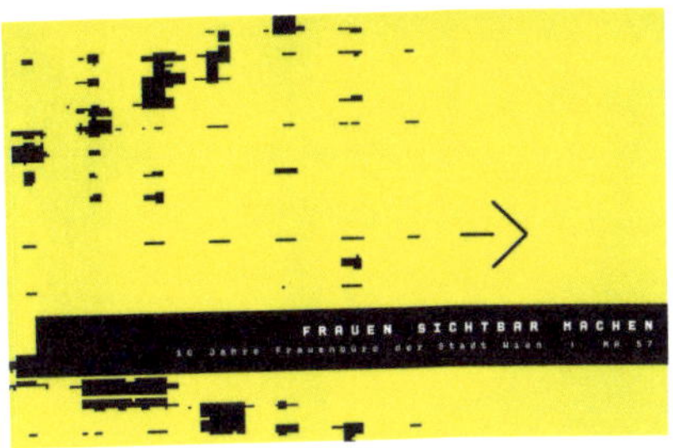

November 2001 Das Internet-Portal »www.jobs4girls.at« geht online. Mädchen und junge Frauen können sich über nicht-traditionelle Frauenberufe wie Mechatronikerin, Kfz-Mechanikerin usw. informieren.

Mai 2002 Das 4. Wiener Frauenhaus wird eröffnet. In Wien stehen somit rund 166 Plätze für von Gewalt betroffene Frauen und Kinder zur Verfügung.

2002

Das Frauenbüro setzt auf mehr Beratung

Diskussionsforen, Chats und mehr Zeit für das Frauentelefon

Das Beratungsangebot des Frauenbüros wird auf Grund der starken Nachfrage ausgeweitet. Ab sofort gibt es jede Woche 23 Stunden telefonische und neun Stunden persönliche Beratung. Das sind um acht Stunden mehr als bisher.

Im vergangenen Jahr haben knapp 1700 Frauen das Beratungsangebot des Büros genutzt und sich in den Bereichen Familien- und Scheidungsrecht, Soziales, Arbeitsmarkt und Wohnung kostenlos beraten lassen. Als Zusatzangebot werden ab Jänner Krisengespräche und Coaching bei Wiedereinstieg in den Beruf, bei Gerichts- und Behördenwegen angeboten.

Die Hotline des Frauenbüros (☎ 408 70 66) ist Montag, Dienstag und Freitag von 8 bis 13 Uhr erreichbar, am Mittwoch und Donnerstag von 13 bis 17 Uhr. Nach telefonischer Terminvereinbarung werden juristische und soziale Beratung sowie Krisenintervention und Coaching angeboten. Ab April wird es auf der Homepage des Frauenbüros Diskussionsforen und Chats geben.

▸ MEHR IM INTERNET
www.wien.gv.at/ma57

Kurier, 3.1.2002

April 2002 Am 25. April findet der erste Wiener Töchtertag statt, bei dem Mädchen im Alter zwischen 11 und 16 Jahren verschiedene Berufe in vor allem männerdominierten Branchen kennenlernen können. 2002 nehmen 200 Mädchen in einem Betrieb teil, am 10. Töchtertag 2011 sind es 3.000 Mädchen in 170 Betrieben.

März 2002 Die Publikation »Pionierinnen in Wien« aus der Serie »Frauen sichtbar machen« erscheint. 19 bekannte und unbekannte Pionierinnen sowie fünf Fraueneinrichtungen werden in Wort und Bild porträtiert.

November 2002 Der 1. Wiener Frauenpreis wird am 13. November an die Publizistin Elfriede Hammerl und die Anwältin Andrea Wukovits verliehen.

Dezember 2003 Der Rechnungshof veröffentlicht den Einkommensbericht. Der Einkommensunterschied zwischen Männern und Frauen beträgt in Österreich nach Einrechnung der Teilzeitarbeit 23%.

2003

Jänner 2003 Erstmals werden für Wiener Frauenvereine 3-Jahres-Verträge abgeschlossen. Für die Vereine bedeutet das eine langfristige und bessere Planbarkeit ihrer Aktivitäten.

August 2003 Die Studie »Älter werden in der Migration« und »Ältere Frauen und neue Technologien« in der Schriftenreihe »Frauen in Wien« Band 11 der Frauenabteilung erscheint.

September 2003 Der virtuelle Museumsführer »Guide MuSieum« bietet eine frauengerechte Sichtweise auf Museumsobjekte. Er wird am 8. September im Historischen Museum präsentiert.

November 2003 Die MA 57 veranstaltet auf Initiative von Frauenstadträtin Renate Brauner die Fachkonferenz »Du entkommst mir nicht« zum Thema Psychoterror – Formen, Auswirkungen und gesetzliche Möglichkeiten. Die Notwendigkeit eines Anti-Psychoterror- bzw. Anti-Stalking-Gesetzes wird betont.

Dezember 2003 Der 1. milena.talk des Städtenetzwerkes milena findet zum Thema »Geschlecht der Sprache« statt. Im Wiener Museumsquartier diskutierten Journalistinnen, Sprachwissenschafterinnen und Autorinnen aus Österreich, Tschechien, der Slowakei und Ungarn die Bedeutung von Sprache für die Gleichstellung von Frauen und Männern.

Juli 2004 Das neue Gleichbehandlungsgesetz (GlBG) tritt mit 1. Juli in Kraft. Dadurch wird der Zuständigkeitsbereich des Arbeitskreises für Gleichbehandlungsfragen (AKG) neben der Gleichstellung und Gleichbehandlung von Frauen und Männern auf die »Gleichbehandlung ohne Unterschied der ethnischen Zugehörigkeit, der Religion oder der Weltanschauung, des Alters oder der sexuellen Orientierung (Antidiskriminierung)« ausgedehnt.

Die Hälfte der Macht und des Geldes für die Frauen, die Hälfte der Familie für die Männer – das war und ist das Ziel. Frauen und Mädchen müssen ermutigt und tatkräftig unterstützt werden, in der Gesellschaft aktiv ihre Rechte einzufordern. Dieses Selbstverständnis gilt es stets und auf allen Ebenen zu erneuern. Dass noch viel zu tun ist, zeigt die ungleiche Verteilung der Einkommen zwischen Frauen und Männern. Für diesen Weg braucht es die Expertise und Energie engagierter Frauen der Frauenabteilung der Stadt Wien.

Mag.ª **Sonja Wehsely**
Stadträtin für Gesundheit und Soziales
zu 20 Jahre MA 57

2004

Frauenstadträtin Sonja Wehsely 1.7.2004–25.1.2007

März 2004 Die Webseite www.alleinerziehen.at geht online. Sie bietet aktuelle rechtliche Informationen zu Obsorge, Unterhalt, Beihilfen, Informationen zu Kinderbetreuungseinrichtungen, Freizeitangeboten, Erwerbstätigkeit, Wohnen u. v. m.

Oktober 2004 Das Städtenetzwerk milena wird in FemCities umbenannt, der Aktionsradius wird ebenfalls erweitert, mit dem Ziel, das Städtenetzwerk schließlich auf den gesamten EU-Raum auszudehnen.

November 2004 Das Wiener Mädchentelefon wird in der Frauenabteilung eingerichtet (bis 2011).

Dezember 2004 Die Broschüre »Chancengleichheit ist (k)ein Kinderspiel« – eine Bestandsaufnahme im vorschulischen ebenso wie im schulischen und außerschulischen Bereich – wird von Frauenstadträtin Sonja Wehsely präsentiert.

Ideen, damit alle vom Geld was haben

Enquete im Rathaus zu Gender-Budgeting

Wien – Ein Mann wird künftig dafür sorgen, dass Männer und Frauen bei der Erstellung und Vergabe des Wiener Budgets gleichermaßen berücksichtigt werden.

Peter Kaser wird sich in der Magistratsdirektion mit Gender-Budgeting, also der geschlechtergerechten Aufbereitung des Budgets, auseinander setzen. Das gaben Frauenstadträtin Sonja Wehsely und Finanzstadtrat Sepp Rieder am Mittwoch bekannt.

Derzeit findet im Rathaus eine Enquete zu dem Thema statt, bei der Experten und Expertinnen aus Basel, Berlin und München den Wienern von ihren Erfahrungen mit Gender-Budgeting berichten.

Wehsely und Rieder betonten, dass Wien sich schon jetzt zum Ansatz des geschlechtergerechten Baus der städtischen Infrastruktur bekenne. So werden Bildungsprogramme frauenspezifisch angelegt und Parks dahingehend geplant, dass darin keine dunklen Ecken als Angstpunkte für Frauen gebaut werden.

Was allerdings die Vert[…]lung beim Budget angeht, b[…] legt eine Studie, dass hier v[…] Geschlechterparität keine R[…]de sein kann.

DER STANDARD berichtete v[…] dieser Studie der Wiener W[…]senschafterinnen Irene B[…]lach-Politzer und Marie[…] Schneider. Die beiden ana[…]sierten, dass genau derlei […]richtung der Infrastruktur, […] aus den Bezirksbudgets […]zahlt wird, zu mehr als 90 P[…]zent männlichen Arbeitne[…]mern zugute kommt.

Kritik in Studie

Monika Vana und He[…] Wisser von den Grünen Fr[…]en kritisieren, dass es in ers[…] Linie Lippenbekenntnis[…] zum Gender-Budgeting g[…] und Grundsatzbeschlüsse […] für erst ab 2006 in einzeln[…] Bezirken umgesetzt würd[…] VP-Frauensprecherin Barb[…] Feldmann kündigte einen A[…]trag im Gemeinderat an, […] Gender-Budgeting verpfli[…]tend einzuführen.

Vana bietet Wehsely an, […] von den Grünen in Auftrag […]gebene Studie als Basis […]nehmen, um die Budgets […] umzuorganisieren, dass a[…] profitieren. Budgets se[…] Ausdruck einer Gesellschaf[…]politik, die in einem Staat u[…] einer Stadt verfolgt wird. (a[…]

Der Standard, 16.12.2004

Juli 2005 Seit Juli ist Gender Budgeting in der Geschäftseinteilung für den Magistrat der Stadt Wien verankert und der Abteilung Finanzwirtschaft, Haushaltswesen und Statistik (MA 5) zugewiesen. Seit dem Budget für das Jahr 2006 gibt es erstmals in Österreich ein eigenes Kapitel für Gender Budgeting im Voranschlag und in den entsprechenden Rechnungsabschlüssen.

Oktober 2005 Die Wiener Landtags- und Gemeinderatswahlen finden am 23. Oktober satt. Es ist die erste Wahl in Wien, an der auch 16- und 17-Jährige teilnehmen konnten. SPÖ, ÖVP und die Grünen legen je um rund 2% zu, Wahlverliererin sind die Freiheitlichen mit –5,3%.

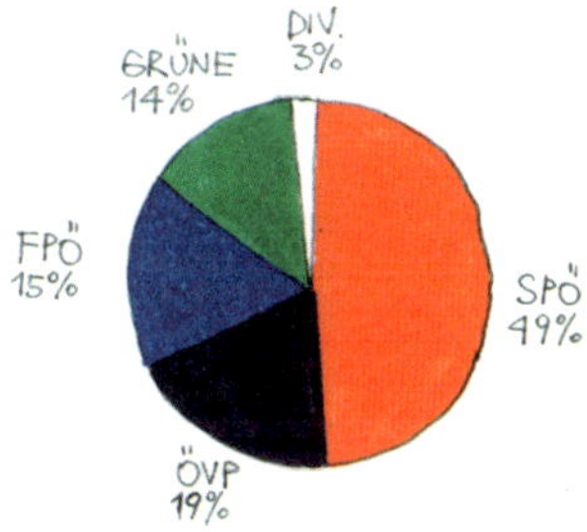

Juli 2005 Das Wegweiserecht gilt in Wien auch vor Abtreibungskliniken. Das heißt, radikale Abtreibungsgegner können von der Polizei kurzfristig weggewiesen werden. Eine bundesweite Regelung mit Schutzzonen fehlt nach wie vor.

September 2005 Die Projektstelle Gender Mainstreaming wird am 28. September in der Magistratsdirektion errichtet – seit 2011 Dezernat für Gender Mainstreaming.

2005

September 2005 In Zusammenarbeit mit namhaften PädagogInnen hat die Frauenabteilung der Stadt Wien eine umfangreiche Erziehungsratgeberin entwickelt. Die Education-Box enthält neben Leitfaden, Arbeitsmaterialien und geschlechtssensiblen Kinder- und Liederbüchern auch Erfahrungsberichte und Anregungen sowie Materialien für die Alltagsarbeit mit Kindern.

März 2005 Erstmals findet am 8. März das Open House im Wiener Rathaus statt, das von 1.500 Wienerinnen besucht wird.

Juni 2005 Die Ausstellung »Frauen gedenken anders 1945–2005« wird im Rahmen des Gedenkjahres 2005 auf dem Platz vor dem Wiener Museumsquartier eröffnet und zeigt, welchen Beitrag Frauen in der Zweiten Republik geleistet haben und welche Errungenschaften noch heute das Leben von Frauen maßgeblich beeinflussen.

August 2005 Der Frauensituationsbericht »Frauen in Wien 2005« wird präsentiert. Er beleuchtet die spezifische Lebenssituation von Frauen und Mädchen in Wien anhand von zehn Themenschwerpunkten.

November 2005 Die von der MA 57 veranstaltete Konferenz »Über das Verschwinden der Frauen« dokumentiert die nationalsozialistische Vertreibung von Frauen aufgrund ihrer Weltanschauung oder ihrer jüdischen Herkunft während der NS-Zeit und deren Folgen.

Mag.[a] **Ursula Bauer**
Dezernatsleiterin
Gender Mainstreaming,
MD-OS zu 20 Jahre
MA 57

Im Jahr 2011 scheint für Frauen alles möglich – sie müssen eben nur wollen … Gleichzeitig wird das Frauenthema in Krisenzeiten aber als verzichtbarer Luxus betrachtet – jetzt geht es doch um echte Probleme! Umso wichtiger ist gerade jetzt eine Frauenabteilung, die die zum Teil nur diskreter gewordenen Ausschließungsmechanismen aufspürt, sichtbar macht, zu Diskussionen anregt, Informationen und konkrete, individuelle Unterstützung bietet. Ohne diese Aktivitäten wäre auch Gender Mainstreaming, d.h. die Verknüpfung einer geschlechtsspezifischen Perspektive mit allen Tätigkeitsbereichen, gar nicht möglich.

Juli 2006 Das Anti-Stalking-Gesetz tritt mit 1. Juli österreichweit in Kraft.

Dezember 2006 Start der Stadt-Wien-Kampagne »Wien sieht's anders«, um den Begriff Gender Mainstreaming den WienerInnen näher zu bringen. Auftakt der Kampagne sind allgemein bekannte Piktogramme mit getauschtem Geschlecht.

2006

Abteilungsleiterin Karin Spacek 3.2.2006–30.9.2007

Juni 2006 Der 1. Frauen*Stadt*Talk zum Thema weibliche Schönheitsideale »Body.Bilder« findet am 12. Juni im Wiener Schikanederkino statt. Es diskutieren Expertinnen über Schönheitszwang und dessen Folgen wie die Zunahme an Schönheitsoperationen oder Extremdiäten. Im Anschluss wird der Film »The Swan. Madeover in America« über us-amerikanische Schönheits-Reality-Shows gezeigt.

Wie gleichberechtigt sind Frauen in Wien?

ANALYSE. *Weibliche Politik & weiblicher Alltag: Ein Resümee.*

VON MARTIN STUHLPFARRER UND ULRIKE WEISER

WIEN. Wenige Tage vor der Nationalratswahl versuchen in Wien SPÖ und Grüne Frauen-Themen „hochzuziehen". SP-Motto am Dienstag: „Bügeln statt Flachlegen" (in Anspielung auf die Aussage von Kanzler Schüssel, Feministinnen würden angesichts der Frauenquote in der Regierung vor einem linken Parteichef flachliegen). Am Dienstag pilgerten vier Wiener SP-Nationalratskandidaten zum Ballhausplatz, um für Frauenrechte zu bügeln. Die Grünen stellen den Mittwoch unter das Motto „Vorrang für Frauen". Wie sieht es aber in der Wiener Praxis aus?

▶ **Politik.** In der Stadtregierung hat Bürgermeister Michael Häupl die Hälfte der Posten für Frauen reserviert. Wenn Häupl abtritt, soll Wien die erste Bürgermeisterin bekommen: Häupl favorisiert seine enge Vertraute Renate Brauner. Die Wiener **SPÖ**-Nationalratsliste wurde nach dem Reißverschluss-System erstellt (wechselnd Männer und Frauen).

FPÖ hat Probleme mit Frauen

Im Gemeinderat wird 50:50 mit 42 Prozent Frauenanteil verfehlt. Schwächer schneidet die **ÖVP** ab. „Fast 50 Prozent Frauen auf wählbaren Plätzen" (Landesliste) für den 1. Oktober – im Gemeinderat liegt die Frauenquote minimal über der VP-Mindestquote von einem Drittel.

Die **Grünen** sind Wiens einzige Partei mit einer Chefin und halten im Gemeinderat bei einem Frauenanteil von 70 Prozent. Auf der Wiener Nationalratsliste stehen neun Frauen und acht Männer während bei der **FPÖ** die Männer dominieren – auf der Nationalratsliste ebenso wie im Gemeinderat: Nur 2 von 13 Gemeinderatssitze gingen an Frauen. Die FPÖ argumentiert das so: „Bei uns zählt nicht das Geschlecht, sondern die Qualifikation." Nachsatz: „Mit Frauen in Spitzenpositionen haben wir schlechte Erfahrungen; siehe Heide Schmid und Susanne Riess Passer", so FP-Pressesprecher Hans-Jörg Jenewein: „Man muss nur die Kollegen vom BZÖ fragen."

▶ **Stadtverwaltung:** Zehn Jahre nach Inkrafttreten des Gleichberechtigungsgesetzes sind 25 Prozent der leitenden Positionen im Magistrat weiblich besetzt. Vor einer Dekade waren es 5 Prozent. Insgesamt sind zu mehr als 60 Prozent Frauen in der Stadtverwaltung tätig.

▶ **Wiener Frauen-Alltag:** „Gleichberechtigung ist an der Einkommensdifferenz messbar", sagt Andrea Leitner, Frauen-und Arbeitsmarktexpertin am Institut für Höhere Studien. In dieser Kategorie steht Wien laut Wiener Frauenbericht 2005 relativ gut da: Die Einkommensdifferenz liegt mit 36 Prozent unter dem Bundesdurchschnitt (56,2 Prozent), die Erwerbsquote deutlich darüber. Wermutstropfen: die höhere Frauenarbeitslosigkeit. Verantwortlich für die gute Bilanz sind urbane Faktoren wie Infrastruktur, Bildung und eine weniger traditionelle Lebensweise. Umgekehrt „zwingen" höhere Lebenskosten und mehr Scheidungen Stadtfrauen zur Erwerbstätigkeit. Positiv für Leitner: Die Stadt setzt Akzente, z. B. durch das Gender-Budget (die Stadtregierung muss prüfen, inwieweit Leistungen Männern oder Frauen zu Gute kommen). Trotzdem greife die Gleichberechtigung „sehr, sehr langsam". Noch eine Zahl zum Thema „Gleichberechtigung & Bügeln": Haushaltsarbeit ist in Wien zu 83 Prozent Frauensache.

Showbügeln. Wiener SP-Nationalrats-Kandidat Caspar Einem am Ballhausplatz im Wahleinsatz. [Fuhringer]

IN ZAHLEN

611.300 Frauen sind am Sonntag in Wien wahlberechtigt (Wahlberechtigte insgesamt: 1.129 533).

Mit **36 Prozent** liegt die Einkommensdifferenz zu den Männern in Wien unterm Bundesdurchschnitt.

In der Stadtregierung stellen Frauen die **Hälfte** der Posten. In der Verwaltung sind ein **Viertel** der leitenden Funktionen weiblich besetzt.

Die Presse, 27.9.2006

Unsere Welt ist immer noch von männlichen Erklärungsmustern geprägt, von männlichen Normen und Definitionen der Welt und ihren Gegebenheiten. Dieses eindimensionale Bild müssen wir aktiv korrigieren. Wir müssen dem patriarchalen Blickregime eine kritische Perspektive auf das Leben von Frauen und die gesellschaftspolitische Stellung der Frau entgegenstellen. Das ist einer von vielen Gründen, warum es auch weiterhin eine starke Frauenabteilung braucht. Lassen wir nicht locker, erhöhen wir den Druck!
Der Feminismus wird siegen!

Sandra Frauenberger
Wiener Frauenstadträtin
zu 20 Jahre MA 57

November 2007 Eine Novellierung des Wiener Antidiskriminierungsgesetzes wird am 22. November beschlossen. Damit muss ein diskriminierungsfreier Zugang von Frauen sowohl zu Gütern und Dienstleistungen, die im alltäglichen Leben zur Verfügung gestellt werden, als auch für die Bereiche Soziales, Gesundheit, Bildung sowie Zugang zu selbstständiger Erwerbstätigkeit gewährleistet werden.

2007

Frauenstadträtin Sandra Frauenberger seit 25.1.2007

März 2007 Die von der MA 57 beauftragte Studie »Zwangsverheiratung und arrangierte Ehen in Österreich mit besonderer Berücksichtigung Wiens. Situationsbericht & Empfehlungskatalog« wird präsentiert.

Mai 2007 Anlässlich von zehn Jahre Gewaltschutzgesetz wird am 22. Mai im Museumsquartier eine Sicherheitsmeile mit allen im Opferschutz tätigen Einrichtungen veranstaltet. Präsentiert wird auch die Wanderausstellung »Meilensteine im Opferschutz«.

Juni 2007 Der Frauen*Stadt*Talk zum Thema »Darf denn Alter(n) schön sein?« findet am 5. Juni im Filmcasino statt.

Mai 2008 Baubeginn für die dritte frauenspezifische Siedlung in Wien [ro*sa] im 22. Bezirk.

November 2008 Die Ausstellung »Stadt und Frauen – Eine andere Topografie von Wien« von Elke Krasny wird in der Wienbibliothek des Rathauses gezeigt. 20 Frauen beschreiten gemeinsam mit der Autorin Alltagswege durch die Stadt und eröffnen so neue Perspektiven. Zur Ausstellung erscheint das Buch »Stadt und Frauen«.

2008

Abteilungsleiterin Marion Gebhart seit 31.1.2008

März 2008 Am 27. März findet die Fachkonferenz »Aktiv gegen Zwangsheirat« in der Volkshalle des Wiener Rathauses statt. Die MA 57 organisierte als eine von acht internationalen PartnerInnen-Organisationen im EU-Daphne-Projekt »Aktiv gegen Zwangsheirat« die Veranstaltung. Über 200 ExpertInnen nehmen daran teil.

Mai 2008 Die MA 57 publiziert den Leitfaden »Sensible Berichterstattung zum Thema Gewalt an Frauen«, der sich gezielt an JournalistInnen richtet.

Oktober 2008 Die Frauenabteilung lädt am 28. Oktober zur Internationalen FemCities-Fachkonferenz »Wie funktioniert's? Wer profitiert?« zur Reduzierung der Einkommensunterschiede zwischen Frauen und Männern ins Wiener Rathaus. Die Konferenz hatte zum Ziel, frauenpolitische Forderungen zur Einkommensgerechtigkeit neu zu formulieren und sie im Kontext der wirtschaftlichen und gesellschaftspolitischen Gegebenheiten zu beleuchten.

Oktober 2008 Beginn der Kampagne »Frauen über 50 können alles sein«, die Vorurteilen gegen Frauen über 50 entgegenwirken soll.

Dezember 2009 Das Frauenwohnprojekt [ro*sa] feiert ein Jahr nach dem Spatenstich die Schlüsselübergabe. Mit dem mit Mitteln aus der Wiener Wohnbauförderung unterstützten Frauenwohn-projekt [ro*sa] in der Donaustädter Anton-Sattler-Gasse 100 wird ein Meilenstein für frauengerechtes Wohnen gesetzt. Kern des Projekts ist eine solidarische Gemeinschaft von Frauen unterschiedlicher Generationen und Herkunft sowie deren Kindern und eventuellen PartnerInnen.

2009

März 2009 Das Rollen.Bilder.Buch, eine spielerische Auseinandersetzung mit Rollen- und Berufsbildern der MA 57 erscheint.

Mai 2009 Der Frauen*Stadt*Talk zum Thema »Frauen tanzen nicht nach Rock und Rolle« findet am 14. Mai in der Universität für Angewandte Kunst Wien statt. Unter anderem wird der Kurzfilm von Anna Bär »Wann tragen Sie Hosen?« mit Interviews und historischem Rückblick gezeigt.

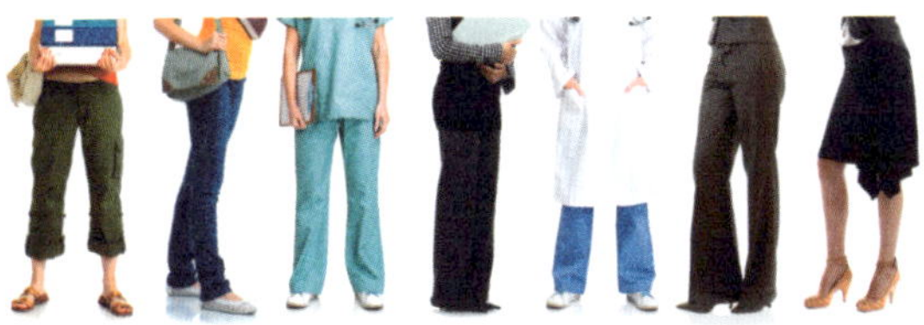

Oktober 2009 Beginn der Kampagne »Der richtige Standpunkt: Gegen Gewalt«.

Jänner 2010 Seit dem 1. Jänner haben schwule und lesbische Paare in Österreich die Möglichkeit, ihre PartnerInnenschaft einzutragen und sich – in Wien auch am Standesamt – verpartnern zu lassen.

April 2010 Der»Queere Kleinprojektetopf« wird bei der Wiener Antidiskriminierungsstelle eingerichtet. LesBiSchwule- und Transgender-Projekte können hier um Förderung eingereicht werden.

Oktober 2010 Am 10. Oktober finden die Wiener Landtags- und Gemeinderatswahlen statt. Die SPÖ bleibt stimmtenstärkste Partei und geht eine Koalition mit den Grünen ein. Maria Vassilakou wird erste grüne Vizebürgermeisterin Wiens und Stadträtin für Stadtentwicklung, Verkehr, Klimaschutz, Energieplanung und BürgerInnenbeteiligung.

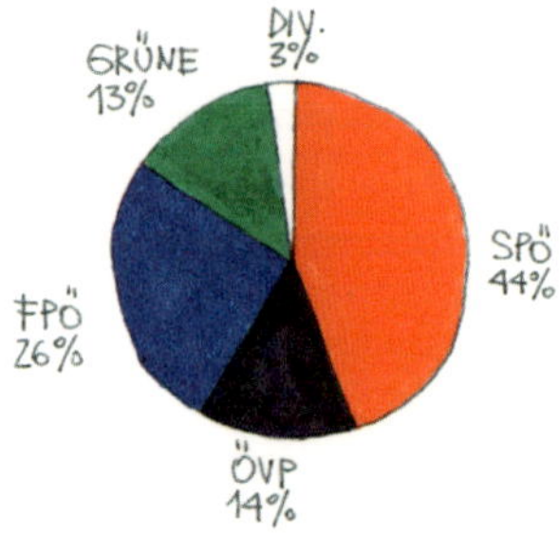

2010

März 2010 Am 16. März startet der Wiener Frauenbus seine erste von insgesamt sechs Ausfahrten im Jahr 2010. Die mobile Einrichtung der MA 57 bietet Frauen an verschiedenen Orten in Wien Beratung und Informationsmaterial zu unterschiedlichen Themen.

März 2010 Das Wiener Frauenbarometer zum Thema Frauen – Rechte – Geschichte – Errungenschaften wird am 1. März präsentiert. Die Befragung von 802 Wienerinnen macht wieder deutlich, dass Frauen immer noch hauptsächlich für die unbezahlten Haus-, Pflege- und Betreuungsarbeiten zuständig sind.

April 2010 Das Netzwerktreffen »Frauen vernetzt« findet am 22. April im Wiener Rathaus statt. Wiener Künstlerinnen werden zum Austausch, Netzwerken und Kennenlernen in den Stadtsenatssitzungssaal eingeladen.

Wien will Unternehmen zu Frauenförderung zwingen

Dienstleistungsbetriebe, die von der Stadt Wien Aufträge erhalten wollen, müssen künftig einen Frauenförderplan parat haben – oder zumindest gewillt sein, einen auszuarbeiten. Bei Nichteinhaltung drohen Pönalen.

Martina Stemmer

Wien – Zweieinhalb Jahre lang hat eine Expertengruppe daran gearbeitet, neun Tage vor der Wien-Wahl ist das Projekt nun auf Schiene: Die Stadt Wien knüpft die Vergabe von öffentlichen Aufträgen im Dienstleistungssektor künftig an Frauenfördermaßnahmen. Vorerst betrifft dies ausschließlich Reinigungs- und Transportdienste sowie die Erstellung von wissenschaftlichen Arbeiten. Langfristig soll dies aber auch andere Bereiche betreffen, sagt Frauenstadträtin Sandra Frauenberger (SP), die das Projekt gemeinsam mit den Grünen initiiert hat.

Unternehmen, die einen Auftrag über 40.000 Euro von der Stadt bekommen, sollen sich demnach verpflichten, die weibliche Belegschaft in unterschiedlichen Bereichen zu fördern. Zum einen geht es dabei um die Erhöhung des Frauenanteils – vor allem bei höher qualifizierten Jobs. Daneben sollen spezielle Aus- und Weiterbildungsangebote für Frauen geschaffen werden.

Ein weiterer Schwerpunkt ist die Vereinbarkeit von Kind und Job – etwa durch Teilzeit- und Telearbeit sowie die Schaffung von Kinderbetreuungsplätzen. Darüberhinaus soll es strukturelle Maßnahmen geben. Etwa durch die Ausarbeitung eines innerbetrieblichen Frauenförderungsplan, die Ernennung einer Frauenbeauftragten sowie Schulungen zum Umgang mit sexueller Belästigung. Voraussetzung für die Koppelung ist eine Mindestvertragslaufzeit von sechs Monaten.

Bericht zur Halbzeit

Bis zur Hälfte dieser Laufzeit soll der Betrieb der Stadt einen detaillierten Bericht zu ihren Bemühungen in diesen Bereichen vorlegen. Er muss vom Betriebsrat und – falls vorhanden – der Frauenbeauftragten abgesegnet werden. „Damit verhindern wir, dass die Firmen etwas hineinschreiben, was sie gar nicht umsetzen", sagt Frauenberger-Sprecherin Marianne Lackner. Legt das beauftragte Unternehmen keinen umfassenden Bericht vor, wird ihr eine Nachfrist eingeräumt. Sie soll je nach Größe des Auftrags zwischen einigen Tagen und ein paar Wochen liegen.

Danach werden Pönalen fällig: Pro Woche eine Promille der Auftragssumme, die Höchstgrenze liegt dabei bei einem Prozent beziehungsweise bei 10.000 Euro. Frauenberger kündigte ihren Plan, Betriebe, die auf Frauenförderung pfeifen, künftig zu strafen bereits 2009 im STANDARD-Interview an. Damals konnte sie sich noch eine Pönale von fünf Prozent vorstellen. Derweil gibt sie sich aber mit geringeren Strafe zufrieden – und rechnet auch bei der leicht abgespeckten Version mit Widerstand. „Die erste Ausschreibung landet wahrscheinlich beim unabhängigen Verwaltungssenat und in weiterer Folge beim Verfassungsdienst", sagt die SP-Stadträtin. „Dann muss man's halt ausjudizieren – schließlich betreten wir hier europaweit absolutes Neuland."

Arbeitsgruppe im Bund

Rückendeckung bekommt Frauenberger jedenfalls von der (ebenfalls roten) Frauenministerin: „Wien geht da mit gutem Beispiel voran", sagt Gabriele Heinisch-Hosek, „diesen Weg sollte auch der Bund einschlagen." Sie will, dass eine Arbeitsgruppe das Wiener Modell prüft und eine ähnliche Regelung auf Bundesebene vorbereitet.

In Wien betrug 2009 das gesamte Dienstleistungsvolumen 82 Millionen Euro. Darin sind auch Aufträge enthalten, die unter den festgesetzten Kriterien liegen. Der erste Auftrag, der nach dem neuen Förderplan vergeben werden könnte, ist laut Frauenberger die Reinigung von Schulen.

Halbe-halbe dank neuer Förderangebote: Unternehmen sollen Frauen dabei unterstützen, sich nicht nur um Mann und Kind, sondern auch um ihre Karriere zu kümmern. *Foto: APA*

Der Standard, 10.10.2010

Oktober 2010 Die Stadt Wien koppelt die Vergabe öffentlicher Aufträge über 40.000,– Euro an den Nachweis frauenfördernder Maßnahmen im Betrieb.

Juli 2010 Die Kampagne der Frauenabteilung zu Sexistischer Werbung startet. Auf der MA 57-Webseite können Beschwerde-Musterbriefe gegen sexistische Werbung heruntergeladen werden.

Februar 2011 Eine eigene Dienststelle der Gleichbehandlungsbeauftragten wird gegründet. Die unabhängige und weisungsfreie Gleichbehandlungsbeauftragte wird für fünf Jahre bestellt, ihr stehen fünf ständige Stellvertreterinnen zur Seite. Seit 17. Februar ist Elisabeth Kromus Gleichbehandlungsbeauftragte der Stadt Wien. Sie ist u. a. für Gleichbehandlungsfragen von und für Bedienstete der Stadt Wien sowie für die Erstellung eines Vorschlags für das Gleichstellungsprogramm (vormals Frauenförderungspläne) zuständig.

Mag.[a] **Elisabeth Kromus**
Gleichstellungsbeauftragte
zu 20 Jahre MA 57

Stetiger Einsatz für das Ziel der Gleichstellung bedeutet vermeintliche »Wahrheiten« sowie Normen zurechtzurücken. Wir dürfen nicht müde werden, Gegenwelten anzubieten. Unsere Aufgabe ist es, jede Diskriminierung aufgrund von Geschlecht aufzudecken, zu verfolgen und zu beseitigen. Die Frauenabteilung ist eine wesentliche Partnerin für unsere Arbeit, die in den letzten 20 Jahren auch magistratsintern eine Vielzahl an wichtigen frauenpolitischen Projekten auf den Weg gebracht, Bewusstseins-arbeit geleistet und eine Reihe an Ungleichbehandlung aufgezeigt hat. Viele Erfolge in den letzen Jahrzehnten wären ohne Frauenabteilung, deren großartige Expertinnen und der wichtigen Grundlagenarbeit nicht möglich gewesen.

2011

April 2011 Anlässlich des 10. Wiener Töchtertages wird in einem Artikel in der Presse kritisch auf den stark abteilungsabhängigen Frauenanteil in der Stadt Wien hingewiesen. Trotz noch ernüchternder Quoten in den technischen Abteilungen holen die Frauen in den technischen Branchen generell sowie in den Führungspositionen langsam auf. Es geht voran.

März 2011 Anlässlich 100 Jahre »Internationaler Frauentag« lässt die MA 57 Plakate von den Künstlerinnen Carola Dertnig, Ingeborg Strobl und Ilse Haider gestalten. Am 8. März beginnen im Rahmen der Veranstaltung »Offenes Rathaus« die Führungen »Wege der Frauen durchs Rathaus«, in denen in neun Stationen beleuchtet wird, wie Frauen in die Politik kamen.

Vor 100 Jahren wurde erstmals der Internationale Frauentag in Wien gefeiert, 1913 kam es zu einer Massenversammlung von Frauen in der Volkshalle des Rathauses: Seither hat sich frauenpolitisch in Wien viel verändert, Frauen erkämpften das Wahlrecht, zogen ins Rathaus ein, Abteilungen und Projektstellen wurden eingerichtet, autonome Frauengruppen meldeten sich politisch zu Wort. Die Führung »Wege der Frauen durchs Rathaus« beleuchtet, wie Frauen in die Politik kamen, was sich getan und verändert hat, was heute für und durch Frauen in Wien geschieht. Mit Abbildungen von Plakaten, Zeitungsausschnitten und Büchern gibt die Wienbibliothek Einblick in ihre zahlreichen Schätze zur Frauengeschichte.

Die neun Stationen auf den »Wegen der Frauen durchs Rathaus« erläutern Zusammenhänge der Themen Frauen und Politik, Sichtbarkeit von Frauen in Straßenbenennungen, Selbstbestimmungsrecht über Körper und Sexualität, Beziehungs- und Lebensformen, Gewaltschutz, Frauenbildung, Frauen am Arbeitsmarkt, Frauen in Krieg und Faschismus und die Bedeutung von Frauenpolitik für Frauen.

Die 9 Stationen

1. Station > Frauen in der Politik
1. Stock, neben dem Gemeinderatssitzungssaal
2. Station > Frauen am Stadtplan
1. Stock, neben dem Gemeinderatssitzungssaal
3. Station > Recht auf Selbstbestimmung
1. Stock, Gang vor dem Büro der Stadträtin Sonja Wehsely
4. Station > Wissensspeicher der Frauengeschichte
1. Stock, Gang vor der Wienbibliothek im Rathaus
5. Station > Lieben – Leben – Wohnen
1. Stock, Feststiege 9, vor dem Festsaal
6. Station > Gewaltschutz für Frauen
Erdgeschoß, Arkadenhof, Galerie im Arkadenhof
7. Station > Gleiche Bildung – gleicher Lohn!
Erdgeschoß, Arkadenhof, vor der Volkshalle
8. Station > Frauen für Frieden – Frauen im Faschismus
Erdgeschoß, Arkadenhof, vor der Volkshalle
9. Station > Frauenpolitik für Frauen!
Erdgeschoß, Arkadenhof, Galerie im Arkadenhof

Lifte

März 2011 Am 3. März eröffnet die Ausstellung »FESTE. KÄMPFE. 100 Jahre Frauentag« im Wiener Volkskundemuseum. Am 19. März findet auf der Wiener Ringstraße eine große Demonstration unter dem Motto »20.000 Frauen« statt.

Novemer 2011 Der Wiener Landtag beschließt, dass ab 2012 in einem jährlichen »Bericht zur Einkommenstransparenz« die Gehälter der 65.000 Stadt-Wien-Bediensteten anonymisiert und nach Berufssfeldern und Geschlecht veröffentlicht werden.

Wien, keine Stadt für Technikerinnen

Gleichberechtigung. Am Donnerstag findet zum zehnten Mal der Töchtertag statt, der Mädchen Technik näherbringen soll. Der Frauenanteil in den Abteilungen der Stadt ist gering.

VON KARIN SCHUH

[WIEN] Es ist eines der Vorzeigeprojekte der Frauenabteilung der Stadt Wien. Der Wiener Töchtertag wurde vor zehn Jahren ins Leben gerufen, um Mädchen zwischen elf und 16 Jahren einen technischen Beruf schmackhaft zu machen. Am Donnerstag ist es wieder so weit, 170 technische Betriebe öffnen für rund 3000 Mädchen ihre Tore.

Der Tag an sich kann, was die Zahl der Teilnehmerinnen (seit Beginn rund 20.000) angeht, durchaus als Erfolg verbucht werden. Sieht man sich allerdings den Frauenanteil in technischen Abteilungen der Stadt Wien an, sieht die Sache schon anders aus.

Insgesamt gibt es im Wiener Magistrat einen Frauenanteil von 64,56 Prozent. Betrachtet man die einzelnen Abteilungen, werden große Unterschiede deutlich. So beträgt etwa der Frauenanteil bei den Wiener Kindergärten 98 Prozent, in der Frauenabteilung – wenig verwunderlich – gar 100 Prozent. Bei Wien Kanal hingegen liegt der Anteil der weiblichen Mitarbeiterinnen bei sieben Prozent, beim Rettungsdienst der Stadt bei elf Prozent.

Aufgeteilt nach Berufsgruppen ist die Zahl der Technikerinnen bei der Stadt Wien von 24 Prozent im Jahr 2004 auf 30 Prozent im Jahr 2010 gestiegen. Die Zahl der weiblichen Lehrlinge in technischen Berufen blieb hingegen unverändert bei 17 Prozent.

99 Prozent Männer

„In der Hauptwerkstätte arbeiten zu 99 Prozent Männer", sagt etwa Brigitte Lindovsky, zuständig für Gleichbehandlung und Frauenförderung in der Hauptwerkstätte Simmering der Wiener Linien. Seit 2006 gibt es zwar auch in Bereichen Mechatronik und Kfz-Technik weibliche Lehrlinge. „Das ist ein geringer Prozentsatz, er steigt aber", so Lindovsky. Insgesamt beträgt der Frauenanteil bei den Wiener Linien 12,49 Prozent, ein Großteil davon ist in der Verwaltung tätig. Im Fahrdienst sind die meisten Frauen U-Bahn-Fahrerinnen (16 Prozent).

Auch bei Wien Energie ist der Anteil der Technikerinnen bescheiden. „Der Frauenanteil im technischen Bereich ist eher verschwindend. Im Management nimmt er hingegen zu", sagt Ilona Matusch von Wien Energie und verweist auf Gabriele Payr, Generaldirektorin der Wiener Stadtwerke, zu denen auch die Wiener Linien und Wien Energie gehören.

Schuld ist der „Pink-Faktor"

Matusch führt den geringen Frauenanteil in technischen Berufen auf den „Pink-Faktor" zurück, wie sie es nennt. „Man muss sich ja nur einmal das Spielzeug der Kinder anschauen, das prägt furchtbar."

Das sieht auch Marion Gebhart, Leiterin der Frauenabteilung der Stadt Wien (MA 57), ähnlich. „Die Prägung fängt mit der ersten Puppe und dem ersten Auto an. Rollenbilder verfestigen sich sehr früh. Das macht es so schwierig, dagegen anzukämpfen." Sie versucht deshalb gezielt, bereits in Kindergärten – etwa mit freiwilligen Workshops für Eltern zum Thema Rollenbilder – dagegen anzukämpfen. „Stereotype entwickeln sich meist schleichend und unsichtbar. Viele Eltern sind nach dem Workshop erstaunt darüber, wie viel sie da unbewusst weitergeben", sagt Gebhart. Zusätzlich wird gendersensible Pädagogik in Kindergärten immer mehr thematisiert.

Gebhart betrachtet den Töchtertag als einen Teil mehrerer Maßnahmen. Sieht man sich den Berufswunsch der Mädchen an, hat sich dadurch tatsächlich etwas geändert. Während 2002 noch 57,50 Prozent der Mädchen bei der Berufswahl auf die klassischen weiblichen Lehrberufe Einzelhandelskauffrau, Friseurin oder Bürokauffrau setzten, waren es 2010 „nur" noch 47,69 Prozent. Die Zahl der Mädchen, die sich für eine Mechatroniklehre entschieden, stieg hingegen von zwei auf 21 Prozent, jene der weiblichen Tischlerlehrlinge von 13 auf 27 Prozent.

Wirklich bemerkbar machen sich diese Veränderungen auf dem Arbeitsmarkt aber noch nicht. Denn selbst wenn es eine Steigerung des Frauenanteils gibt, geschieht diese doch von einer niedrigen Basis aus. „Es geht vorwärts, das Tempo ist aber überschaubar", meint Gebhart dazu.

Die Quote dürfte den Prozess etwas beschleunigen. Seit 1997 gibt es innerhalb des Magistrats eine Frauenquote für Führungspositionen. Damals lag der Frauenanteil noch bei fünf Prozent, im Jahr 2010 lag er bei 35,6 Prozent. Von den ersehnten 50 Prozent ist man allerdings noch entfernt.

Die Presse, 17.4.2011

September 2011 Unter dem Motto »Gut verhandeln – besser verdienen« werden Gehaltsverhandlungstipps für Frauen im praktischen Geldtaschenformat präsentiert.

Oktober 2011 Am 24. Oktober findet das »Open House« anlässlich des 20-jährigen Jubiläums der MA 57 statt.

AutorInnen/Künstlerinnenverzeichnis

Redaktionsteam

Büro trafo.K arbeitet an Forschungs- und Vermittlungsprojekten an der Schnittstelle von Bildung und Wissensproduktion im Bereich der Kunst- und Kulturvermittlung. Das Tätigkeitsfeld umfasst u. a. wissenschaftliche Studien, Schulungen, Jugendkulturarbeit, Workshops und Consulting für Museen und Ausstellungen, künstlerische Interventionen sowie Projekte im öffentlichen Raum. Schwerpunkte sind zeitgenössische Kunst, Wissenschaftsvermittlung und Zeitgeschichte. Büro trafo.K sind Renate Höllwart, Elke Smodics-Kuscher, Nora Sternfeld.

Brigitte Geiger ist freie Kommunikationswissenschaftlerin und Lehrbeauftragte an den Universitäten Wien und Salzburg. Sie arbeitet im Bereich feministischer Medien- und Kommunikationsforschung u. a. zu feministischen Medien und Öffentlichkeiten und Geschlecht und Gewalt. Sie ist Mitbegründerin und Mitarbeiterin von »STICHWORT. Archiv der Frauen- und Lesbenbewegung« in Wien.

Beate Hausbichler studierte Philosophie, war von 2004 bis 2007 Mitherausgeberin des Magazins »fiber. werkstoff für feminismus und popkultur« und ist seit 2008 Redakteurin bei »*die*Standard.at« und im Kulturressort von »derStandard.at«.

AutorInnen und Künstlerinnen

Gudrun Ankele studierte Kunstgeschichte in Graz, Wien und Berlin, arbeitet als Kuratorin und als Lektorin für Gender Studies. Sie ist Teil des feministischen Kunstkollektivs »Schwestern Brüll«. Ihre Forschungsschwerpunkte sind feministische Geschichte, politische Theorie und Ästhetik.

Annegang ist ein kleines Kollektiv, das sich manchmal erweitert und Kunst für gute Zwecke instrumentalisiert. www.annegang.org

Vida Bakondy ist Historikerin. Sie ist Mitherausgeberin der Publikation »Viel Glück! Migration heute«, Wien/Belgrad/Zagreb/Istanbul 2010 (Mandelbaum). 2007 erschien ihre Publikation (mit Renée Winter) »Nicht alle Weißen schießen. Afrika-Repräsentationen im Österreich der 1950er Jahre im Kontext von (Post-)Kolonialismus und (Post-)Nationalsozialismus«, Innsbruck/Wien/Bozen 2007 (Studienverlag).

Persson Perry Baumgartinger (ver-)sucht und (er-)stellt transinterqueere Räume. Tätigkeitsbereiche: Queer Linguistics/Transgender Studies, Körper- und Energiearbeit, Vorträge, Seminare und Trainings zu Sprache Macht Geschlecht, Kritischem Diversity, queeren Sprachwiderständen etc. Er ist Gründer von »Queeropedia« sowie Mitbegründer von »][diskursiv – Verein zur Verqueerung gesellschaftlicher Zusammenhänge«; derzeit Dissertation an der Wirtschafts- und Sozialgeschichte und der Angewandten Sprachwissenschaft der Universität Wien.

Lisa Bolyos ist antirassistische und feministische Aktivistin u. a. beim 1. März/Transnationaler Migrant_innenstreik.

Andrea Brem ist Diplomsozialarbeiterin, Diplomsupervisorin und seit 10 Jahren Geschäftsführerin der Wiener Frauenhäuser.

Mascha Dabić studierte Translationswissenschaft (Englisch und Russisch) und Politikwissenschaft in Innsbruck. Sie ist als Dolmetscherin, Lehrende, literarische Übersetzerin und Journalistin tätig.

Katrina Daschner ist bildende Künstlerin und nimmt dabei queerfeministische Positionen ein. Sie hosted den queeren CLUB BURLESQUE BRUTAL und war Gründerin des Performance Space »Salon Lady Chutney«. Von 2005–2010 unterrichtete sie an der Akademie der bildenden Künste Performance.

Carola Dertnig unterrichtet an der Akademie der bildenden Künste Wien. Sie erhielt 2006 den Innsbrucker Kunstpreis, 2007 den Preis der Stadt Wien für bildende Kunst und 2009 den Tiroler Landeskunstpreis. Sie lebt in Wien und New York.

Petja Dimitrova arbeitet mit diversen Medien wie Video, Zeichnung, Print und neuen Medien zwischen bildender Kunst, politischer und partizipativer Kulturarbeit zu aktuellen gesellschaftspolitischen Themen. Sie ist künstlerisch-wissenschaftliche Mitarbeiterin an der Akademie der bildende Künste Wien und Vorsitzende der IG bildende Kunst sowie Redaktionsmitglied von »Kulturrisse« und Mitglied diverser Netzwerke wie »Netzwerk Kritische Migrationsforschung und Grenzregime« und »MigrafonA«.

Meri Disoski studierte Germanistik und Romanistik in Wien, Forschungsaufenthalt in Berlin; Mitarbeit an den Zeitschriften »wespennest – zeitschrift für brauchbare texte und bilder« und »[sic!] – Forum für feministische GangArten«, Redakteurin von »daStandard.at«; derzeit wissenschaftliche Mitarbeiterin und Dissertantin am Institut für Germanistik der Universität Wien.

Lina Dokuzović ist Künstlerin und Dissertantin an der Akademie der bildenden Künste Wien. Ihre künstlerische Arbeit analysiert Mechanismen der Aneignung, Privatisierung und Militarisierung von Bildung, Kultur, Körper und Raum. Sie arbeitet als Researcherin im »creating worlds«-Projekt von eipcp.

Johanna Dorer ist Assistenzprofessorin am Institut für Publizistik- und Kommunikationswissenschaft der Universität Wien und Mitglied des Arbeitskreises für Gleichbehandlungsfragen der Universität Wien. Ihre wissenschaftlichen Schwerpunkte sind u. a. feministische Medienforschung, Medientheorie, nichtkommerzielle Medien, Cultural Studies und Medienkultur.

Ines Doujak ist Künstlerin und untersucht in ihren Fotografien, Installationen und Projekten die Normen des menschlichen Verhaltens als strukturelle und konstituierende Elemente der Gesellschaft aus einer feministischen Perspektive. Schwerpunkt ist die Konstruktion und Rolle von Stereotypen in Bezug auf Geschlechterrollen und Rassismus. Derzeit arbeitet sie an dem künstlerischen Forschungsprojekt »Webschiffe, Kriegspfade«.

Vlatka Frketić ist kritische politische Ermächtigungsaktivistin, verortet in der queer-feministisch migrantischen antirassistischen Bewegung.

Marion Geisler ist Diplompsychologin und seit 1996 im Kinderbereich der Wiener Frauenhäuser beschäftigt.

Assimina Gouma arbeitet für »maiz. Autonomes Zentrum von & für Migrantinnen«, ist Kommunikationswissenschaftlerin und Mitglied der Forschungsgruppe »Kritische Migrationsforschung [KriMi]«.

Claudie A. Goutrié ist langjährige Aktivistin im »Lila Tipp«, der Lesbenberatung in der »Rosa Lila Villa«. Schwerpunkte sind Beratung, Coming-out-Gruppen, antidiskriminatorische Bildungsarbeit mit Schulklassen, kreative subversive Strategien. Seit 2010 selbstständige Organisationsberaterin und Autorin in Berlin.

Heide Hammer ist Philosophin und Sozialwissenschafterin, arbeitet an der Medizinischen Universität Wien, bevorzugt kollektive Wissens- und Textproduktion in den Bereichen feministische Theorie, politische Philosophie und Literatur.

Elisabeth Hellmich erwarb nach 16 Jahren ausschließlicher Haus- und Familienarbeit ein Zertifikat für Erwachsenenbildung, studierte Soziologie kombiniert mit Frauenforschung, Sozialgeschichte, Soziolinguistik und promovierte 2006. Sie ist Autorin von »Forever Young? Die Unsichtbarkeit alter Frauen in der Gegenwartsgesellschaft« (2007) und aktiv in feministischen, kirchlichen und sozialpolitischen Gruppen.

Stephanie Kiessling ist Soziologin mit Schwerpunkt feministische Theorie und qualitative Methoden. Sie war von 2002–2005 Mitherausgeberin des Magazins »fiber. werkstoff für feminismus und popkultur«. Seit 2004 ist sie mit Unterbrechungen Grundlagenreferentin der Frauenabteilung der Stadt Wien. 2006 und 2009 war sie Mitorganisatorin des feministischen Musikfestivals »rampenfiber«.

Daniela Koweindl ist kulturpolitische Sprecherin der IG Bildende Kunst sowie als freie Text- und Projektarbeiterin (erwerbs-)tätig. Einer ihrer Arbeitsschwerpunkte ist die Prekarisierung von Arbeit und Leben, ihr Fokus liegt dabei auf der Suche nach Strategien für ein gutes Leben für alle.

Elke Krasny ist Kulturtheoretikerin mit den Schwerpunkten Kunst, Architektur und Urbanismus des 20. und 21. Jahrhunderts, Kunst- und Architekturtheorie, Gender Studies, Bildung und Didaktik.

Birge Krondorfer ist politische Philosophin, Lektorin an diversen Universitäten, Autorin, Erwachsenenbildnerin, Herausgeberin sowie Mitbegründerin und tätig in der Bildungsstätte »Frauenhetz – Feministische Bildung, Kultur und Politik« in Wien. 2009 erhielt sie den Käthe-Leichter-Preis für Frauenforschung, Geschlechterforschung und Gleichstellung in der Arbeitswelt.

Marissa Lôbo studierte Geschichte in Bahia, Brasilien, und lebt seit elf Jahren in Europa, zuerst in Italien, Portugal und nun in Österreich. Sie arbeitet beim Verein »maiz. Autonomes Zentrum von & für Migrantinnen«, ist Obfrau des Vereins »Forum«. Seit 2008 studiert sie an der Akademie der Bildenden Künste in der Klasse für postkonzeptuelle Kunst. Als Künstlerin und Aktivistin der Schwarzen und MigrantInnen-Bewegung denkt Marissa Lôbo Politik und Kunst zusammen. Daraus entstehen ihre oft performativen Arbeiten.

Gabriele Michalitsch ist Politikwissenschafterin und Ökonomin und lehrt u. a. am Institut für Politikwissenschaft an der Universität Wien. Ihre Forschungschwerpunkte liegen in den Bereichen Neoliberalismus, Politische Ökonomie und Feministische Ökonomik.

Katharina Morawek ist Künstlerin, Redakteurin der Zeitschrift »MALMOE« und Kunstvermittlerin im MUMOK sowie Lehrbeauftragte an der Akademie der bildenden Künste Wien.

Monika Morawetz war nach dem Kolleg für Fotografie und visuelle Medien als Fotografin, Grafikerin und Reakteurin tätig, bevor sie 2010 das Studium der sozialen Arbeit abschloss und nun als Streetworkerin mit Jugendlichen in Wien arbeitet.

Eva van Rahden ist Mitarbeiterin der Volkshilfe Wien. Dort leitet sie »SOPHIE – Bildungs-Raum für Prostituierte«. Sie studierte Kommunikations- und Theaterwissenschaft in München und war viele Jahre im Kulturbereich tätig. Sie war Teilnehmerin des 1. Lehrgangs zur Akademischen ReferentIn für feministische Bildung und Politik.

Sieglinde Rosenberger ist Professorin für Politikwissenschaft an der Universität Wien. Ihre Forschungsschwerpunkte sind Politische Inklusions- und Exklusionsmechanismen in Bezug auf Repräsentation, Partizipation und Governance; Politisierung und Mobilisierung von Migration/Integration/Asyl; Politik, Religion und Geschlecht. Sie ist Leiterin der Forschungsgruppe »Die Politik der Inklusion & Exklusion«.

Birgit Sauer ist Professorin am Institut für Politikwissenschaft der Universität Wien mit den Forschungsschwerpunkten Governance und Geschlecht, Politik und Kultur, Politik der Geschlechterverhältnisse, Staats- und Institutionentheorien. Seit 2010 ist sie Sprecherin des Gender Initiativ Kollegs »Gender, Violence and Agency in the Era of Globalization« an der Universität Wien.

Marlene Streeruwitz ist in Baden bei Wien geboren. Studium der Slawistik und Kunstgeschichte. Lebt als freie Autorin und Regisseurin in Wien, London und New York.

Lea Susemichel hat Philosophie und Gender Studies in Wien studiert. Sie ist Redakteurin von »an.schläge – das feministische Magazin« sowie Lehrbeauftragte an der Wiener Kunst Schule.

Team des 24-Stunden Frauennotrufs der Gemeinde Wien arbeitet multiprofessionell und setzt sich aus Juristinnen, Psychologinnen und Sozialarbeiterinnen zusammen.

Elisabeth Udl ist seit 2006 in der Geschäftsführung, Öffentlichkeitsarbeit und Beratung im Verein »Ninlil – Gegen sexuelle Gewalt an Frauen mit Lernschwierigkeiten oder Mehrfachbehinderungen« tätig.

Verein Notruf. Beratung für vergewaltigte Frauen und Mädchen wurde 1982 gegründet und bietet vertraulich, kostenlos und parteilich Einzelberatung und Prozessbegleitung für von sexueller Gewalt betroffene Frauen und Mädchen und engagiert sich in der Präventions-, Bildungs- und Öffentlichkeitsarbeit zum Thema.

Irmtraud Voglmayr ist freie Soziologin und Kommunikationswissenschafterin und Lehrbeauftragte an den Universitäten Wien, Linz, Salzburg und Klagenfurt, an der Universität für Bodenkultur Wien und im Feministischen Grundstudium. Sie arbeitet u. a. zu medialen Diskursen zu Alter und Geschlecht, Stadt- und Freizeitforschung und Prekarisierung.

Karin Wetschanow studierte angewandte Sprachwissenschaft in Wien und war von 1999–2002 Vertragsassistentin am Institut für Sprachwissenschaft. Seit dieser Zeit ist sie freie Lektorin und Wissenschaftlerin. Ihre Forschungsschwerpunkte liegen im Bereich der Feministischen Linguistik und der Kritischen Diskursanalyse. Ihr Hauptinteresse gilt der feministischen Sprachkritik und Sprachplanung und der Analyse massenmedialer Repräsentation von Vergewaltigung.

Beate Wimmer-Puchinger (a. o. Univ. Prof.^{in} Dr.^{in} phil.), Frauengesundheitsbeauftragte der Stadt Wien, Klinische und Gesundheitspsychologin, Professorin an der Universität Salzburg und weiterer Universitäten, langjährige Leitung des LBI für Frauengesundheitsforschung, Aufbau und Leiterin der Frauengesundheitszentren FEM und FEM Süd, wissenschaftliche Leitung zahlreicher Forschungsprojekte, Lehrtätigkeiten im In- und Ausland, Vorstandsmitglied zahlreicher Fachgesellschaften. Trägerin des Goldenen Ehrenzeichens für Verdienste um das Land Wien und der Republik Österreich.

Impressum

Medieninhaberin, Herausgeberin und Verlagsort:
Frauenabteilung der Stadt Wien (MA 57)
Friedrich-Schmidt-Platz 3
1082 Wien
www.frauen.wien.at

Projektleitung MA 57: Stephanie Kiessling
Konzept und Redaktion: Büro trafo.K – Elke Smodics-Kuscher,
Renate Höllwart, Nora Sternfeld –, Brigitte Geiger und
Beate Hausbichler
Lektorat: Brigitte Geiger
Grafik: Renate Höllwart
Mitarbeit Grafik: Angela Althaler (a+o)
Bildbearbeitung: Werner Prokop
Fotos, wenn nicht anders angegeben: Mario Lang

Wien, Dezember 2011
1. Auflage
[redacted]
ISBN: 978-3-902845-01-6

Druck: Holzhausen

Gedruckt auf ökologischem Druckpapier aus der Mustermappe
von »ÖkoKauf Wien«